Vente du 4 au 10 Juin 1903

(SALLES SILVESTRE)

CATALOGUE

DE LA

BIBLIOTHÈQUE

DE

FEU M. CHARLES LORMIER

DE ROUEN

TROISIÈME PARTIE

LIVRES ANCIENS RARES ET CURIEUX
OUVRAGES MODERNES DANS TOUS LES GENRES

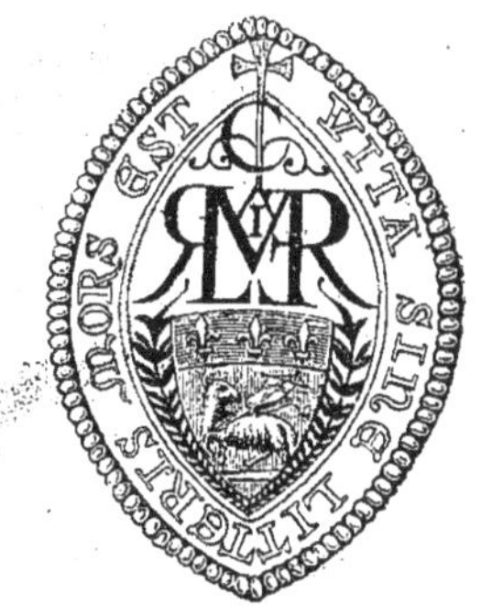

PARIS
EM. PAUL ET FILS ET GUILLEMIN
Libraires de la Bibliothèque Nationale
28, RUE DES BONS-ENFANTS, 28

1903

CATALOGUE

DE LA

BIBLIOTHÈQUE

DE FEU

M. CHARLES LORMIER

LA VENTE AURA LIEU

Du Jeudi 4 au Mercredi 10 Juin 1903

à huit heures précises du soir

Dans les Salles de Ventes aux enchères

DE LA LIBRAIRIE ÉM. PAUL ET FILS ET GUILLEMIN

28, Rue des Bons-Enfants, 28, (Anciennes Maisons Silvestre et Labitte)

SALLE N° 1

Par le ministère de Me MAURICE DELESTRE, Commissaire-Priseur

5, RUE SAINT-GEORGES, 5

Assisté de **MM. ÉM. PAUL et FILS et GUILLEMIN**, Libraires-Experts

28, RUE DES BONS-ENFANTS, 28

ORDRE DES VACATIONS

Première Vacation.	— *Jeudi 4*	*Juin 1903*	.....	1463 à 1639
Deuxième Vacation.	— *Vendredi 5*	— —	...	1640 à 1814
Troisième Vacation.	— *Samedi 6*	— —	...	1815 à 1986
Quatrième Vacation.	— *Lundi 8*	— —	...	1987 à 2159
Cinquième Vacation.	— *Mardi 9*	— —	.....	2160 à 2329
Sixième Vacation.	— *Mercredi 10*	— —	.....	2340 à 2504

CONDITIONS DE LA VENTE

La vente se fait expressément au comptant.

Les acquéreurs paieront **10 pour cent** en sus des enchères.

Il y aura exposition chaque jour de vente, de 2 à 4 heures.

Les livres devront être collationnés dans les vingt-quatre heures de l'adjudication. Passé ce délai, ils ne seront repris pour aucune cause.

Les Libraires chargés de la vente rempliront les commissions des personnes qui ne pourraient y assister.

CATALOGUE

DE LA

BIBLIOTHÈQUE

DE

FEU M. CHARLES LORMIER

DE ROUEN

TROISIÈME PARTIE

LIVRES ANCIENS, RARES ET CURIEUX
OUVRAGES MODERNES DANS TOUS LES GENRES

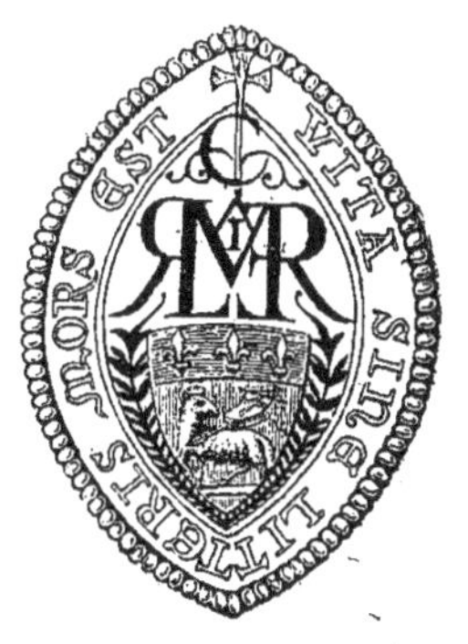

PARIS

EM. PAUL ET FILS ET GUILLEMIN

Libraires de la Bibliothèque Nationale

28, RUE DES BONS-ENFANTS, 28

1903

CATALOGUE

DE LA

BIBLIOTHÈQUE

DE

FEU M. CHARLES LORMIER

DE ROUEN

TROISIÈME PARTIE

THÉOLOGIE

I. ÉCRITURE SAINTE

1463. Biblia quid in hac editione præstitum sit, vide in ea quam operi præposuimus, ad lectorem epistola. *Lutetiæ, ex officina Roberti Stephani*, 1545, 1 tome en 2 vol. in-8, mar. r. dos orné, fil. et comp. angles et milieu dor. à petits fers et au pointillé, tr. dor. *(Le Gascon)*.

Edition annotée par Robert Estienne lui-même.
Reliure un peu défraichie ; petites piqûres de vers.

1464. La Sainte Bible en latin et en françois, suivie de Dictionnaires étymologique, archéologique et d'un Dictionnaire géographique, par A.-F. Barbié du Bocage. *Paris, Lefèvre*, 1828-1834, 13 vol. gr. in-8, pap. vélin et 64 fig. par Devéria, demi-rel. v. bleu, dos orné, non rog. (*Lanne.*)

1465. La Bible, traduction de la Vulgate, par Le Maistre de Sacy. Ancien Testament. Nouvelle édition, ornée de figures gravées sur acier. *Paris*, 1837, 3 vol. gr. in-8 à 2 col. texte encadré et nombr. pl. sur acier, br. couvertures.

1466. Liber Psalmorum, cum canticis et hymnis, jussu Reginæ matris impressus. *Parisiis, apud Abel Langelier*, 1586, in-12 réglé, titre-front. gr. fig. gr. au verso du titre, mar. r. fil. tr. dor. (*Rel. anc.*)

Reliure un peu défraichie.

1467. Essay de Pseaumes et Cantiques mis en vers et enrichis de figures par Mademoiselle*** (Elisabeth Chéron). *Paris, Michel Brunet*, 1694, in-8, front. portr. et 24 pl. gr. par M. Louis Chéron, frère de l'auteur, v. ant. marb. *fatigué.*

Exemplaire du PREMIER TIRAGE avec le portrait de Mlle Chéron *avant les quatre vers.*

1468. Expositio in Canticum Canticorum Salomonis, a domno Andræa-Josepho Ansart, ex Academiâ Atrabatensi. *Parisiis, Valleyre*, 1771, in-12, mar. r. dos orné, fil. tr. dor. (*Rel. anc.*)

Bel exemplaire.

1469. Le Nouveau Testament en françois, avec des reflexions morales sur chaque verset (par le P. Quesnel). *Paris, Pralard*, 1692, 4 vol. in-8, mar. r. dos orné, fil. tr. dor. (*Rel. anc.*)

Excellent ouvrage, rare et très recherché.

1470. Les Saints Evangiles traduits de la Vulgate, par M. l'abbé Dassance, illustrés par MM. Tony Johannot, Cavelier, Gérard-Séguin et Brevière.. *Paris, Curmer*, 1836, 2 vol. gr. in-8, texte encadré de bordures sur bois, front. en chromolithog. et nombr. pl. sur acier et sur bois, v. brun, dos orné, fil. dent. comp. et milieu dor. et à froid, dent. int. tr. dor. (*Messier.*)

PREMIER TIRAGE.
Erallures au dos de la reliure.

1471. Oratio dominica CL linguis versa, et propriis cujusque linguæ characteribus plerumque expressa: edente J.-J. Marcel. *Parisiis, Typis Imperialibus*, 1805, in-4, papier de Hollande, mar. vert à long grain, dos orné, large dent. doublé et gardes de moire rose, dent. tr. dor. (*Rel. de l'époque.*)

Ouvrage édité avec luxe ; chaque page est ornée d'un encadrement tiré en rouge.

1472. Oratio dominica in CLV linguas versa et exoticis characteribus plerumque expressa. *Parmæ, Typis Bodonianis*, 1806, in-fol. texte encadré, cart. non rog.

Véritable chef-d'œuvre typographique, tiré à petit nombre et dont tous les exemplaires furent achetés par le prince Eugène de Beauharnais, qui les distribua en cadeau à des savants, ou à des grands dignitaires.

1473. La Vie de Jésus-Christ, composée de toutes les paroles des Evangélistes, ou l'unité des quatre, et les quatre réduits en un, de la traduction reveuë et corrigée du R. P. Amelote... *Paris, Muguet*, 1669, in-12, mar. r. dos orné, fil. et comp. à la Du Seuil, tr. dor. (*Rel. anc.*)

1474. La Vie de N. S. Jésus-Christ écrite par les quatre Evangélistes... rédigée et présentée aux gens du monde comme aux âmes pieuses, par M. l'abbé Brispot... et illustrée de 130 gravures sur acier tirées sur papier de Chine provenant des dessins de la Collection du

P. Jérôme Natalis. *Paris, Plon*, 1853, 2 vol. in-fol. pap. vélin, texte encadré, frontispices, nombr. pl. sur acier et tirées sur Chine, demi-rel. chag. noir, tr. dor.

1475. La Vie de Notre-Seigneur Jésus-Christ, ou l'Evangile dans son unité, par Pierre Lachèze. Nouvelle édition. *Paris, Furne,* 1857, gr. in-8, nombr. pl. sur acier et tirées sur Chine, br. couverture.

1476. Der Zielen Lust-Hof, Inhoudende I. Het leven ende lijden onses Heeren Jesus Christi, met Meditatien daer op, uyt Ludovico de Ponte. II. De Wercken Apostelen. III. De Openbaringe van St Jean... *Tot Loven (Louvain), by P. J. Paets,* 1629, in-8, fig. sur bois, demi-rel. vélin avec coins.

Vie de Jésus-Christ en hollandais, ornée d'environ 300 figures gravées sur bois par Van Sichem, d'après différents maîtres ; en tête des chapitres se trouvent des lettres ornées et à la fin des reproductions de nielles anciens.

1477. Histoire sacrée en Tableaux, pour Monseigneur le Dauphin, avec leur explication suivant le texte de l'Ecriture et quelques remarques chronologiques, par Mr de Brianville, abbé de S. Benoist de Quinçay. *Paris, Charles de Sercy,* 1677-1693, 3 vol. in-12, front. et nombr. fig. à mi-page par Séb. Le Clerc, v. f. dos orné, fil. tr. r.

Ouvrage recherché pour les charmantes figures de Sébastien Le Clerc dont il est orné.

Mouillures et petites cassures raccommodées à quelques ff. du premier volume.

1478. Histoire du Vieux et du Nouveau Testament (par David Martin), enrichie de plus de quatre cens figures en taille-douce, etc. *Anvers, Pierre Mortier,* 1700, 2 vol. in-fol. 2 front. 5 cartes, 214 pl. fleurons, vign. et culs-de-lampe gr. v. ant. marb. dos orné.

Cet ouvrage, connu sous le nom de *Bible de Mortier*, est recherché à cause des belles gravures dont il est orné.

1479. Dictionnaire historique, critique, chronologique, géographique et littéral de la Bible, enrichi de plus de 300 figures en taille-douce, qui représentent les Antiquitez Judaïques. Nouvelle édition, revue, corrigée et augmentée... par le R. P. Dom Augustin Calmet. *Paris, Emery,* 1730, 4 vol. gr. in-fol. à 2 col. front. nombr. pl. plans et cartes gr. v. ant. marb.

Exemplaire sur GRAND PAPIER de cet ouvrage estimé.

1480. Traité de la lecture de l'Ecriture Sainte, où l'on réfute la pratique des Protestans dans cette lecture, et où l'on montre la solidité de celle des Catholiques, avec une dissertation de l'interprète de l'Ecriture Sainte, par l'... Evesque de Castorie (Jean de Neercassel), de la traduction de M. L. R. A. D. H. F. (Guil. Le Roy, abbé de Haute-Fontaine). *Cologne, Veuve de Balthazar d'Egmont,* 1680, 2 parties en 1 vol. in-8, mar. r. fil. tr. dor. (*Rel. anc.*)

Guillaume Le Roy, traducteur de cet ouvrage, naquit à Caen, le 10 janvier 1610.

1481. Explications de plusieurs textes difficiles de l'Ecriture, qui jusqu'à présent n'ont été ni bien entendus ni bien expliquez par les Commentateurs, avec des règles certaines pour l'intelligence du sens littéral de l'Ancien et du Nouveau Testament.., par le R. P. Dom** (Martin). *Paris*, *Emery*, 1730, 2 vol. in-4, 27 pl. gr. et 2 vign. par S. Le Clerc et J. Scotin, v. ant. marb.

II. LITURGIE.— SS. PÈRES.

1482. Pontificale romanum, Clementis VIII primum poste a uro Urbani VIII auctoritate recognitum, cum figuris anno M. DCC. (A la fin :) *Romæ, ex officina typographica Philippi Rubei, M. DC. LX.* (1660), in-fol. à 2 col. texte rouge et noir, titre-front. gr. nombr. fig. sur cuivre, lettres ornées et musique notée, v. ant. marb. fatigué.

1483. Heures de Nostre Dame, à l'usage de Rome en latin et en françois, reveuës et corrigées de nouveau par M. René Benoist... Curé de S. Eustache à Paris, avec un formulaire de Prières et Oraisons. *A Rouen, chez M. Adam Mallassis, ruë de l'Orloge* (*Almanach de* 1602 *à* 1617), in-12, titre avec encadrement sur bois, nombr. fig. et vign. sur bois, vélin, riches comp. dor. sur le dos et les plats, tr. dor. (*Rel. anc.*)

Edition peu commune, imprimée en rouge et noir et ornée de figures et vignettes gravées sur bois. — Elle est suivie du *Formulaire de prières et oraisons. Rouen, David Geuffroy, s. d.* 48 ff. non ch.

Exemplaire placé dans une curieuse reliure du XVIIe siècle, légèrement restaurée, dont les plats sont ornés d'un encadrement renfermant les instruments de la Passion, le coq de saint Pierre, la Sainte-Face, le Sépulcre, etc. avec aux angles intérieurs quatre gros bouquets et au centre un médaillon représentant le Christ en croix. — Enfin sur le dos l'on remarque un semis d'A entrelacés, chiffre attribué à la Reine Anne d'Autriche.

1484. Voyages liturgiques de France, ou Recherches faites en diverses villes du Royaume par le Sieur de Moléon, contenant plusieurs particularitez touchant les Rits et les usages des Eglises, avec des découvertes sur l'Antiquité ecclésiastique et payenne. *Paris*, *Delaulne*, 1718, in-8, pl. gr. v. f. dos orné, fil. dent. int. tr. dor. (*Simier.*)

Bel exemplaire de cet ouvrage rare; il provient de la Bibliothèque de Yéméniz.

1485. Heures nouvelles tirées de la Sainte Ecriture, écrites et gravées par L. Senault. *A Paris, chez l'auteur, s. d.* (1650), in-8, titre, texte, fig. et vign. gr. mar. r. fil. tr. dor. (*Rel. anc.*)

Joli volume, entièrement gravé, enrichi de nombreuses vignettes, d'arabesques, de bordures et d'ornements calligraphiques.

Reliure légèrement défraichie.

1486. Heures nouvelles en françois dédiées au Roy, écrites et gravées par Louis Sénault. *Paris, chez l'autheur, s. d.* (*vers* 1650), grand in-16, titre, texte et vign. gr. mar. olive janséniste, doublé de tabis rouge, fermoirs en vieil argent, tr. dor. (*Rel. anc.*)

Volume entièrement gravé, enrichi de nombreuses vignettes, d'arabesques et d'ornements calligraphiques, mais différant entièrement du précédent.

1487. Offices tirés de l'Ecriture Sainte, pour tous les jours du mois, avec les prières du matin et du soir, imprimés par ordre de Son Eminence, Monseigneur le Cardinal de Noailles, Archevêque de Paris. *Paris, Delespine et Hérissant*, 1743-44, 4 tomes en 2 vol. in-8, frontispices et nombr. pl. gr. mar. vert, dos orné, fil. et riches comp. de feuillage et de fleurs sur les plats, tr. dor. (*Rel. anc.*)

Reliure légèrement défraîchie.

1488. Le Petit Paroissien, contenant l'Office de l'Eglise, latin et françois, suivant le nouveau bréviaire et missel de Paris et de Rome... *Paris, Th. de Hansy*, 1750, in-12, front. gr. vign. mar. r. dos orné, large dent. à petits fers, tr. dor. fermoirs en vieil argent. (*Rel. anc.*)

1489. Paroissien Romain d'après les imprimés français du XVe siècle (publié par Gruel-Engelmann). *Paris, Gruel-Engelmann*, 1858, fort vol. in-16 carré, texte encadré de bordures avec de nombr. vign. sur bois et fig. br. non coupé.

1490. Veterum Scriptorum et monumentorum moralium, historicorum, dogmaticorum, ad res ecclesiasticas, monasticas, et politicas illustrandas, collectio nova... Opera et studio Domni Edmundi Martene... *Rotomagi et Parisiis, Guilletat*, 1700, 2 parties en 1 vol. in-4, mar. r. dos orné, fil. tr. dor. (*Rel. anc.*)

Tome Ier, seul paru, de cette collection ; il renferme plusieurs pièces se rattachant à l'histoire de Normandie et qui sont ici publiées pour la première fois.

1491. Abrégé de S. Jean Chrysostome sur le Nouveau Testament. *A Mons, chez Gaspard Migeot*, 1676, 2 vol. in-8, mar. r. jans. dent. int. tr. dor. (*Rel. anc.*)

Exemplaire réglé.

1492. D. Aurelii Augustini, Hipponensis episcopi : De Natura et Gratia, liber unus. — De Fide et operibus, liber unus. — Liber de perfectione Justitiæ contra Celestium. — *Parisiis, Roigny*, 1534. — Ens. 3 ouvrages en 1 vol. in-16, mar. r. dos orné, fil. tr. dor. (*Rel. anc.*)

Exemplaire aux armes du couvent de Sainte-Madeleine à Rouen.

1493. S. Aurellii Augustini, Hipponensis episcopi, contra secundam Juliani responsionem, Operis imperfecti libri duo priores... Additus est ejusdem Augustini liber de Gestis Pelagij ante paucos annos editus. Nunc primum in lucem editus curâ Cl. Menardi.... 2 parties. — Sancti Hieronymi, Stridoniensis, Indiculus de hæresibus Judæorum. Nunc primum in lucem editus curâ Cl. Menardi ; 32 pp. — *Lutetiæ Parisiorum, Chappelet*, 1617. — Ens. 2 ouvrages en 1 vol. in-8, mar. r. dos orné, fil. tr. dor. (*Rel. anc.*)

1494. Sainct Augustin, de la Cité de Dieu : contenant le commencement et progrez d'icelle Cité, avec une défence de la Religion Chrétienne, contre les erreurs et médisances des Gentils, hérétiques et autres ennemis de l'Eglise de Dieu : illustrée des commentaires de Jean Louys Vivès, de Valence. Le tout fait françois, par Gentian Hervet, d'Orléans... et enrichy de plusieurs annotations... par François de Belle-Forest... Quatrième édition... augmentée du Traicté de l'unité de l'Eglise contre Petilian Evesque Donatiste... par Jacques Tigeou... *Paris, Adrian Beys*, 1610, 2 parties en 1 vol. in-fol. à 2 col. lettres ornées, mar. r. fil. et comp. tr. dor. (*Rel. anc.*)

Bonne et rare édition.
Exemplaire réglé, dans sa première reliure.

1495. Les Confessions de Saint Augustin, traduites par le S. P. *Paris, Camusat*, 1637, in-4, vélin.

Sur le titre se trouve cette note manuscrite : *Collegii Rotomagensis Societatis Jesu*, 1675.

1496. Sancti Gregorii Papæ I. cognomento Magni, Opera omnia... Studio et labore Monachorum Ordinis Sancti Benedicti è congregatione Sancti Mauri (Dion. Sammarthani et Guill. Bessin). *Parisiis, Rigaud*, 1705, 4 vol. in-fol. à 2 col. vélin vert.

1497. Sancti Bernardi... Opera omnia. Post Horstium denuo recognita, repurgata et in meliorem ordinem digesta, secundis curis D. Johannis Mabillon... *Parisiis, Guignard*, 1690, 2 vol. in-fol. à 2 col. v. ant. granit, dos orné.

Bonne édition.

III. THÉOLOGIENS.

1498. Nouvelle Encyclopédie théologique, ou Nouvelle série de Dictionnaires sur toutes les parties de la science religieuse .. publiée par M. l'abbé Migne. *Paris, Migne*, 1846-1854, 38 vol. gr in-8 à 2 col. dont 2 vol. en demi-rel. chag. r. 3 en demi-rel. v. f. et 33 br.

Dictionnaires : d'Archéologie sacrée, 2 vol. — De l'Art de vérifier les dates. — De Bibliologie, 2 vol. (*y compris 1 vol. de supplément*). — Des Cérémonies et des Rites sacrés, 3 vol. — Des Conciles, 2 vol. — Des Conversions. — De Diplomatique chrétienne. — D'Ethnographie moderne. — D'Epigraphie, 2 vol. — D'Hagiographie, 2 vol. — Héraldique. — D'Iconographie. — De Littérature chrétienne. — De Liturgie — Des Merveilles et Curiosités. — Des Mystères. — De Paléographie. — De Patrologie, 4 vol. — Des Pélerinages religieux, 2 vol. — De Philologie sacrée, 3 vol. — Des Sciences occultes, 2 vol. — Des Manuscrits, 2 vol.

1499. Sancti Thomæ Aquinatis doctoris Angelici... complectens expositionem in Genesim, in Job, in primam Davidis quinquagenam, in Canticum Canticorum, in Esaiam, Jeremiam et in Threnos... *Parisiis, Moreau*, 1640, in-fol. à 2 col. bas. f. ant. semis de fleurs de lis sur le dos et les plats, large dent tr. dor. (*Rel. fatiguée.*)

Exemplaire aux armes du *Collège archi-épiscopal de Rouen*.

1500. Onus Ecclesiæ... Author est, R. pr D. Johannes Eps Chēmesis. (A la fin:) *Coloniæ, ex ædibus Quentelianis*, 1531, in fol. de 123 ff. (ch. par erreur 125), car. ronds, fig. gr. sur bois sur le titre, bas. ant. jaspée.

Ouvrage rare dont l'attribution à un certain Jean, évêque de Chiemsee, est contestée.
Note manuscrite sur le titre.

1501. Disputationum de Sancto Matrimoni sacramento, authore Thoma Sanchez, Cordubensi, e Societate Jesu, libri decem. *Venitiis, Jacobum de Franciscis*, 1612, 3 tomes en 2 vol. in-fol. à 2 col. vélin.

1502. La Sainte Messe, où sont représentés par les actions du Prêtre, les Mistères de la Passion de Notre Seigneur Jésus-Christ avec les Oraisons appliqué (*sic*) à chacun Mistère. *Paris, François Jouenne, s. d.* in-12, titre, texte et 35 fig. gr. v. ant. marb.

Ouvrage entièrement gravé.
Mouillure.

1503. Sentimens des Saints Pères sur la Pénitence et l'Eucharistie ; 214 pp. — Des Œuvres de Sainte Thérèse, 127 pp. — Ens. 2 ouvrages en 1 vol. in-8, mar. r. dos orné, fil. et ornements aux angles, dent. int. tr. dor. (*Rel. anc.*)

Manuscrit des premières années du XVIIIe siècle, d'une jolie et très nette petite écriture.

1504. Lettres Chrestiennes et spirituelles de Messire Jean Du Verger de Hauranne, abbé de St Cyran. Cinquiesme édition. *Paris, Jean Le Mire*, 1648, 3 parties en 2 vol. in-8, v. f. ant. dos orné, tr. dor.

Ouvrage très recherché, écrit par le célèbre janséniste dans sa prison du donjon de Vincennes.
Armoiries sur les plats et le dos de la reliure (un peu fatiguée).

1505. Inconvéniens d'Estat procédans du Jansénisme, avec la Réfutation du Mars françois de Monsieur Jansénius, par le sieur de Marande... *Paris, Sébastien Cramoisy*, 1654, in-4, bas. f. ant. dos orné, fil. tr. dor.

Exemplaire aux armes de la Reine ANNE D'AUTRICHE, veuve de Louis XIII.
Noms manuscrits sur le titre.

1506. Les Provinciales, ou les Lettres escrites par Louis de Montalte (Blaise Pascal) à un provincial de ses amis, et aux RR. PP. Jésuites sur le sujet de la morale et de la politique de ces Pères. *A Cologne, chès Pierre de la Vallée*, 1657, in-4. vélin.

Edition originale des Provinciales et premier tirage de l'*Advertissement*. — Outre les 18 lettres de Pascal, ce volume contient les 2 pièces suivantes : Lettre au R. P. Annat, sur son écrit qui a pour titre : la Bonne foy des Jansénistes, etc. *S. l. ce 15 janvier* 1657. — Seconde lettre de Monsieur Arnauld... à un duc et pair de France pour servir de réponse à plusieurs escrits, qui ont esté publiez contre sa première lettre, sur ce qui est arrivé à un seigneur de la cour dans une paroisse de Paris. *Paris*, 1655, 2 ff. prél. et 254 pp.

1507. Lettres écrites à un Provincial, par Blaise Pascal, précédées d'un Essai sur les Provinciales et sur le style de Pascal (par François de Neufchâteau). — Les Pensées de Bl. Pascal, suivies d'une nouvelle Table analytique. — *Paris, Lefèvre*, 1826, 2 vol. in-8. pap. vélin, portrait gr. v. r. dos orné, fil. et riches comp. tr. marb. (*Rel. de l'époque.*)

Belle édition faisant partie de la *Collection des Classiques François*, publiée par Lefèvre.
Jolie reliure.

1508. Pensées théologiques, relatives aux erreurs du temps, par le R. P. Nicolas Jamin... ancien Prieur de l'abbaye royale de Saint-Germain-des-Prés. Quatrième édition. *Bruxelles, S'terstevens*, 1773, in-12, mar. r. dos orné, fil. doublé et gardes de pap. étoilé d'or, dent. tr. dor. (*Rel. anc.*)

Bel exemplaire.

1509. Panégyriques et autres sermons, préchez par Messire Esprit Fléchier. *Paris, Anisson*, 1696, 2 parties en 1 vol. in-4, v. ant. marb.

ÉDITION ORIGINALE.

1510. Sermons facétieux ou ridicules, et Anecdoctes curieuses sur les Prédicateurs. *Paris, Delarue, s. d.* in-8, demi-rel. mar. citron avec coins, dos orné, fil. tête dor. (*David.*)

Bel exemplaire sur GRAND PAPIER JONQUILLE.

1511. L'Imitation de Jésus-Christ, traduction nouvelle, avec le texte latin, par M. l'abbé P. R. Rochette. *Paris, Lefèvre*, 1830, in-8, 9 fig. dont 5 d'Horace Vernet, gr. sur acier, mar. r. dos orné, fil. dent. comp. et milieu dor. et à froid, doublé et gardes de tabis rose, dent. tr. dor. (*Rel. de l'époque.*)

Taches de rousseur.

1512. L'Imitation de Jésus-Christ, traduction nouvelle de M. l'abbé Dassance, avec des Réflexions tirées des Pères de l'Eglise, et de Bossuet, Fénelon, Massillon et Bourdaloue; illustrée par MM. Tony Johannot et Cavelier. *Paris, Curmer*, 1837, gr. in-8, front. en couleur et 10 pl. sur acier, mar. brun, dos orné, fil. et milieu à fr. encadrement de style gothique dor. doublé et gardes de moire blanche, dent. tr. dor. (*Bonfils.*)

Jolie reliure de la période romantique très bien conservée.

1513. L'Imitation de Notre-Seigneur Jésus-Christ, par Jean Gerson, traduite en français, en grec, en anglais, en allemand, en italien, en espagnol et en portugais (texte latin en regard)... Edition polyglotte, publiée sous la direction de J.-B. Monfalcon. *Lyon, Cormon et Blanc*, 1841, gr. in-8 à 2 col. texte encadré, demi-rel. mar. r. avec coins, tête dor. non rog.

Bel exemplaire.

1514. Traicté du Chasteau, ou Demeures de l'âme, composé par la Mère Térèse de Jésus, fondatrice des Religieuses et Religieux Carmes deschaussés... Nouvellement traduicte d'espagnol en francoys par J. D. B. P. (Jean de Brétigny, prêtre), et L. P. C. D. B... *Paris, Guillaume de La Noüe*, 1601, in-12, titre-front. gr. mar. vert à long grain, dos orné, dent. sur les plats et dent. int. tr. dor.

Livre très rare, non cité par Brunet.
Bel exemplaire.

1515. Le Tableau de la Pénitence, par Messire Antoine Godeau, evesque de Vence. Seconde édition. *Paris, Augustin Courbé*, 1656, in-4, front et nombr. pl. par F. Chauveau, v. ant. rac. dos orné.

1516. Oliverii Florentii Waterloop Congreg. Oratorii B. Mariæ Aspricol. presbyteri Monita spiritualia et moralia Tetrastichis distincta. *Antverpiæ, ex officina Plantiniana*, 1657, in-4 à 2 col. titre-front. gr. mar. r. dos orné, large dent. et comp. tr. dor. (*Rel. anc.*)

1517. Le Jardin sacré de l'âme solitaire, par A. de Nervèze. *Paris, Antoine Du Breuil, s. d.* 1603, in-12, titre-front. gr. et fig. vélin.

Ouvrage rare, orné de 10 jolies figures par Léonard Gaultier et Thomas de Leu.
Le titre est remonté et le feuillet 8 est rogné à la lettre.

1518. Le Jardin sacré de l'âme solitaire, par A. de Nervèze. *Lyon, Thibaud Ancelin, s. d.* (1610), in-12, titre-front. gr. et fig. vélin à recouvr.

Ouvrage rare, orné de 10 jolies figures par Léonard Gaultier et Thomas de Leu.

1519. Le Divertissement d'un Esprit religieux sur quelques rencontres de dévotion, dédié à Madame la Duchesse de Montmorency (par Jacques Vernoy). *Moulins, Jacques Vernoy*, 1647, in-12, mar. citron, dos orné, fil. et comp. à la Du Seuil, tr. dor. (*Rel. anc. fatig.*)

1520. Réflexions sur la Miséricorde de Dieu, par la Duchesse de La Vallière, suivies de ses lettres et des Sermons pour sa vêture et sa profession, par Messieurs d'Aire et de Condom. Nouvelle édition, annotée par M. Pierre Clément. *Paris, Techener*, 1860, 2 vol. in-12, pap. vélin, portr. demi-rel. mar. La Vall. avec coins, dos orné, tête dor. non rog. couvertures. (*Raparlier.*)

1521. Jésus-Christ pénitent, ou Exercice de piété pour le temps du Carême, et pour une Retraite de dix jours..., par un prêtre de l'Oratoire de Jésus (le P. Pasquier Quesnel). *Paris, Robustel*, 1728, in-12, mar. vert, dos orné, fil. avec fleurons aux angles, tr. dor. (*Rel. anc.*)

Bel exemplaire.

1522. La Practique chrestienne pour consoler les malades et assister les criminels qui sont condamnés au supplice... par M. Pierre de Besse... *Paris, Nicolas du Fossé*, 1629, 2 parties en 1 vol. in-8, titre-front. et portr. gr. par L. Gaultier, v. ant. marb. dos orné.

1523. Absconditorum a Constitutione Mundi Clavis, quâ mens humana tam in divinis, quam in humanis pertinget ad interiora velaminis æternæ veritatis. Guilielmo Postello ex divinis decretis excriptore.... editore A. Franc. de Monte S. *Amsterodami, Joannem Janssonium*, 1646, in-12, figure gravée et tableau plié, mar. r. dos orné, fil. tr. dor. *(Rel. anc.)*

Ouvrage très curieux dont l'auteur, Guillaume Postel, naquit à Doleric, près de Barenton (Manche), le 25 mars 1510.

Bel exemplaire.

1524. Eversio falsorum Aristotelis dogmatum, authore D. Justino martyre... Guilielmo Postello... interprete, 84 ff. ch. (les ff. 81 à 84 sont côtés par erreur 73 à 76). — Liber de causis seu de principiis et originibus naturæ utriusque... authore G. Postello, 36 ff. non ch. — *Parisiis, apud Sebastianum Nivellium*, 1552. — Ens. 2 ouvrages en 1 vol. in-16, mar. vert, fil. à froid, *doublé de mar. r.* large dent. tr. dor. (*Rel. anc.*)

Reliure doublée mais légèrement fatiguée à l'extérieur.

1525. Les Très-merveilleuses Victoires des Femmes du Nouveau-Monde, suivi de la Doctrine du siècle doré, par Guillaume Postel ; avec une notice biographique et bibliographique, par M. Gustave Brunet. *Turin, Gay*, 1869, in-4, cart. bradel perc. blanche, non rog.

Tiré seulement à 100 exemplaires (n° 62).

1526. Prædamitæ, sive Exercitatio super versibus duodecimo, decimotertio et decimoquarto, capitis quinti Epistolæ D. Pauli ad Romanos ; quibus inducuntur primi homines ante Adamum conditi (auct. Isaaco de La Peyrere). *S. l. anno salutis*, 1655, pet. in-12 réglé, carte pliée, v. f. dos orné, fil. tr. dor. (*Lefebvre.*)

Livre singulier et rare dont la publication souleva de vives récriminations ; il fut condamné au feu par arrêt du Parlement de Paris et l'auteur fut emprisonné au mois de février 1656.

1527. Le Talmud, par Emanuel Deutsch, traduit avec autorisation de l'auteur, par Théophile Baudaunas. *Paris, Académie des Bibliophiles*, 1868, in-4, papier vergé, demi-rel. mar. olive, tête dor. non rog. (*Bretault.*)

Tiré à 265 exemplaires numérotés (n° 86).

JURISPRUDENCE

1528. L'Esprit des Loix, ou Rapport que les loix doivent avoir avec la Constitution de chaque gouvernement, les mœurs, le climat, la religion, etc. à quoi l'auteur (Montesquieu) a ajouté des recherches nouvelles sur les loix romaines touchant les successions, sur les loix françoises et sur les loix féodales. *Genève, Barillot, s. d.* (1748), 2 vol. in-4, v. ant. marb. dos orné, tr. r.

Edition originale de cet ouvrage capital ; elle a été publiée par J. J. Vernet.

1529. La Constitution Française, décrétée par l'Assemblée Nationale Constituante... *Paris, Didot jeune,* 1791. — Acte constitutionnel, précédé de la Déclaration des droits de l'homme et du citoyen... *Paris, Josse, s. d.* — Calendrier français, pour l'an III de la République... *Paris, Josse, an III.* — Constitution de la République, Française. *Paris, Crapelet, an IV* (1795). — Ens. 4 ouvrages en 1 vol. pet. in-16, mar. r. à long grain, dos orné, fil. tr. dor. (*Rel. de l'époque.*)

Exemplaire sur papier vélin.

1530. La Bibliothèque, ou Thrésor du Droict françois. Œuvre auquel non seulement tout ce qui est des matières civiles, criminelles et bénéficiales, ordonnances et coustumes de la France est sommairement rapporté; mais aussi les questions plus difficiles et remarquables d'icelles y sont expliquées... Le tout recueilli et mis en ordre par M. Laurens Bouchel. *Paris, Foucault,* 1615, 2 forts vol. in-fol. à 2 col. v. brun ant. dos orné et milieu de feuillage.

1531. Marculfi Monachi aliorumque auctorum formulæ veteres, editæ ab illustrissimo viro Hieronymo Bignonio... cum notis eius auctoribus et emendatoribus. Accessit liber legis salicæ olim editus... Francisco Pithæo, nunc vero notis ejudem illustrissimi Bignosii illustratus. *Parisiis, apud Sebastianum Cramoisy,* 1666, 2 parties en 1 vol. in-4, portr. de Bignon, mar. r. dos orné, fil. et comp. à la Du Seuil, tr. dor. (*Rel. anc.*)

Célèbre recueil d'actes se rapportant aux relations principales établies entre les hommes par le droit public ou privé; il fut composé au milieu du VIIe siècle sur la demande de l'évêque de Paris.

Exemplaire de Jacques-Balthazard Néel, conseiller du Roi, avocat en la cour de Parlement, vicomte de l'Eau à Rouen, avec sa signature autographe sur le titre.

Légère mouillure aux ff. prél.

1532. Capitularia Regum francorum... Stephanus Baluzius, Tutelensis, in unum collegit, ad vetustissimos codices manuscriptos emendavit, notis illustravit, magnam partem primum edidit anno 1677. Nova editio... curante Petro de Chiniac... *Parisiis, Quillau,* 1780, 2 vol. in-fol. v. ant. marb. dos orné.

Bonne édition.

1533. Les Edicts et Ordonnances des Roys de France, depuis l'an 1226 jusques à présent : ensemble les Arrests des Cours Souveraines sur la vérification, déclaration et modification d'icelles, divisées en cinq livres... avec annotations de M. Pierre Rebuffi et autres... plus ont esté adioustez plusieurs Edicts et Ordonnances tant anciennes que modernes... *Lyon, à la Salamandre,* 1375, fort vol. in-fol. belle marque de l'imprimeur sur le titre, v. brun ant. dos orné, fil. angles et milieu d'entrelacs sur fond criblé. (*Rel. fatiguée.*)

Curieuse reliure portant sur le dos des mouchetures d'hermines et au centre des plats un *Dauphin* sur un semis de roses.
Mouillure aux premiers feuillets et légères piqûres de vers.

1534. Le Code du Roy Henry III, Roy de France et de Pologne, rédigé en ordre par Messire Barnabé Brisson .. depuis augmenté des Edicts du Roy Henry III... et illustré des Conciles de l'Eglise, loix romaines et autres peuples... et très-notables observations et annotations par L. Charondas Le Caron. Troisième édition reveue et augmentée de plusieurs édits et ordonnances... *Paris, Orry*, 1609, fort vol. in-fol. v. f. ant. dos orné, fil. et milieu de feuillage.

1535. Sixième édition du Recueil d'Arrests notables des Cours Souveraines de France, par Jean Papon... *Lyon, Jean de Tournes*, 1585, in-fol. titre avec un bel encadrement sur bois, vélin.

Nombreuses annotations manuscrites de l'époque. — Mouillure.

1536. Histoire tragique et arrest de la Cour de Parlement de Tholose, contre Pierre-Arrias Burdeus, religieux augustin, maistre François Gairaud, conseiller au séneschal de Tholose, damoiselle Violante de Bats du Chasteau et autres, avec cent trente une annotations sur ce subiet, par M. Guillaume de Segla, sieur de Cairas. . *Paris, Nicolas La Caille*, 1613, in-8, vélin.

Bonne édition, recherchée à cause des annotations qui l'accompagnent.

1537. Les Œuvres de Maistre Guy Coquille, sieur de Romenay, contenant plusieurs traitez touchant les libertez de l'Eglise Gallicane, l'Histoire de France et le Droit françois. Entre lesquels plusieurs n'ont point encore été imprimez... *Bordeaux, Labottière*, 1703, 3 parties en 2 vol. in-fol. v. ant. marb.

Edition la meilleure et la plus complète des Œuvres de ce célèbre jurisconsulte.

1538. Traité de la Police, où l'on trouvera l'Histoire de son établissement, les fonctions et les prérogatives de ses magistrats... On y a joint une description historique et topographique de Paris... Seconde édition, augmentée par M. Delamarre... *Paris, Brunet et Hérissant*. 1722-1738, 4 vol. in-fol 10 plans de Paris gr. et pliés, v. ant. marb. dos orné, tr. marb.

Le tome IV contient la *Continuation du Traité de la Police* par Le Clerc du Brillet.
Ex-libris étiquette de D. D. Cherfils, *in Supremo Neustriæ Senatu causarum patroni* sur chaque volume.

1539. Traité sur les Cessions et Banqueroutes, et les causes qui ont meu le sage & souverain Sénat & Parlement de Paris, de confirmer le jugement du juge de Laval, sur ce qu'il aurait condamné un cédant aux biens de porter le bonnet ou chappeau verd : & sçavoir s'il se peut donner à tous cédants indifferemmēt; & si aux femmes, au susdit cas, l'on peut dōner le chapperon verd ou autre marque, par Gabriel Bounyn. *Paris, Chevillot*, 1586, pet. in-8, portrait gr. sur bois, vélin à recouvr.

Ouvrage conservant encore un grand intérêt historique.
Mouillures ; légère piqûre de ver.

1540. Code civil des Français. Edition originale et seule officielle. *Paris, de l'Impr. de la République, an XII*–1804, fort vol. in-32, mar. r. à long grain, dos orné, fil. dent. int. tr. dor. (*Rel. anc.*)

1541. Ordonnancie ende Instructie... (Ordonnance et instruction selon laquelle se doivent conduire et régler les changeurs, etc., en flamand). *T'Antwerpen, by Hieron. Verdussen*, 1633, in fol. format d'agenda, 123 ff. non ch. (sur 126) car. goth. fig. de monnaies, dérel.

Ouvrage rare et recherché, orné d'environ quinze cents figures de monnaies gr. sur bois.
Exemplaire incomplet d'un f. prél. et de 2 ff. au cahier V. — Taches.

1542. Anastasii Germonii, J. C. archidiaconi taurinensis... Paratitla in libros V. Decretalium D. Gregorii Papæ IX... *Augustæ Taurinorum, Nicolai Beuvilaquæ*, 1586, in-fol. v. f. ant. dos orné, fil.

Exemplaire aux premières armes et au chiffre de Jacques Auguste DE THOU.

1543. Réflexions sur la Décrétale d'Innocent III pour l'élection du Patriarche de Constantinople, où les questions du concours de l'élection avec la postulation sont examinées (par Jean Gerbais). *A Paris, chez Jean-Baptiste Coignard*, 1689, in-8, mar. r. dos orné, fil. tr. dor. (*Rel. anc.*)

Exemplaire sur GRAND PAPIER aux armes de FRANÇOIS DE HARLAY, archevêque de Rouen, puis de Paris.
Griffonnages en marges de quelques ff. — Reliure un peu défraîchie.

1544. Codex Canonum vetus Ecclesiæ Romanæ à Francisco Pithœo ad veteres manuscriptos codices restitutus et notis illustratus... — Petri et Francisci Pithœi jurisconsultorum observationes ad Codicem Novellas Justiniani Imperatoris per Julianum translatas... cura Francisci Desmarés, Domini de Palis et de Luyères... *Parisiis, typographia Regia*, 1687-1689. — Ens. 2 vol. in-fol. v. ant. marb.

1545. Traité des Oblations, ou Défences du droit imprescriptible des Curez sur les Oblations des fidèles... Avec une instruction pour les laïques touchant les places du chœur, par M. Guy Drappier, prestre, curé de S. Sauveur de Beauvais. *Paris, Guill. Desprez*, 1685, in-12, mar. r. dos orné, fil. et comp. à la Du Seuil, tr. dor. (*Rel. anc.*)

SCIENCES ET ARTS

I. SCIENCES PHILOSOPHIQUES
SCIENCES PHYSIQUES ET CHIMIQUES

1546. Jamblichus. De Mysteriis Ægyptiorum Chaldæorum, Assyriorum. Proclus in Platonicum Alcibiadem de anima, atque dæmone. Idem de sacrificio et magia. Porphyrius de divinis atq; dæmonib. Psellus de dæmonibus. Mercurii trismegisti pimander. Eiusdem Asclepius. *Lugduni, Joan. Tornæsium*, 1552, in-16, mar. r. dos orné, fil. dent. int. tr. dor. (*Rel. anc.*)

Bel exemplaire de cette jolie édition.

1547. M. T. Ciceronis philosophicorum volumen secundum. Post postremam naugerianam et victorianam correctionem. Emendatum a Joan. Sturmio... (A la fin :) *Argentorati, excudebat Josias Rihelius, anno M. D. LVIII.* (1558), in-8, car. ital. peau de truie estampée. (*Rel. du XVI*e *siècle.*)

Curieuse reliure dont les plats sont ornés d'un encadrement renfermant des portraits de saints entourant deux allégories, dont l'une représente la Justice et l'autre la Chasteté (Lucrèce se poignardant). Les femmes personnifiant ces deux vertus sont habillées de costumes du XVIe siècle.

1548. Henrici Regii, Ultrajectini, Philosophia naturalis. Editio secunda, priore multó locupletior et emendatior. *Amstelodami, Lud. Elzevirium*, 1654, in-4, portr. et nombr. fig. sur bois, vélin à recouvr.

Ex-libris manuscrit du *Collège des Oratoriens de Troyes* sur le titre.

1549. Les Œuvres de feu Monsieur de Cordemoy, conseiller du Roy, lecteur ordinaire de Monseigneur le Dauphin, de l'Académie Françoise. *Paris, Christophe Rémy*, 1704, 2 parties en 1 vol. in-4, mar. r. dos orné d'arabesques et de petits soleils, fil. tr. dor. (*Rel. anc.*)

1550. De l'Importance des opinions religieuses, par M. Necker. *A Londres, et se trouve à Paris, Hôtel de Thou*, 1788, in-8, mar. bleu, dos orné, riches comp. genre rocaille sur les plats. (*Rel. anc.*)

Remboîtage.

1551. Francisci Georgii Veneti Minoritanæ familiæ. De Harmonia mundi totius cantica tria. (A la fin :) *Venitiis, in ædibus Bernardini de Vitallibus... M. D. XXV.* (1525), in-fol. réglé, car. ronds, lettres ornées, v. brun ant. tr. ciselée. (*Rel. de l'époque*.)

1552. Dissertation sur l'immatérialité et l'immortalité de l'âme (par J. Astruc, médecin). *Paris, Veuve Cavelier*, 1755, in-12, mar. r. dos orné, fil. tr. dor. (*Rel. anc.*)

1553. De l'Influence des Passions sur le bonheur des individus et des nations, par Mad. la Baronne Staël de Holstein. *Londres, Colburn*, 1813, in-8, mar. citron à long grain, dos orné, fil. dent. et comp. tr. dor. (*Rel. de l'époque.*)

Bel exemplaire.

1554. LES ESSAIS DE MICHEL, SEIGNEUR DE MONTAIGNE. Cinquiesme édition, augmentée d'un troisiesme livre et de six cens additions aux deux premiers. *Paris, chez Abel l'Angelier,* 1588, in-4, titre-front. gr. v. ant. granit, dos orné.

Edition très rare et fort recherchée ; c'est la dernière publiée du vivant de l'auteur et la PREMIÈRE QUI CONTIENNE LE TROISIÈME LIVRE.

Bel exemplaire, grand de marges, avec la date au bas du frontispice, ce qui se rencontre bien rarement, celui-ci ayant été tiré plus grand que la justification du livre.

1555. Les Essais de Michel, seigneur de Montaigne. Nouvelle édition... enrichie et augmentée aux marges du nom des Autheurs qui y sont citez et de la version de leurs passages... *Amsterdam (Lyon),* 1781, 3 vol. pet. in-8, portr. gr. v. f. ant. dos orné, dent. tr. dor.

1556. De la Sagesse, par Charron. *Paris, Bastien,* 1783, in-8 tiré in-4, portrait et 1 pl. gr. v. f. ant. fil. tr. dor.

Exemplaire *tiré in-4.*

1557. De la Morale naturelle (par J.-H. Meister). Nouvelle édition. *A Londres et se trouve à Paris, chez Volland,* 1788, in-12, mar. vert, dos orné, fil. dent. int. tr. dor. *(Bradel-Derome.)*

Bel exemplaire sur GRAND PAPIER.

1558. Le Spectateur, ou le Socrate moderne, où l'on voit un portrait naïf des mœurs de ce siècle. Traduit de l'anglois (de Richard Steele, Addisson, Hughes et autres). *Amsterdam et Leipzig, Arkstée & Merkus,* 1746-1768, 8 vol. in-12, front. et portrait gr. v. f. ant dos orné, fil. tr. dor.

1559. Les Livres classiques de l'Empire de la Chine, recueillis par le père Noël (traduits par l'abbé Pluquet), précédés d'observations sur l'origine, la nature et les effets de la philosophie morale et politique de cet Empire. *Paris, de Bure,* 1784-1786, 7 vol. in-18, demi-rel. mar. vert, dos orné, tête dor. ébarbé.

L'abbé Pluquet, traducteur de cet ouvrage, naquit à Bayeux (Calvados), le 14 juin 1716.

1560. Le Droit de la Femme dans l'Antiquité, son Devoir au Moyen Age d'après des Manuscrits de la Bibliothèque Nationale, par Louis de Backer. *Paris, Claudin,* 1880, in-12, demi-rel. mar. r. avec coins, dos orné, fil. tête dor. non rog.

Exemplaire sur GRAND PAPIER.

1561. De l'Egalité des deux sexes, discours physique et moral, où l'on voit l'importance de se défaire des préjugez (par François Poullain de La Barre et par Frelin). *A Paris, chez Jean Du Puis,* 1673, in-12, mar. r. dos orné, fil. tr. dor. (*Rel. anc.*)

1562. De l'Egalité des deux sexes. Discours physique et moral... (par Poullain de La Barre et par Frelin). *Paris, Dupuis,* 1673. — La Liberté des Dames. *Paris, Remy,* 1685. — Ens. 2 ouvrages en 1 vol. in-12, demi-rel. v. brun.

1563. Thoughts in the form of maxims, addressed to young Ladies, on their first establishment in the world, by the Countess Dowager of Carlisle. The second edition. *London, T. Cornell,* 1790, pet. in-8, mar. r. dos orné, fil. tr. dor. (*Rel. anc.*)

Bel exemplaire.

1564. Les Politiques d'Aristote, esquelles est montrée la science de gouverner le genre humain en toutes espèces d'estats publiques, traduittes de grec en françois... par Louis Le Roy, dict Regius. *Paris, Vascosan,* 1576, in-fol. v. ant. marb. dent. tr. dor.

Exemplaire aux armes du COLLÈGE ARCHI-ÉPISCOPAL DE ROUEN.

Louis Le Roy, dit Regius, né à Coutances, au commencement du XVIe siècle, mourut le 2 juillet 1577, à Paris.

1565. Les Demandes faites par le Roi Charles VI, touchant son Etat et le gouvernement de sa personne, avec les Réponses de Pierre Salmon, son secrétaire... *Paris, Crapelet,* 1833, gr. in-8, 10 pl. et fac-similé, demi-rel. chag. noir avec coins, fil. *non rog.*

De la *Collection des anciens Monumens de l'Histoire de la langue françoise.*

Un des 12 exemplaires sur PAPIER VÉLIN, avec les planches en double état : noires et COLORIÉES ET REHAUSSÉES D'OR.

1566. Le Juppiter || de Candie. || Par Guillaume de || Trellon, conseiller au || Parlement de Tholose. || *A Paris, chez Abel l'Angelier,* 1604, in-8 de 3 ff. prél. non ch. et 57 ff. ch. vélin.

Livre très rare, resté inconnu à Brunet et aux autres bibliographes.

Plutarque rapporte qu'il existait dans l'île de Candie une statue de Jupiter qui n'avait point d'oreilles « pour monstrer que le maistre de l'Univers ne doit rien apprendre des autres, ny estre instruit des affaires du monde par ouyr et entendre autre que soy-mesme. » L'auteur blâme le sculpteur de son idée et prouve que les rois et les princes ont autant besoin d'oreilles que les autres hommes, si ce n'est plus.

Petite piqûre de ver dans la marge inférieure du volume.

1567. De Politica hominum societate libri tres. Auctore Aarone Alexandro Olizarovio... *Dantisci, Förster,* 1651, in-4, titre-front. gr. vélin.

1568. Le Brévière des Courtisans enrichy d'un grand nombre de figures, par le Sr de La Serre, historiographe de France. *Paris, Henault,* 1630, in-8, front. portr. et pl. gr. mar. vert, fil. à froid.

PREMIÈRE ÉDITION, non citée par Brunet ; elle est ornée d'un frontispice, du portrait du prince Charles de Liechtenstein auquel l'ouvrage est dédié, et de 7 jolies planches finement gravées en taille-douce.

Ex-libris du comte de LAMBILLY. — Petite piqûre de ver ; légère déchirure p. 165.

1569. Description des Expériences de la machine aérostatique de MM. de Montgolfier, et de celles auxquelles cette découverte a donné lieu... par M. Faujas de Saint-Fond. *Paris, Cuchet,* 1783, in-8, front. et 8 pl. par Lorimier, Bertault, etc. v. ant. marb.

1570. Recherches sur la Découverte de l'essence de roses, par L. Langlès. *Paris, Impr. Impériale, an XIII*, 1804, in-12 de 47 pp. pap. vélin, demi-rel. mar. r. avec coins, tête dor. non rog.

II. SCIENCES NATURELLES.

1571. Œuvres complètes de Buffon, avec des extraits de Daubenton et la classification de Cuvier, 6 vol. — Histoire naturelle de Lacépède, comprenant les cétacés, les quadrupèdes ovipares, les serpents et les poissons. Nouvelle édition, précédée de l'éloge de Lacépède par Cuvier, avec des notes et la nouvelle classification par M. A.-G. Desmarest, 2 vol. *Paris, Furne*, 1839-1860. — Ens. 8 vol. gr. in-8 à 2 col. portr. gr. sur acier. nombr. pl. en couleur et cartes, demi-rel. chag. vert, dos orné.

1572. Les Observations de plusieurs singularitez et choses mémorables trouvées en Grèce, Asie, Judée, Egypte, Arabie et autres pays estranges, rédigées en trois livres par Pierre Belon, du Mans; reveuz de nouveau et augmentez de figures. *Paris, Gilles Corrozet*, 1555, in-4, titre avec un bel encadrement, portr. et nombr. fig. sur bois (*sans la carte*), v. ant. marb. dos orné, tr. r.

Ouvrage curieux et rare.

1573. Essai sur l'Histoire naturelle de la Mer Adriatique, par le docteur Vitaliano Donati, avec une lettre du docteur Léonard Sesler, sur une nouvelle espèce de plante terrestre, traduit de l'italien. *La Haye, Pierre de Hondt*, 1758, in-4, 11 pl. gr. v. ant. marb. dos orné, fil. comp. et angles dor. tr. r.

Exemplaire sur GRAND PAPIER avec les planches soigneusement COLORIÉES.

1574. Michaelis Mercati Samminiatensis Metallotheca, Opus posthumum... Opera autem et studio Joannis Mariæ Lancisii... illustratum... *Romæ, Salvioni*, 1717-1719, 2 parties en 1 vol. in-fol. (*y compris l'Appendice*), front. nombr. pl. et fig. gr. vélin.

1575. Les Merveilles des Indes Orientales et Occidentales, ou Nouveau Traité des pierres précieuses et perles, contenant leur vraye nature, dureté et vertus... par Robert de Berquem, marchand orphèvre à Paris. *Paris, Impr. de Christ. Lambin*, 1669, in-4, vélin.

Mouillure.

1576. Historia plantarum, earum imagines, nomenclaturæ, qualitates et natale solum. Quibus accessere simplicium medicamentorū facultates, secundum locos et genera, ex Dioscoride (auct. Ant. Pinæus). *Lugduni, Coterium*, 1561, 2 parties en 1 vol. in-16, titre encadré et très nombr. fig. sur bois, demi-rel. vélin.

Rare.

1577. Histoire générale des plantes, contenant XVIII livres... sortie latine de la Bibliothèque de Me Jaques Dalechamps, puis faite françoise par Me Jean Des Moulins... où sont pourtraites et descriptes infinies plantes, par les noms propres de diverses Nations, leurs espèces, forme, origine... et vertus convenables à la Médecine. *Lyon, Guillaume Rouille*, 1615, 2 forts vol. in-fol. portr. remonté et très nombr. fig. sur bois, v. ant. marb.

1578. Plantes usuelles, indigènes et exotiques, dessinées et coloriées d'après nature, avec la description de leurs caractères distinctifs et leurs propriétés médicales. par Joseph Roques. *Paris, Hocquart*, 1807-1808, 2 vol. in-4, front. et 132 pl. gr. et *coloriées*, demi-rel. bas. r. à long grain, dos orné, non rog.

1579. L'Herbier des Demoiselles, ou Traité complet de la Botanique présentée sous une forme nouvelle et spéciale. Ouvrage orné de planches et illustré de jolies vignettes... par M. Edmond Audouit. Deuxième édition. *Paris, Allouard*, 1848, pet. in-8, nombr. fig. noires et en couleur, demi-rel. v. f. avec coins, dos orné à petits fers, fil. tête dor. ébarbé. (*David.*)

1580. Culpeper's complete Herbal... to wich are now first annehed his English Physician enlarged, and key to physic, with rules for compounding medicine according to the true system of nature... *London, Richard Evans*, 1814, in-4 à 2 col. portr. gr. et 40 pl. gr. et coloriées, v. rac.

Ouvrage généralement connu sous le nom de *English Herbal.*

1581. Le Floriste françois traittant de l'origine des Tulipes, de l'ordre qu'on doit observer pour les cultiver et planter; comme la nature leur donne la diversité de leurs couleurs; du moyen de les faire embellir et de leurs maladies et remèdes, avec un catalogue des noms des Tulipes et distinctions de leurs couleurs. par le Sr de La Chesnee Monstereul. *Caen, Eléazar Mengeant*, 1654, in-8, vélin.

Edition originale.

Ch. de Monstereul, sieur de la Chesnée, ou Chesnaye, né à Caen, mourut vers 1660.

1582. Atlas des Champignons comestibles et vénéneux de la France et des pays circonvoisins, contenant 72 planches en couleur... dessinées d'après nature avec leurs organes reproducteurs amplifiés, par Charles Richon, accompagné d'une monographie... par Ernest Roze. Texte illustré de 62 photogravures... d'après des reproductions exécutées par Charles Rolet. *Paris, Doin*, 1888, 2 vol. dont un de texte et un de planches, en 9 fascicules gr. in-4, nombr. fig. dans le texte et 72 pl. lithog. *en couleur*, en feuilles, dans 9 cartons, dos de perc. verte.

1583. Histoire des Roses (offrant la mythologie de la rose, les superstitions, anecdotes, faits historiques relatifs à la rose), par Charles-Malo, ornée de 12 planches en couleur, dessinées par P. Bessa. *Paris, Janet, s. d.* (1818), in-18, titre-front. gr. et 12 pl. *en couleur* contenant 24 roses différentes, cart. original, dans un étui.

1584. Ulysses Aldrovandus. Opera omnia. *Bononiæ*, 1638-1646, 13 vol. in-fol. 13 front. gr. et nombr. fig. sur bois, v. ant. marb.

Ouvrage rare et bien complet ainsi composé : Ornithologia, 3 vol. — De Insectis. — De Reliquis animalibus exanguibus libri quatuor. — De Piscibus et de cetis. — De Quadrupedibus solidipedibus — Quadrupedum omnium bisulcorum historia. — De Quadrupedibus digitatis viviparis et oviparis. — Serpentum et draconum historiæ. — Monstrorum historia cum paralipomenis historiæ omnium animalium, 2 parties en 1 vol. — Musæum metallicum. — Dandrologiæ naturalis.

1585. Tableau élémentaire de l'Histoire naturelle des animaux, par G. Cuvier, de l'Institut National de France... *A Paris, Baudouin, an 6* (1798), fort vol. in-8, 14 pl. gr. mar. vert, dos orné, fil. et comp. avec guirlandes aux angles, doublé et gardes de moire rose, dent. tr. dor. (*Bisiaux.*)

Bel exemplaire.

1586. Champfleury. Les Chats. Histoire, mœurs, observations, anecdotes. Illustré de 80 dessins par Eugène Delacroix, Viollet-Le-Duc, Mérimée, Monet, J.-J. Grandville... Quatrième édition considérablement augmentée. *Paris, Rothschild*, 1870, in-12, front. et pl. noires et en couleur et nombr. fig. sur bois, br. *couverture*.

Exemplaire sur GRAND PAPIER VÉLIN FORT.

1587. Histoire universelle des poissons, et autres monstres aquatiques. Avecq' leurs pourtraicts et figures, exprimez au plus près du naturel, utile et profitable (par Geoffroy Linocier? *A Paris, par Nicolas Bonfons*, 1584, in-16 de 93 pp. titre avec encadrement, nombr. fig. sur bois dans le texte, v. ant. jaspé, dos orné.

Petit livre très rare, non cité par Brunet, orné de curieuses figures sur bois dont quelques-unes représentent des monstres marins les plus invraisemblables.
Exemplaire provenant des collections HUZARD et YEMENIZ. — La marge supérieure de quelques ff. est fortement rognée.

1588. Histoire naturelle des Lépidoptères d'Europe, par H. Lucas, Ouvrage orné de près de 400 figures peintes d'après nature, par A. Noël, et gravées sur acier. *Paris, Pauquet*, 1834, in-8, nombr. pl. gr. demi-rel. v. violet, dos orné.

Exemplaire avec les planches COLORIÉES. — Taches de rousseur.

1589. Prodigiorum ac ostentorum chronicon, quæ præter naturæ ordinem, motum et operationem, et in superioribus et his inferioribus mundi regionibus, ab exordio mundi usque ad hæc nostra tempora acciderunt... conscriptum per Conradum Lycosthenem... (A la fin :) *Basileæ, per Henricum Petri... M.D.LVII* (1557), in-fol. de 6 ff. prél. non ch. 670 pp. et un f. non ch. car. ronds, nombr. fig. sur bois, v. ant. marb.

Ouvrage rare et des plus curieux, orné d'environ 2.000 figures sur bois représentant les monstres les plus bizarres, des phénomènes et cataclysmes atmosphériques, et autres anomalies naturelles et physiques. — Plusieurs de ces figures portent des monogrammes de graveurs.

1590. Fortunius Licetus de Monstris, ex recensione Gerardi Blasii, qui monstra quædam nova et rariora ex recentiorum scriptis addidit. Editio novissima, iconibus illustrata. *Amstelodami, Frisii*, 1665, in-4, front. gr. et nombr. fig. sur cuivre, v. brun ant.

Edition estimée.

1591. Musæum historicum et physicum Joannis Imperialis Phil. et Med. Vincentini. In primo illustrium literis viror. imagines ad vivum expressæ continentur additis elogijs eorundem vitas et mores notantibus. In secondo animorum imagines, sive ingeniorum naturæ differentiæ causæ... perpenduntur... *Venetijs, apud Juntas*, 1640, 2 parties en 1 vol. in-4, titre-front. gr. et 56 portr. par André Salmincio, v. ant. granit.

1592. Museum Wormianum, seu Historia rerum rariorum, tam naturalium, quam artificialium, tam domesticarum quam exoticarum, quæ Hasniæ Danorum in ædibus authoris servantur, adornata ab Olao Worm... *Lugduni Batavorum, Johannem Elsevirium*, 1655, in-fol. nombr. fig. sur bois et sur cuivre, bas. f. dos orné.

1593. Dictionnaire Œconomique, contenant divers moyens d'augmenter son bien et de conserver sa santé .. par M. Noël Chomel. Troisième édition, augmentée d'un très grand nombre de nouvelles découvertes et secrets, par M. P. Danjou, enrichie d'un grand nombre de figures, 2 vol. — Supplément au Dictionnaire Œconomique... 2 vol. — *Paris, Estienne et Ganeau*, 1732-1743. — Ens. 4 vol. in-fol. à 2 col. planche et nombr. fig. sur bois, v. ant. brun et marb.

Edition estimée à cause des nombreuses figures dont elle est ornée.

1594. L'Agriculture et Maison rustique de MM. Charles Estienne et Jean Liebault, docteurs en médecine. Reveuë et augmentée de beaucoup... Plus un bref recueil des Chasses. du cerf, du sanglier... et de la fauconnerie. Item la fabrique et usage de la jauge ou diapason... Dernière édition. *Rouen, P. de La Mothe*, 1625. — La Chasse du Loup nécessaire à la Maison Rustique, par Jean de Clarmorgan (*sic*) .. en laquelle est contenuë la nature des loups et la manière de les prendre... *Rouen, P. de La Mothe*, 1623. — Ens. 2 parties en 1 vol. in-4, nombr. fig. sur bois, vélin, *déboîté*.

Exemplaire aux armes de Nicolas Catherinot, jurisconsulte et philologue. — Mouillures.

Jean de Clamorgan naquit à Saâne-Saint-Just (Seine-Inférieure), en 1480.

1595. La Théorie et pratique du jardinage, où l'on traite à fond des beaux jardins appelés communément les jardins de propreté, comme sont les parterres, les bosquets, les boulingrins, etc. contenant plusieurs plans et dispositions générales de jardins ; nouveaux dessins de parterres, de bosquets, de boulingrins, labirinthes, galerie, portiques et cabinet de treillages... (par Alexandre Le Blond). *Paris, Jean Mariette*, 1709, in-4, 32 pl. gr. et montées sur onglets, v. ant. marb.

Première édition.

1596. Instruction pour les jardins fruitiers et potagers, avec un traité des orangers, & des réfléxions sur l'agriculture, par Mr. de La Quintinye. Nouvelle édition. *Paris, Osmont,* 1716, 2 vol. in-4, pl. gr. v. brun ant.

III. SCIENCES MÉDICALES.

1597. Les Œuvres de Me André du Laurens, sieur de Ferrières... traduites de latin en françois par Me Théophile Gelée, médecin ordinaire de la ville de Diepe, reveuës, corrigées et augmentées en cette dernière édition, par G. Sauvageon. *Paris, Pierre Billaine,* 1639, 2 parties en 1 vol. in-fol. v. brun ant.

Edition la plus complète de la traduction française des Œuvres de ce célèbre médecin d'Henri IV.
Le traducteur, Théophile Gelée, naquit à Dieppe, où il mourut en 1650.

1598. Traité d'Ostéologie, traduit de l'anglois de M. Monro... par M. Sue... *Paris, Cavelier,* 1759, 2 parties en 1 vol. très gr. in-fol. pap. vergé fort, front. et 31 pl. pl. gr. cart. *non rog.*

Exemplaire avec les planches *en double état.*

1599. Les Remèdes des maladies du corps humain par M. S. Hilaire Nouvelle édition, augmentée d'un grand nombre de remèdes spécifiques et experimentez, de plusieurs figures chimiques. *Paris, Jean. Couterot et Louis Guérin,* 1695, in-8, 6 pl. gr. sur cuivre, mar. r. dos orné, fil. tr. dor. (*Rel. anc.*)

Exemplaire réglé, aux armes de Louis XIV.
Reliure défraîchie.

1600. Nouvelle Histoire et extraordinaire d'une fille qui vit encore, du Diocèse d'Agen, laquelle a vomi plusieurs horribles animaux acatiques, en vie, et de diferente (*sic*) espece : expliquée par des raisonnemẽs nouveaux et phisiques par P. Montresse, Me ès arts et docteur en médecine, de l'Université de Toulouse. *A Toulouse, chez la veuve de P. Rey,* 1695, in-12, planche gr. et pliée, mar. r. dos orné, fil. et comp. à la Du Seuil, tr. dor. (*Rel. anc.*)

Ouvrage fort curieux.
Exemplaire aux armes de Le Goux de la Berchère, évêque de Narbonne. — Reliure défraîchie.

1601. Les Œuvres d'Ambroise Paré, conseiller et premier chirurgien du Roy, divisées en trente livres, avec les figures et pourtraicts, tant de l'anatomie que des instruments de chirurgie, et de plusieurs monstres. Reveuës, corrigées et augmentées en infinis lieux en cette huictiesme édition. *Paris, Nicolas Buon,* 1628, fort vol. in-fol. front. avec un bel encadrement sur bois et nombr. fig. sur bois dans le texte, v. brun, ant.

Première édition complète des œuvres de cet illustre chirurgien.

1602. Le Barbier médecin, ou les Fleurs d'Hypocrate, dans lequel la chirurgie a repris la queuë du serpent. Œuvre très-utile pour facilement trouver le remède à toutes les maladies, par le seul secours de la main charitable, par I. M. D. V. C. A. P. *Paris, Guignard*, 1672, in-12, front. et figure gr. mar. r. dos orné, fil. et fleurons aux angles, tr. dor. (*Rel. anc.*)

Ouvrage curieux et rare, non cité par Brunet.
Légère mouillure.

1603. La Véritable Chirurgie, établie sur l'expérience et la raison avec des nouvelles découvertes sur l'ostéologie et sur la myologie... et un nouveau sistème sur la génération du fétus, par le sieur Louis Léger de Gouey. *Rouen, Ph. Cabut*, 1716, in-8, mar. r. fil. à froid, tr. dor. (*Rel. anc.*)

Louis Léger de Gouey fit ses études à Paris, où il fut reçu maître-chirurgien et vint ensuite se fixer à Rouen où il acquit rapidement la plus brillante réputation.

IV. SCIENCES MATHÉMATIQUES

1604. Arithmeti||que seconde par || M. Valentin Mennher || de Kempten. (A la fin :) *Imprimé en Anvers, par Jan Loë...*, 1556, pet. in-8, goth. de 184 ff. non ch. portrait et vign. gr. sur bois, vélin vert, attaches.

Edition originale, très rare, d'un ouvrage ainsi divisé : *Arithmétique*, 43 ff., *Algèbre*, 85 ff. et *Géométrie*, 56 ff.
Quelques vignettes sont coloriées.

1605. Nouvelles Récréations physiques et mathématiques, par M. Guyot. *Paris, Gueffier*, 1769-70, 4 vol. in-8, nombr. pl. gr. *et coloriées*, v. ant. marb.

1606. Pratique de la Géométrie sur le papier et sur le terrain, avec un nouvel ordre et une méthode particulière (par Sébastien Le Clerc). *Paris, Thomas Jolly*, 1669, in-12, front. et 82 fig. gr. v. brun ant.

Première édition de ce traité ; elle est recherchée à cause des figures qui y sont de premier tirage.
Noms sur le titre et au bas du frontispice.

1607. La Géométrie pratique, divisée en quatre livres. Le premier enseigne les élémens de la géométrie pratique... Le second explique la Trigonométrie... Le troisième montre la Planimétrie, ou la mesure des superficies... Le quatrième regarde la Stéréométrie, ou le toisé de toutes sortes de corps. Ouvrage enrichi de planches gravées en taille-douce, par Allain Manesson Mallet. *Paris, Anisson*, 1702, 4 vol. in-8, front. et nombr. pl. v. ant. marb. dos orné, fil.

Ouvrage très recherché pour les nombreuses vues de Paris et des châteaux de France dont il est orné.
Bel exemplaire aux armes de la ville de Lyon.

1608. Essay d'analyse sur les Jeux de hazard (par Pierre Remond de Montmort). *Paris, Quillau*, 1708, in-4, vign. gr. v. ant. granit.

Edition originale, rare.

1609. Le Diverse et artificiose machine del Capitano Agostino Ramelli... Nelle quali si contengono varij et industriosi movimenti, degni digrandissima speculatione per cavarne beneficio infinito in ogni sorte d'operatione. Composte in lingua italiana et francese. *A Parigi, in casa del'autore*, 1588, in-fol. titre-front. gr. portr. et pl. ais de bois recouverts de peau de truie estampée, fermoirs en cuivre.

Livre rare et recherché, écrit en français et en italien et dédié à Henri III. Il est orné de 195 jolies planches gravées sur cuivre.

Bonne reliure armoriée de l'époque ; légère tache à 2 ff.

1610. Cosmographie, ou Description des quatre parties du monde, contenant la situation, division et estendue de chacune région et province d'icelles, escrite en latin par Pierre Apian, corrigée et augmentée par Gemma Frison... avec plusieurs autres Traitez concernans la même matière... *Anvers, Jean Bellere*, 1581, in-4, nombr. fig. sur bois dont quelques-unes *coloriées* et pl. superposées, demi-rel. v. brun avec coins.

Incomplet de la fin ; mouillures, cassures et raccommodages.

1611. Tabulæ Frisicæ Lunæ Solares quadruplices ; è fontibus Cl. Ptolemæi, Regis Alfonsi, Nic. Copernici et Tychonis Brahe, recens constructæ operâ et studio Nicolai Mulerii... quibus accessere Solis tabulæ totidem ; hypotheses Tychonis illustratæ : Kalendarium Rom. vetus, cum methodo Paschali emendatâ. *Alcmariæ, excudebat Jacobus Meesterus*, 1611, 2 parties en 1 vol. in-4, titre avec un bel encadrement et fig. sur bois, v. ant. marb.

1612. Histoire de l'Horlogerie depuis son origine jusqu'à nos jours... par Pierre Dubois. Illustrations archéologiques exécutées sous la direction de Ferdinand Seré. *Paris*, 1849, in-4, front. en chromolithog. nombr. pl. et fig. sur bois, demi-rel. mar. brun, tête dor. non rog. (*Bretault.*)

Bel exemplaire.

1613. Collection archéologique du Prince Pierre Soltykoff. Horlogerie. Description et iconographie des instruments horaires du XVIe siècle, précédée d'un abrégé historique de l'horlogerie au Moyen Âge et pendant la Renaissance... par Pierre Dubois. *Paris, Didron*, 1858, in-4, 20 pl. gr. demi-rel. chag. r. dos orné, fil. plats perc. tr. dor.

Bel exemplaire avec les planches sur Chine.

1614. La Perspective, avec la raison des ombres et miroirs, par Salomon de Caus... *Londres, Jean Norton*, 1612, in-fol. titre-front. gr. et fig. et pl. gr. vélin fatigué.

Mouillure.

Salomon de Caus naquit à Dieppe (Seine-Inférieure), vers 1576.

1615. Marine militaire, ou Recueil de différens vaisseaux qui servent à la guerre, suivis des manœuvres qui ont le plus de rapport au combat ainsi qu'à l'ataque et la deffense des ports, par Ozanne l'aîné, dessinateur de la marine. *A Paris, chez Chereau, s. d.* (1762), in-4 de 50 pl. gr. y compris le titre-front. et l'avertissement, demi-rel. v. f. avec coins, fil. (*Kœhler.*)

1616. Fl. Vegetii Renati comitis, aliorumque aliquot veterum, de Re militari libri ; accedunt Frontini strategematibus ejusdem auctoris alia opuscula... cum commentariis aut notis God. Stewechii et Fr. Modii. *Ex officina Plantiniana, Raphelengii (Lugduni Batavorum)*, 1607, in-4, nombr. fig. sur bois, vélin.

Bonne édition.

Exemplaire conforme à celui décrit dans le Manuel (*Tome V, col. 1162*). — Piqûres de vers.

1617. Les Discours militaires, dédiés à Sa Majesté, par le Sr du Praissac. *Paris, veuf[e] Matth. Guillemot et Samuel Thiboust*, 1612, in-8, titre-front. gr. nombr. fig. sur bois, v. jaspé, dos orné, fil. dent. int. tr. dor. (*Dubois d'Enghien.*)

Ouvrage très rare, non cité par Brunet ; il est orné d'un joli frontispice gravé par Léonard Gaultier, de plans et de nombreuses figures très finement gr. sur bois.

Piqûre de ver bouchée au titre.

1618. L'Esprit et l excellence de la profession militaire, selon les principes de vertu et de religion (par le P. Pierre Maubert) *Paris, de Hansy*, 1774, in-12, front. par Martinet, mar. vert, dos orné, fil. tr. dor. (*Rel. anc.*)

Pierre Maubert, dominicain, est né à Rouen, dans les premières années du XVIIIe siècle.

1619. Architectura et perspectiva. Des Fortifications et artifices de Jacques Perret, gentilhomme savoysien, mis en lumière par la vefve et les deux fils de Théodore de Bry. *Francfort sur le Mein, Richter*, 1602, in-fol. titre-front. et 29 pl. ou plans gr. vélin.

La planche 13 a été coupée au cadre et soigneusement remontée.

1620. La Pyrotechnie de Hanzelet, Lorrain, où sont représentez les plus rares et plus appreuvez secrets des machines et des feux artificiels propres pour assiéger, battre, surprendre et déffendre toutes places. *Pont-à-Mousson, J. et Gaspard Bernard*, 1630, in-4, titre-front. gr. et nombr. fig. sur cuivre, vélin.

Ouvrage recherché.

Quelques légères mouillures.

V. SCIENCES OCCULTES.

1621. Recherches sur ce qu'il s'est conservé dans l'Egypte moderne de la Science des anciens magiciens, par Léon de Laborde. *Paris, Renouard*, 1841, in-4 de 23 pp. pap. fort, fig. demi-rel. mar. r. avec coins, dos orné, fil. tête dor. non rog. (*David*)

Tiré seulement à 25 exemplaires.

1622. Dictionnaire infernal ou Bibliothèque Universelle sur les êtres, les personnages, les livres, les faits et les choses qui tiennent aux apparitions, à la magie, au commerce de l'enfer.., par M. Collin de Plancy. *Paris, Mongie*, 1825-26, 5 vol. in-8, dont un de 16 pl. lithog. br.

1623. Joco-seriorum naturæ et artis, sive magiæ naturalis centuriæ tres. In quibus curiosa vix unquam edita transtantur. Liber omnibus gratus, auctore Aspasio Henischio. Cui accessit diatribe (Ath. Kircheri) de crucibus. *S. l. n. d.* (*Herbipoli*, 1666), in-4, 22 pl. gr. en taille-douce, vélin.

Ouvrage curieux et recherché dont l'auteur véritable est Gasp. Schott.

1624. Les Petites Aventures de Jérôme Sharp, professeur de physique amusante. Ouvrage contenant autant de tours ingénieux que de leçons utiles..., par l'auteur de la Magie blanche (Decremps). *Bruxelles et Paris, Defer de Maisonneuve*, 1789, in-8, front. et fig. demi-rel. bas. f. dos orné.

1625. Le Fléau des Démons et Sorciers, par J. B. (Jean Bodin) Angevin... Dernière édition. *Nyort, David du Terroir*, 1616, in-8, titre avec un encadrement sur bois, v. f. ant.

Piqûres de vers.

1626. De la Démonomanie des sorciers... par J. Bodin, Angevin. *Paris, Jacques du Puys*, 1680, in-4, vélin fatigué.

EDITION ORIGINALE.
Mouillure.

1627. La Chiromance et phisiognomie par le regard des membres de l'homme, faicte par Jean Indagine. Le tout mis en françois par Antoine du Moulin, Masconnois. *Rouen, Pierre L'Oyselet*, 1621, in-16, titre encadré, portr. et nombr. fig. sur bois, bas. ant. marb. dos orné.

1628. Discours sur les Principes de la Chiromancie, par le Sr de la Chambre, conseiller du Roy en ses Conseils, et son médecin ordinaire. *Paris, Rocolet*, 1653, in-8, v. brun ant.

Exemplaire tiré sur GRAND PAPIER de format petit in-4.

1629. La Chiromance, la physionomie et la geomance, avec la signification des nombres et l'usage de la rouë de Pytagore, par le sieur de Peruchio. *Paris, Pierre l'Amy*, 1657, in-4, planche gr. et nombr. fig. sur bois et sur cuivre, bas. ant. fatiguée.

Mouillure.

1630. La Science curieuse, ou Traité de la Chyromance, recueilly des plus graves autheurs qui ont traité de cette matière et plus exactement recherché qu'il n'a esté cy-devant par aucun autre, enrichy d'un grand nombre de figures... ensemble la méthode de s'en pouvoir servir. *Paris, François Clousier*, 1665, in-4, 88 pl. gr. et mal numérotées, v. brun ant. fatigué.

Ouvrage très rare, non cité par Brunet.

1631. Musæum hermeticum, omnes Sopho-Spagyricæ artis discipulos fidelissime erudiens... continens tractatus Chymicos novem præstantissimos... *Francofurti, Lucæ Jennisii*, 1625, 9 parties en 1 vol. in-4 dont 8 avec pagination suivie, 10 titres dont 5 avec de beaux encadrements gr. 2 pl. et 18 fig sur cuivre, vélin.

Première édition, très rare, de ce curieux recueil.

1632. Des Jugemens astronomiques sur les nativitez, par Oger Ferrier, médecin natif de Tolouze. — Physionomie naturelle, extraite de plusieurs philosophes anciens, et mise en françois par M. Antoine du Moulin, masconnois. — *Lyon, Jean de Tournes*, 1550. — Ens. 2 ouvrages en 1 vol. pet. in 8, car. ital. v. brun ant. fil. et comp. à froid, milieu doré, dos fatigué.

1633. Les Devins, ou Commentaire des principales sortes de divinations : distingué en quinze livres, esquels les ruses et impostures de Satan sont découvertes, solidement réfutées et séparées d'avec les sainctes prophéties et d'avec les prédictions naturelles. Escrit en latin par M. Gaspar Peucer... nouvellement tourné en françois par S. G. S. (Simon Goulard, Senlisien). *En Anvers, par Heudrik Connix*, 1584, in-4, fig. sur bois, sur le titre, v. f. ant. dos orné, fil. tr. dor.

VI. ARTS ET MÉTIERS.

1634. Arte subtilissima por laqual se ensena a escrevir perfectamente, hecho y experimentado agora : de nuevo añadido, por Juan de Yciar, vizcayno. *Çaragoça, en casa de Pedro Bernuz*, 1550, pet. in-4 de 78 ff. non ch. (*sur 84*), demi-rel. bas. brune ant. dos orné.

Première édition de ce traité, l'un des plus rares sur l'art de l'écriture; elle est remplie de gravures sur bois, et le texte est entouré de bordures par J. de Yciar et J. Vingles.

Note manuscrite de l'époque, datée de 1564, à la marge inférieure du 11e feuillet.

Le Cahier A est incomplet du titre et de 5 des ff. prél. ; déchirure au coin inférieur du premier et du dernier feuillet; petites cassures dans quelques marges ; taches.

1635. L'Exposition de Paris (1889) publiée avec la collaboration d'écrivains spéciaux. Edition enrichie de vues, de scènes, de reproductions d'objets d'art, de machines, de dessins et gravures par les meilleurs artistes *Paris, Librairie illustrée*, 1889, 4 tomes en 2 vol. in-fol. nombr. pl. hors texte et fig. dans le texte, cart. perc. verte, fers spéciaux, couvertures illustrées.

1636. Eugène Fontenay. Les Bijoux anciens et modernes. Préface par M Victor Champier. Ouvrage illustré de 700 dessins inédits exécutés par M. Saint-Elme Gautier sous la direction de l'auteur. *Paris, Quantin*, 1887, gr. in-8, nombr. fig. dans le texte, demi-rel. mar. bleu avec coins, dos orné, fil. tête dor. non rog.

1637. Dictionnaire des Marques et Monogrammes des faïences, poteries, grès, porcelaines, etc. anciennes et modernes reproduites avec leurs couleurs naturelles. 3,000 marques, par Ris-Paquot. Deuxième édition. *Paris, Delaroque*, 1874, in-12, nombr. fig. de marques et monogrammes en noir et en couleur, demi-rel. chag. noir, plats perc. non rog.

Exemplaire sur GRAND PAPIER tiré in-8.

1638. Physiologie du goût, ou Méditations de gastronomie transcendante. Ouvrage théorique, historique et à l'ordre du jour, dédié aux gastronomes parisiens, par un professeur, membre de plusieurs Sociétés savantes (J.-A. Brillat-Savarin). *Paris, Sautelet*, 1826, 2 vol. in-8, demi-rel. bas. brune, dos orné.

ÉDITION ORIGINALE, rare.

1639. Physiologie du goût de Brillat-Savarin, avec une préface par Charles Monselet. Eaux-fortes par Ad. Lalauze. *Paris, Libr. des Bibliophiles*, 1879, 2 vol. in-16, pap. de Hollande, portr. et nombr. vign. à l'eau-forte, br. couvertures.

De la *Petite Bibliothèque Artistique*.
Edition très recherchée et devenue peu commune.

VII. ÉQUITATION. — CHASSES ET PÊCHES.

1640. Ecole de Cavalerie, contenant la connaissance, l'instruction et la conservation du cheval, par M de La Guérinière. *Paris* (*Desaint et Saillant*), 1754, 2 vol in-8, front portr. et 33 pl. par Parrocel, v. ant. marb. dos orné, tr. marb.

Pierre Robichon, sieur de La Guérinière, naquit en Basse-Normandie et fonda une Académie d'équitation à Caen, en 1728.

1641. La Vénerie de Jacques Du Fouilloux, précédée de quelques notes biographiques et d'une notice bibliographique. *Angers, Lebossé*, 1844, in-4, nombr. fig. sur bois, demi-rel. mar. La Vall. avec coins, dos orné tête dor. ébarbé.

Edition rare, la seule qui reproduise fidèlement celle de *Le Mangnier* de 1585.

1642. Delle Caccie, di Eugenio Raimondi, Bresciano, libri quattro, aggiuntovi'n questa nova' impressione il quinto libro della Villa. (Au verso du feuillet 28 :) *In Napoli, per Lazaro Scoriggio, M.DC. XXVI.* (1626), in-4, titre-front. et 21 pl. gr. sur cuivre, vélin.

Edition rare et la plus complète.
Le titre est remonté.

1643. La Meutte et Vénerie (pour le Chevreuil) de haut et puissant seigneur Messire Jean de Ligniville, chevalier, comte de Bey, seigneur de Dombrot et de la Basse-Vosge... Grand-veneur de Lorraine de

1602 à 1632. *Nancy et Paris, Aubry,* 1861, in-4, tiré in-fol. demi-rel. v. f. dos orné, fil. tr. r.

Réimpression page pour page de l'édition originale de 1635, publiée par les soins de M. H. Michelant, tirée à 111 exemplaires et devenue rare.

EXEMPLAIRE DE SOUSCRIPTION (n° 10) de M. le docteur VÉRON, médecin en chef de l'Asile de Maréville, sur GRAND PAPIER VERGÉ et tiré in-fol.

1644. Nouveau Traité de Vénerie, contenant la chasse du cerf, celles du chevreuil, du sanglier, du loup, du lièvre et du renard, avec la connoissance des chevaux propres à la chasse et des remèdes pour les guérir lorsqu'ils se blessent. Des instructions et des remèdes pour garantir et guérir les chiens de la rage... Un Traité de la pipée, de la fauconnerie et les termes de cette chasse. On y a joint un dictionnaire de la chasse du cerf et du chevreuil. Le tout orné de figures et de musique par un gentilhomme de la vénerie du Roy (Antoine Gaffet de la Briffardière, publié par P. Clément de Chappeville). *Paris, Mesnier,* 1742, in-8, 15 pl. gr. sur bois et 14 pp. de musique gr. v. ant. marb.

EDITION ORIGINALE, rare.
Légère mouillure.

1645. L'Art du valet de limier, avec la manière la plus simple de dresser un chien de plaine, & diverses recettes pour guérir les chiens des maladies les plus dangereuses ; auquel on a joint un Etat des différens rendez-vous de chasse du Roi & des Princes du sang, avec la distribution des quêtes & le placement des relais, par Messieurs Desgraviers. *Paris, Prault,* 1784, 2 parties en 1 vol. in-12, demi-rel. chag. noir, dos orné.

EDITION ORIGINALE d'un ouvrage rare et recherché.

1646. LES RUSES DU BRACONAGE, mises à découvert, ou Mémoires et Instructions sur la chasse et le braconage, avec quelques figures en taille de bois, par L. Labruyerre. *Paris, Lottin,* 1771, in-12, fig. sur bois, v. ant. marb.

EDITION ORIGINALE, très rare.
Nom gratté sur le titre.

1647. La Pêche au Cormoran, par M. le Cte Le Couteulx de Canteleu, avec deux planches dessinées d'après nature, par M. E. Bellier de Villiers. *Paris,* 1870, gr. in-8 de 68 pp. et 2 pl. gr. demi-rel. mar. vert avec coins, tête dor. non rog. couverture. (*Amand.*)

Tiré seulement à 100 exemplaires (n° 64).
M. le comte Jean-Emm.-Hector Le Couteulx de Canteleu est né au château de Saint-Martin (Eure), le 18 juin 1827.

BEAUX-ARTS

I. GÉNÉRALITÉS. — DESSIN. — PEINTURE.

1648. Bibliothèque de l'enseignement des Beaux-Arts. *Paris, Quantin, s. d.* 7 vol. in-8, nombr. fig. dans le texte, cart. perc. de différentes couleurs.

J. Adeline. Lexique des termes d'art. — E. Chesneau. La Peinture anglaise. — Max. Collignon. Manuel d'Archéologie grecque. — Lecoy de la Marche. Les Manuscrits et la miniature. — A. de Lostalot. Les Procédés de la gravure. — J. Martha. Manuel d'archéologie étrusque et romaine. — Eugène Muntz. La Tapisserie.

1649. Archives de l'Art Français, recueil de documents inédits relatifs à l'histoire des arts en France, publié sous la direction de Ph. de Chennevières et d'Anatole de Montaiglon, 6 vol — Abecedario de P.-J. Mariette et autres notes inédites de cet amateur sur les arts et les artistes. Ouvrage publié... par MM. Ph. de Chennevières et A. de Montaiglon, 6 vol. — *Paris, Dumoulin,* 1851-1860. — Ens. 12 vol. in-8, demi-rel. chag. r. dos orné.

Ouvrage recherché.
M. Ph. de Chennevières est né à Falaise (Calvados), le 23 juillet 1820.

1650. Du Vandalisme et du catholicisme dans l'Art (fragmens) par le comte de Montalembert. *Paris, Debécourt,* 1839, in-8, front. et 5 pl. gr. demi-rel. v. f. dos orné à petits fers, tête dor. non rog.

1651. La Vie des Peintres flamands, allemands et hollandois, avec des portraits gravés en taille-douce, une indication de leurs principaux ouvrages et des réflexions sur leurs différentes manières, par M. J. B. Descamps. *Paris, Jombert,* 1753-1763, 4 vol. in-8, front. vign. et 168 portr. par Descamps, Eisen et Campion v, ant. marb.

Ouvrage très recherché, dont l'auteur fut le créateur de l'Ecole de peinture de Rouen.

1652. Extrait des différens ouvrages publiés sur la vie des Peintres, par M. P. D. L. F. (Papillon de La Ferté). *Paris, Ruault,* 1776, 2 vol. in-8, 2 jolis front. par Moreau, v. ant. marb.

1653. Albert Dürer, sa vie et ses œuvres, par Moriz Thausing ; traduit de l'allemand par Gustave Gruyer. Ouvrage illustré de 75 gravures en taille-douce, en lithographie et sur bois. *Paris, Firmin-Didot,* 1878, gr. in-8, portr. pl. et fig. br.

1654. L'Œuvre complet de Rembrandt, décrit et commenté, par M. Charles Blanc. Catalogue raisonné de toutes les eaux-fortes du Maître et de ses peintures, orné de bois gravés et de 40 eaux-fortes... *Paris, Gide,* 1859-1861, 2 vol. gr. in-8, nombr. pl. gr. à l'eau-forte et tirées sur Chine, demi-rel. bas. f. dos orné.

1655. Catalogue raisonné de l'Œuvre de Sébastien Le Clerc, chevalier romain... avec la vie de ce célèbre artiste, par Charles Antoine Jombert. *Paris, chez l'auteur*, 1774, 2 vol. in-8, v. f. ant dos orné, fil. tr. dor.

Exemplaire aux armes de M. Gabriel de SARTINE, lieutenant général de la Police. — Noms manuscrits sur les titres.

1656. Catalogue raisonné de l'Œuvre peint, dessiné et gravé d'Antoine Watteau, par Edmond de Goncourt. *Paris, Rapilly*, 1875, in-8, pap. vergé, texte encadré et portr. gr. demi-rel. chag. r. dos orné, tête dor. non rog.

1657. L'Œuvre de Moreau le jeune. Catalogue raisonné et descriptif avec notes iconographiques et bibliographiques, par M. J.-F. Mahérault... précédé d'une notice biographique, par Emile de Najac. *Paris, Labitte*, 1880, gr. in-8, portr. par Le Rat, cart. bradel, demi-perc. orange, non rog.

1658. Manuel d'Iconographie chrétienne, grecque et latine, avec une introduction et des notes par M. Didron... traduit du manuscrit byzantin, le Guide de la peinture, par le Dr Paul Durand. *Paris, Impr. Royale*, 1845, gr. in-8, demi-rel. mar. r. tête dor. ébarbé.

1659. Iconographie chrétienne. Histoire de Dieu, par M. Didron. *Paris, Impr. Royale*, 1843, in-4, fig. demi-rel. mar. bleu avec coins, tête dor. non rog.

Exemplaire de PREMIER TIRAGE.
De la *Collection de documents inédits sur l'Histoire de France.*

1660. Les Quatre Livres d'Albert Durer, peinctre et géométrien très excellent, de la proportion des parties et pourtraicts des corps humains, traduicts par Loys Meigret, Lionnois, de langue latine en françoise. *Arnhem, Jean Jeansz*, 1613, nombr pl. et fig. vélin.

Cet exemplaire paraît incomplet d'une planche entre les ff. 106 et 107.

1661. Nouvelle Méthode pour apprendre à dessiner sans maître (par Charles-Antoine Jombert). *Paris, Jombert*, 1740, in 4, figure dans le texte et 101 pl. gr. (sur 120), v. ant. marb.

1662. Histoire de la Caricature et du grotesque dans la littérature et dans l'art, par Thomas Wright... traduite par Octave Sachot, éditée par Amédée Pichot... et illustrée de 238 gravures par F.-W. Fairholt. *Paris*, 1867, gr. in-8, nombr. fig. sur bois, demi-rel. v. bleu, dos orné, fil. tête dor. non rog. (*Behrends*.)

Bel exemplaire.

1663. Le Grand Livres des Peintres, ou l'Art de la peinture considéré dans toutes ses parties, & démontré par principes..., par Gérard de Lairesse, traduit du hollandois (par H.-J. Jansen). *Paris*, 1787, 2 vol. in-4, 35 pl. gr. v. ant. marb.

Ouvrage estimé.

1664. Galerie des Arts et de l'Histoire, composée des tableaux et statues les plus remarquables des Musées de l'Europe, et de sujets tirés de l'Histoire de Napoléon, gravés à l'eau-forte sur acier, par Réveil, et accompagnés d'explications historiques, 8 vol. — Musée Religieux ou Choix de plus beaux tableaux inspirés par l'histoire sainte aux peintres les plus célèbres, gravés à l'eau-forte sur acier, par Réveil, recueillis, mis en ordre et accompagnés de notices historiques, 4 vol. — *Paris, Hivert*, 1836. — Ens. 12 vol. in-12, nombr. pl. gr. au trait, demi-rel. v. bleu, dos orné, *non rog.*

1665. Le Musée Universel, par Edouard Lièvre, avec le concours des artistes et des écrivains les plus distingués. *Paris, Goupil*, 1868-1869, 2 vol. in-4, 49 pl. gr. à l'eau-forte et lithog. demi-rel. chag. r. avec coins, dos orné, tête dor.

Séries 1 et 2.
Exemplaire monté sur onglets.

1666. Les Merveilles de l'Art ancien en Belgique ou l'Art ancien à l'Exposition Nationale de 1880. Texte par MM. J.-B. Capronnier, Piqué, Pinchart, Reusens, Ruelens... Illustrations de MM. Chauvet, Danse, Fraipont, Goutzwiller, Garnier, Lenglet, Masson, Scott... Nouvelle édition. *Bruxelles, Rozez*, 1890, in-4, nombr. pl. à l'eau-forte, en chromolithog. et fig. br.

1667. Salon des Aquarellistes français. Texte de Eugène Montrosier. *Paris, Launette*, 1887, in-4, nombr. fig. dans le texte noires et teintées et 40 pl. en héliogravure, tirées sur Chine, cart. perc. verte, fers spéciaux, tête dor. non rog.

Première année.

1668. La Vie de St Bruno, fondateur de l'Ordre des Chartreux, peinte au Cloistre de la Chartreuse de Paris, par Eustache Le Sueur... gravée par François Chauveau. *Paris, Cousinet, s. d.* in-fol. titre front. dédicace et 22 pl. gr. avec des vers en latin et en français au bas de chaque planche, v. brun ant.

1669. Musée des Monumens français. Histoire de la peinture sur verre et Description des vitraux anciens et modernes, pour servir à l'Histoire de l'Art, relativement à la France ; ornée de gravures et notamment de celles de la Fable de Cupidon et Psyché d'après les dessins de Raphaël, par Alexandre Lenoir. *Paris, Guilleminet, an XII.*-1803, in-8, front. et 55 pl. gr. demi-rel. v. f. dos orné.

Léger raccommodage à 2 ff. de l'épître dédicatoire.

1670. Histoire de l'Ornementation des Manuscrits, par M. Ferdinand Denis. *Paris, Curmer*, 1857, gr. in-8, pap. fort, titre gr. nombr. fig. et lettres ornées, v. f. dos orné, fil. tr. dor.

Ex-libris de Ch. SAUVAGEOT, de l'Acad[ie] Roy[le] de Musique.

1671. Prospectus d'un ouvrage proposé par souscription par M. l'abbé Rive. *S. l. n. d.* (*Paris, Didot l'aîné*, 1782), in-12 de 70 pp. mar. r. dos orné, fil. dent. int. tr. dor. (*Thouvenin.*)

Cet opuscule, tiré à petit nombre sur papier fin, est le prospectus de l'*Essai sur l'art de vérifier l'âge des miniatures*, dont les planches seules parurent mais dont le texte ne fut jamais publié.

II. GRAVURE.

1672. Traité historique et pratique de la gravure en bois, par J.-M. Papillon. Ouvrage enrichi des plus jolis morceaux de sa composition et de sa gravure. *Paris, Simon*, 1766, 2 vol. in-8 (y compris le supplément), portr. 5 pl. et nombr. fig. sur bois, demi-rel. vélin avec coins.

Ouvrage très recherché.

1673. Essai sur l'origine de la gravure en bois et en taille-douce et sur la connaissance des estampes des XVe et XVIe siècles ; où il est parlé aussi de l'origine des cartes à jouer et des cartes géographiques, suivi de recherches sur l'origine du papier de coton et de lin... (par Jansen). *Paris, Schœll*, 1808, 2 vol. in-8, 20 pl. gr. dont une en couleur, demi-rel. mar. brun avec coins, dos orné, tête dor. non rog.

1674. Histoire artistique et archéologique de la Gravure en France. Dissertations sur l'origine, les progrès et les divers produits de la gravure... par Alf. Bonnardot, Parisien. *Paris, Deflorenne neveu*, 1849, in-8, pap. vergé, demi-rel. v. bleu avec coins, dos orné, tête dor. non rog. (*Ottmann-Duplanil.*)

ENVOI AUTOGRAPHE de l'auteur.

1675. Essai sur les Nielles, gravures des orfèvres Florentins du XVe siècle, par Duchesne aîné. *Paris, Merlin*, 1826, in-8, portr. pl. et fig. demi-rel. chag. vert avec coins, dos orné, tête dor. non rog.

Taches de rousseur.

1676. Dictionnaire des Graveurs anciens et modernes, depuis l'origine de la gravure, par F. Basan. Seconde édition... ornée de 50 estampes par différens artistes célèbres... *Paris, Prault*, 1789, 2 vol. in-8, frontispices et nombr. pl. gr. bas. ant. marb. fatiguée.

Exemplaire contenant la gravure pour le conte du *Rossignol*, par B. Picart, qui manque souvent.

1677. Manuel des curieux et des amateurs de l'art, contenant une notice abrégée des principaux graveurs et un catalogue raisonné de leurs meilleurs ouvrages, depuis le commencement de la gravure jusques à nos jours... par M. Huber et C. C. H. Rost. *Zurich*, 1797-1808, 9 vol. in-8, demi-rel. v. ant. racine, dos orné.

1678. Manuel de l'Amateur d'Estampes, faisant suite au Manuel du Libraire... par F. E. Joubert père. *Paris, chez l'auteur*, 1821, 3 vol. in-8, fig. de monogrammes, demi-rel. bas. brune, dos orné.

1679. Manuel de l'Amateur d'Estampes... précédé de considérations sur l'Histoire de la gravure... par M. Ch. Le Blanc. Ouvrage destiné à faire suite au Manuel du Libraire et de l'amateur de livres par M. J. Ch. Brunet. *Paris, Jannet et Bouillon*, 1854-1876 ?, 4 vol. gr. in 8 à 2 col. fig. de monogrammes, demi rel. v. f. tête dor. non rog.

Ouvrage recherché.

1680. Gustave Bourcard. Les Estampes du XVIIIe siècle. Ecole française. Guide-Manuel de l'Amateur, avec une préface de Paul Eudel. *Paris, Dentu*, 1885, gr. in-8, pap. vergé, br.

Tiré à petit nombre.

1681. Gravures sur bois tirées des livres français du XVe siècle. Sujets religieux, démons, êtres imaginaires, mœurs et costumes, imprimerie, Grant Danse macabre des hommes et des femmes, lettres ornées, écussons, chiffres, marques inédites. *Paris, Adolphe Labitte*, 1868, gr. in-4, pap. vergé, texte à 2 col. et 75 pl. contenant 324 fig. sur bois, demi-rel. chag. r. avec coins, tête dor. non rog.

1682. Icones Historiarum Veteris Testamenti, ad vivum expressæ, extramaque diligentia emendatiores factæ, gallicis in expositione homœoteleutis, ac versuum ordinibus (qui priùs turbati, ac impares) suo numero restitutis. (A la fin :) *Lugduni, excudebat Joannes Frellonius*, 1547, pet. in-4 de 52 ff. non ch. sign. A-N. par 4 ff. fig. sur bois, v. brun ant.

Edition rare de ce livre orné de 94 figures sur bois (non compris celle des quatre Evangelistes) d'après *Jean Holbein* et gravées par Hans Lutzelburger.

Les ff. prél. contiennent un avis au lecteur de Frellæus, une pièce de vers en latin de Nic. Borbonius et une pièce de vers en français de Gilles Corrozet.

Le feuillet contenant les quatre Evangelistes est très rogné.

1683. Figures de la Bible, illustrées de huictains francoys, pour l'interprétation et l'intelligence d'icelles (par Guillaume Guéroult). *Lyon, Roville*, 1564, in-8, nombr. fig. sur bois, bas. ant. marb.

Edition antérieure à celle citée par Brunet d'un ouvrage rare et curieux, orné de 267 jolies figures gravées sur bois par J. Moni, de Lyon. Elle doit donc renfermer le premier tirage de ces figures.

Raccommodage dans la marge intérieure du titre et dans la marge extérieure du dernier f.

1684. Les Peintures sacrées sur la Bible, par le R. Père Antoine Girard, de la Compagnie de Jésus. Troisième édition. *Paris, Antoine de Sommaville*, 1665, in-fol. front. gr. et 68 fig. gr. par L. Gaultier, v. brun ant.

On a relié à la suite : Discours historique de la vie, de la passion et de la mort de Nostre Seigneur Jésus-Christ. *S. l. n. d.* 23 pp.

1685. Histoires sacrées du Vieux et du Nouveau Testament, représentées par de très belles figures (par Lairesse). *Amsteldam, Visscher, s. d.* 3 parties en 1 vol. gr. in-4, texte en latin, en hollandais, en allemand, en anglais et en français, front et 277 fig. gr. sur cuivre, v. brun ant. dos orné, fil. tr. marb.

1686. Figures des Histoires de la Sainte Bible, avec des discours qui contiennent exactement ce qui est écrit de plus remarquable dans l'Ancien et le Nouveau Testament. Nouvelle édition, revue et corrigée selon la Vulgate. *Paris, de La Roche,* 1724, 2 parties en 1 vol. in-fol. 273 fig. sur bois, v. brun ant. fatigué.

Déchirures, piqûres de vers et taches.

1687. Histoire de l'Enfant prodigue, en douze tableaux, tirée du Nouveau Testament, dessinée et gravée par Jean Duplessi-Bertaux, en 1815 (le texte rédigé par P.-A. Miger). *Paris Firmin-Didot,* 1816, in-4 de 52 pp. de texte et 12 pl. par Duplessi-Bertaux, demi-rel. bas. verte.

1688. Frederici Nauseæ Blancicampiani... inclytæ ecclesiæ Moguntinæ à sacris concionibus eminentiss. Libri Mirabilium septem. *Coloniæ, apud Petrum Quentell,* 1532, pet. in-4 de 6 ff. prél. non ch. et 76 ff. ch. car. ronds, fig. sur bois, v. brun ant. fil. et comp. estampés à fr. (*Rel. du XVIe siècle.*)

Livre rare, non cité par Brunet, orné de 28 figures gr. sur bois par Antoine de Worms (?)

SIGNATURE AUTOGRAPHE de BALESDENS, académicien et érudit célèbre du XVIIe siècle, sur le titre

1689. De Omnibus illiberalibus sive mechanicis artibus, humani ingenii sagacitate atque industria, jam inde ab exordio nascentis mundi usque ad nostram ætatem adinventis, luculentus atque succinctus libri auctore Hartmanno Schoppero. *Francofurti ad Mœnum,* 1574, pet. in-8, car. ital. fig. sur bois, v. ant. marb.

Ouvrage curieux et recherché pour les 132 figures sur bois par Jost Aman, dont il est orné. — Deux feuillets du dernier cahier manquent; découpure au dernier feuillet ; taches ; piqûres de vers.

1690. L'Art des emblèmes, par le P. C. François Menestrier, de la Compagnie de Jésus. *A Lyon, chez Benoist Coral,* 1662, in-8, front. fig. et 8 pl. gr. (sur 9), mar. r. à long grain, dos orné, encadrement de 6 fil. sur les plats, dent. int. tr. dor.

Exemplaire auquel on a ajouté les portraits du cardinal de Richelieu et du duc Louis de La Trémoille, en épreuves anciennes.
Nom lavé sur le titre ; le f. de privilège et une pl. manquent.

1691. Andreæ Alciati Emblemata, cum commentariis Claudii Minois, Francisci Sanctii Brocensis & notis Laurentii Pignorii, opera et vigiliis Joannis Thuilii... accesserunt Federici Morelli corollaria &

monita, ad eadem Emblemata. *Patavii, apud P. P. Tozzium*, 1621, in-4, texte à 2 col. front. et fig. v. ant. marb.

Edition la plus ample ; elle est ornée de 1 frontispice gravé sur cuivre, et de 212 figures emblématiques gravées sur bois.

Exemplaire aux armes de Pierre Séguier, chancelier de France.

Incomplet des pages 353 à 356. — Le dos de la reliure est refait.

1692. Symbola heroica M. Claudii Paradini et D. Gabrielis Symeonis. *Antverpiæ, ex officina Christ. Plantini*, 1567, in-16, nombr. fig. emblématiques gr. sur bois, v. ant. granit.

Mouillure.

1693. Joachimi Camerarii... Symbolorum et emblematum centuriæ tres : I. Ex herbis et stirpibus. II. Ex animalibus quadrupedibus. III. Ex volatilibus et insectis. Editio secunda .. accessit noviter centuria. IV. Ex aquatilibus, et reptilibus cum figuris æneis. *S. l.* (*Norimbergæ*), *typis Voegelinianis*, 1605, 4 parties en 1 vol. in-4, 4 front. gr. et 400 fig. gr. sur cuivre, bas. ant. rac. dos orné.

1694. Pia Desideria, emblematis, elegiis & effectibus SS. Patrum illustrata, authore Hermanno Hugone, vulgavit Boëtius a Bolswert. *Antverpiæ, typis Henrici Aertssenii*, 1624, pet. in-8, pl. gr. vélin à recouvr. dos orné, fil. milieu dor.

Première édition de cet ouvrage orné d'un titre-frontispice, d'une planche représentant les armoiries du Pape Urbain VIII, et de 46 planches d'emblèmes.

1695. Amoris divini Emblemata, studio et ære Othonis Vænii concinnata. *Antverpiæ, ex officina Plantiniana*, 1660, in-4, fig. gr. cuir de R. dos orné, fil. tr. dor. (*Lewis.*)

Ouvrage orné de 60 belles figures emblématiques.

Exemplaire grand de marges, auquel on a ajouté le portrait d'Octave van Veen, gravé par *Ægid. Ruchol*, d'après Gert. van Veen ; et le beau portrait d'Isabelle-Claire-Eugénie, infante d'Espagne, archiduchesse d'Autriche, gravé par Hiéron. Wierx.

Petites cassures raccommodées à quelques feuillets.

1696. Ethica Naturalis, seu Documenta moralia e variis rerum naturalium proprietatib' virtutum vitiorumqꝫ symbolicis imaginibus collecta a Christophoro Weigelio. *Norimbergæ, s. d.* in-4, titre et 100 pl. gr. avec leurs explications en vers élégiatiques, v. brun ant.

1697. Le Triomphe de la Religion sous Louis le Grand, représenté par des inscriptions et des devises, avec une explication en vers latins et françois (par le P. G.-F. Le Jay, jésuite). *Paris, Gabriel Martin*, 1687, in-12, front. gr. et fig. mar. r. dos orné, large dent. à petits fers, tr. dor. (*Rel. anc.*)

Ouvrage orné d'un frontispice et de 22 jolies figures emblématiques, gravées en taille-douce à pleine page.

Riche reliure légèrement fatiguée.

1698. Pampiere Wereld ofte Wereldsche Oeffeninge, waer in begrepen zijn meest alle de Rijmen, en Werken, van I. H. Krul. Al te zamen merkelijk door hem verbetert, en met veel nieuwe Rijmen verrijkt, doorgaens met schoone kopere platen verçiert, afgezondert in vier deelen. *Amsterdam*, 1644, 3 parties en 1 vol. in-fol. front. nombr. fig. gr. sur cuivre et musique notée, demi-rel. v. brun avec coins.

PREMIÈRE ÉDITION.
Le titre et le frontispice ont été consolidés.

1699. Les Triomphes de Louis le Juste, XIII du nom, Roy de France et de Navarre, contenans les plus grandes actions ou Sa Majesté s'est trouvée en personne, représentées en figures ænigmatiques exposées par un poème héroïque de Charles Beys et accompagnées de vers françois sous chaque figure composez par P. de Corneille, avec les portraits des Rois, Princes et Généraux d'armes... et leurs devises et expositions en forme d'éloges par Henry Estienne, sieur des Fossez... Ensemble le plan des villes, sièges de batailles, avec un abrégé de la vie de ce grand Monarque, par René Barry... le tout traduit en latin par le R. P. Nicolai... Ouvrage entrepris et finy par Jean Valdor, Liegeois. *Paris*, *Antoine Estienne*, 1649, 4 parties en 1 vol. gr. in-fol. texte latin et français, nombr. portr. pl. plans et fig. gr. v. brun ant. dos orné, fil.

Ouvrage recherché à cause des belles planches dont il est orné.
La quatrième partie est montée sur onglets. — Légères mouillures aux marges supérieures.

1700. Histoire des Campagnes du Roy Louis XV le Bien aimé, représentées par des figures allégoriques avec une explication historique (par A. Gosmond). *Paris*, *chez l'auteur*, 1751, in-fol. titre-front. 45 pl. et 1 f. pour la table, dérelié.

Ouvrage entièrement gravé.
Augustin Gosmond naquit à Vernon (Eure), le 19 juin 1697.

1701. Etrennes françoises sous le règne de Louis-le-Bien-aimé, comprenant les Monumens mémorables et récents érigés dans la Capitale... (par l'abbé de Petity). *Paris*, *chez Desnos*, *s. d.* pet. in-4, titre, 2 pl. d'armoiries gr. et 6 pl. par Gravelot et Saint-Aubin, demi-rel. mar. brun.

1702. Essay d'un Dictionnaire contenant la connoissance du monde, des sciences universelles et particulièrement celle des médailles, des passions, des mœurs, des vertus et des vices, etc. représenté par des figures hyeroglīphiques, expliquées en prose et en vers (par Daniel de La Feuille). *Wesel*, *chez Jacobus Van Wesel*, 1700, in-4, front. et 46 pl. gr. v. brun ant. fatigué.

Ex-libris gravé de JOHAN HUGO ANTON VONWILTBERG, *Herr zu Faitzberg und Ulmen*, 1720, collé au verso du titre. — Déchirure au f. 7.

1703. Meteorologia philosophico-politica, in duodecim dissertationes per quæstiones politicas divisa, appositisque symbolis illustrata... authore R. P. Francisco Reinzer, è Societate Jesu.... *Augustæ Vindelicorum*, *Jeremiæ Wolfii*, 1709, in-fol. front. gr. et 83 fig. par W. J. Kadorisa, gr. sur cuivre, vélin.

1704. Abrégé de l'Histoire romaine, ornée de 49 estampes gravées en taille-douce avec le plus grand soin, qui en représentent les principaux sujets (par l'abbé Millot.) *Paris, Nyon*, 1789, in-4, front. par Piauger et 48 pl. par Bolomey, Eisen, Gravelot et Saint-Aubin, v. ant. marb. dos orné, fil. tr. dor.

PREMIER TIRAGE.
Belles épreuves.

1705. Victor Champier. Les Anciens Almanachs illustrés. Histoire du Calendrier, depuis les temps anciens jusqu'à nos jours. Ouvrage accompagné de 50 planches hors texte en noir et en couleur, reproduisant les principaux almanachs illustrés ou gravés par Léonard Gaultier, Crispin de Passe, Abraham Bosse, Gravelot, Cochin, Devéria, etc. *Paris, Frinzine*, 1886, in-fol. pap. vél. fig. et pl. en feuilles, dans un carton, dos et coins de perc. bleue.

Une planche est en double, mais la sixième manque.

1706. Monkeyana, or Men in miniature designed and etched by Thomas Landseer, published by Moon, Boys and Graves. *London* et *Paris*, 1827, in-fol. titre-front. vignette et 24 pl. gr. à l'eau-forte et tirée, sur Chine, cart. perc. brune, *déboité*.

1707. Ne m'oubliez pas. Keepsake. Morceaux choisis de littérature contemporaine. *Paris, Janet, s. d.* in-18, 7 planches gr. sur acier, cart. moire grenat, dos orné, tr dor. dans un étui.

Recueil de pièces en prose et en vers de Em. Deschamps, Alex. Dumas, Paul Foucher, Latouche, X. Marmier, Jean Reboul, J. de Rességuier, etc., etc.

1708. Musée, ou Magasin Comique de Philipon, contenant 800 dessins par MM. Cham de N... Eustache, Fontallard (Charles), Forest, Gavarni, Grandville, Jacque, Provost-Dumarchais, Ch. Vernier. Textes par MM. Cham de N... L. Huart, Des O... E. Maritus et Ch. Philipon. *Paris, Aubert, s. d.* (1842), 2 tomes en 1 vol. gr. in-4 à 2 col. nombr. fig. sur bois, demi-rel. v. brun.

Le faux-titre, le titre du tome II et la table des matières du tome I manquent.

1709. Œuvres choisies de Gavarni, revues, corrigées et nouvellement classées par l'auteur, avec des notices en tête de chaque série par MM. Théophile Gautier et Laurant-Jan. *Paris, Hetzel*, 1845-1846, 2 tomes en 1 vol. gr. in-8, front. et nombr pl. sur bois, cart. dos de perc. r.

Fourberies de femmes en matière de sentiment; titre et 48 pl. — Clichy; titre et 19 pl. — Paris le soir; titre et 13 pl. — Les Enfants terribles; titre et 39 pl. — Traduction en langue vulgaire; titre et 5 pl. — Les Lorettes; titre et 25 pl. — Les Actrices; titre et 11 pl.

PREMIER TIRAGE des sept premières parties de ce recueil.

1710. Gavarni. Masques et Visages. *Paris, Paulin et Lechevalier*, 1857, pet. in-8 de 248 pp. y compris le catalogue de l'Œuvre de Gavarni et la table des matières, front. et nombr. vign. sur bois, br. *couverture, non coupé*.

Exemplaire du PREMIER TIRAGE, suivi du catalogue de la Librairie Paulin et Lechevalier, 4 pp.

1711. Cent Proverbes, par Grandville et par (trois têtes sous un bonnet : Forgues, Taxile Delord, A. Frémy et Amédée Achard). *Paris, Fournier*, 1845, gr. in-8, nombr. fig. et 50 pl. gr. sur bois, demi-rel. chag. violet, dos orné, plats perc. premier plat de la couverture illustrée conservé. (*Le Thiais.*)

Premier tirage.

1712. L'Histoire des Impératrices. *A Paris, chez M. de Sercy*, 1646, in-4, titre-front. gr. et 54 pl. v. f. ant. dos orné, fil. tr. r.

Ouvrage peu commun, orné de 54 portraits des impératrices romaines gravés en taille-douce.

Exemplaire aux armes de la Comtesse de Verrue.

1713. Les Portraits des hommes illustres François qui sont peints dans la galerie du palais-cardinal de Richelieu, avec leurs principales actions, armes, devises et éloges latins, desseignez et gravez par les sieurs Heince et Bignon... ensemble les abregez historiques de leurs vies, composez par M. Vulson, sieur de la Colombiere. *Paris, Pepingué*, 1655, in-fol. texte à 2 col. front. et 26 portr. gr. v. ant. fatigué.

3 portraits (dont un fortement déchiré) sont détachés du volume.

1714. Veterum illustrium Philosophorum, Poetarum, Rhetorum et Oratorum, imagines, ex vetustis nummis, gemmis, hermis, marmoribus... desumptæ à Jo. Petro Bellorino. *Romæ, de Rubeis*, 1685, 3 parties en 1 vol. in-fol. front. 3 titres et 92 pl gr. v. ant. marb.

Premier tirage.
Taches sur les 3 premiers ff.

1715. Images des Héros et des grands hommes de l'Antiquité dessinées sur des médailles, des pierres antiques et autres anciens monumens, par Jean-Ange Canini, gravées par Picart le Romain etc. avec le texte original à côté de la traduction (par de Chevrières). *Amsterdam, Picart*, 1731, in-4, 2 portr. et 115 pl. gr. v. ant. marb. dos orné.

Exemplaire bien complet contenant les 10 dernières planches qui sont sans texte et qui manquent presque toujours.

1716. Le Costume ou Essai sur les habillements et les usages de plusieurs peuples de l'Antiquité prouvé par les Monuments, par André Lens. *Liège*, 1776, in-4, 51 pl. gr. v. ant. marb. dos orné, tr. dor.

Ouvrage estimé.

1717. Costumes anciens et modernes. Habiti antichi et moderni di tutto il mondo di Cesare Vecellio, 2 tomes en 68 livraisons. — Essai typographique et bibliographique sur l'Histoire de la gravure sur bois, par Ambroise Firmin-Didot, pour faire suite aux Costumes anciens et modernes de César Vecellio. — *Paris, Firmin-Didot*, 1859-1863. — Ens. 3 tomes en 1 vol. et 68 livraisons in-8, texte encadré et nombr, portr. gr. sur bois, br. *couvertures de volumes et de livraisons.*

1718. Le Costume au Moyen Age d'après les Sceaux, par G. Demay. *Paris, Dumoulin*, 1880, gr. in-8, nombr. fig. dans le texte et pl. noires et en chromolithog. br. couverture illustrée.

Un des 75 exemplaires numérotés sur GRAND PAPIER VÉLIN DE CUVE (nº 31).

1719. Figures des différents habits des Chanoines réguliers en ce siècle, avec un Discours sur les habits anciens et modernes des Chanoines tant séculiers que réguliers, par le P. C. Du Molinet. *Paris, Piget*, 1666, in-4, titre-front. et 31 pl. de costumes gr. vélin.

Mouillure.

1720. Courte et solide Histoire de la fondation des Ordres religieux, avec les figures de leurs habits, gravez par Adrien Schoonebeek. *Amsterdam, Schoonebeek*, 1688, front et 73 fig. gr. — Courte description des Ordres des femmes et filles religieuses, contenant une petite relation de leur origine, de leur progrès et de leur confirmation avec les figures de leurs habits, gravez par Adrien Schoonebeek. *Amsterdam, chez l'auteur, s. d.* front. et 91 fig. gr. — Ens. 2 ouvrages en 1 vol. pet. in-8, front. et nombr. fig. gr. v. f. ant. dos orné, fil.

Ouvrages recherché renfermant ensemble 164 figures de costumes religieux gravées sur cuivre et à pleine page.
Bel exemplaire.

1721. Histoire du Clergé séculier et régulier. Des Congrégations de chanoines & de clercs, & des ordres religieux de l'un & de l'autre sexe, qui ont été établis jusques à présent. Contenant leur origine, leurs fondations, leurs progrès, leur manière de vie, leur décadence..., avec des figures qui représentent les différens habillemens de ces ordres & congrégations. Nouvelle édition tirée du R.P.P. Bonami, de M. Herman, de Schoonebeek, du R. P. Helyot. *Amsterdam, Pierre Brunel*, 1716, 4 vol. pet in-8, front. et nombr. pl. de costumes, gr. v. ant. granit. fil.

Piqûre de ver dans la marge inférieure du tome I.

1722. Histoire des Ordres monastiques, religieux et militaires et des Congrégations séculières de l'un et l'autre sexe, qui ont esté establies jusqu'à présent... avec des figures qui représentent tous les différens habillemens de ces Ordres et de ces Congrégations (par les PP. Hélyot et Bullot). *Paris, Gosselin*, 1714-1719, 8 vol. in-4, 811 pl. de costumes religieux, v. ant. marb. dos orné.

PREMIER TIRAGE.

1723. Le Moniteur de la Mode, journal du grand monde. Modes, littérature, beaux-arts, théâtres, fondé le 1er avril 1843. *Paris, 10 avril 1843 (origine) à mars 1854*, 11 vol. in-4, environ 400 pl. gr. en couleur, demi-rel. chag. vert, dos orné.

Les 11 premières années, dont 8 sans titres.

1724. La Tres admirable, tres magnificque, et triumphante entrée du tres hault et tres puissant Prince Philipes, Prince d'Espaignes, filz de Lempereur Charles Ve, ensemble la vraye description, des spectacles, théâtres, archz triumphaulx, etc. lesquelz ont esté faictz et bastis à sa très désirée reception en la tres renommée florissante ville d'Anvers, anno 1549. Premièrement composée et descrite en langue latine, par Cornille Grapheus, et depuis traduicte en franchois. (A la fin :) *Imprimé à Anvers... par Gillis van Diest*, 1550, pet. in-fol. de 54 ff. non ch. (sur 58), front. et fig. sur bois, cart.

Cet ouvrage, dit le *Triomphe d'Anvers*, est orné de jolies figures gravées sur bois d'après les dessins de P. Coeck d'Alost. Elles le font justement rechercher étant des plus intéressantes pour l'histoire de l'art ornemental.

Exemplaire incomplet des ff. Eii et iii et Lii et iii. — Mouillures.

1725. Labyrinthe de l'Hercule Gaulois triomphant sur le sujet des fortunes, batailles, victoires, trophées, triomphes, mariages et autres faicts et mémorables de... Henry IIII, Roy de France et de Navarre, représenté à l'entrée triomphante de la Royne en la cité d'Avignon le 19 novembre M. DC... (par l'abbé André Valladier). *Avignon, chez Jacques Bramereau, s. d.* (1600), in-4, titre-front. 2 portr. et 12 pl. gr. en taille-douce par Greuter. v. ant. fatig.

Exemplaire contenant les jolis portraits de Henri IV et de Marie de Médicis qui manquent souvent.

Les plats de la reliure portent les armes de la CHARTREUSE DE BOURBON, plus connue sous le nom de *Chartreuse de Gaillon*, qui s'élevait à Aubevoye (Eure).

III. SCULPTURE. — ARCHITECTURE.

1726. Le Cabinet de l'Art de sculpture par le fameux sculpteur Francis Van Bossuit, exécuté en yvoire ou ébauché en terre, gravé d'après les desseins de Barent Graat par Mattys Pool. *Amsterdam, Pool*, 1727, in-4, titre et texte en français, en anglais et en hollandais, portr. front. et 54 pl. dont plusieurs contiennent 2 et même 3 sujets gr. demi-rel. v. brun avec coins.

Ouvrage entièrement gravé.

1727. A. Storelli. Jean-Baptiste Nini, sa vie, son œuvre. *Tours, Mame*, 1896, gr. in-8, nombr. portr. en phototypie, br.

Un des 200 exemplaires numérotés sur PAPIER VÉLIN (no 163.)

1728. Charles Saunier. Augustin Duperé, orfèvre, médailleur et graveur général des monnaies. Préface de M. O. Roty. . *Paris, Société de propagation des livres d'Art,* 1894, in-4, 6 pl. en héliogravure et fig. br.

1729. Les Bronzes de la Renaissance. Les Plaquettes. Catalogue raisonné précédé d'une introduction, par Emile Molinier. *Paris, Rouam,* 1886, 2 vol. gr. in-8, front en héliogravure et nombr. fig. dans le texte, br.

Tiré à petit nombre.

1730. Architecture de Palladio, divisée en quatre livres... avec des notes d'Inigo Jones qui n'avoient point encore été imprimées. Le tout revu, dessiné et nouvellement mis au jour par Jacques Leoni Vénitien... traduit de l'italien (par Nic. Du Bois). *La Haye, Pierre Gosse,* 1726, 2 tomes en 1 vol. gr. in-fol. front. portr. nombr. pl. et fig. gr. v. ant. marb. dos orné.

Bel exemplaire de cette édition estimée.

1731. The City and Country Builder's and Workman's Treasury of Designs : or, the Art of drawing and working the Ornamental parts of Architecture,.. by Batty Langley. *London* , 1740, in-4, pl. gr. peau de mouton.

Belle publication ornée de 185 planches (sur 186) représentant des portes, fenêtres, buffets, cheminées, autels, fontaines, pendules, tables, plafonds, etc.

1732. Raccolta di 50 Vedute antiche e moderne della Citta'di Roma e sue vicinanze, incise da Piranesi, Morelli, Pronti ed altri celebri bullini. *Roma, s. d.* in-4 obl. titre-front. et 50 pl. gr. cart.

On a relié à la fin du volume *deux lettres autographes* signées Gouget, écrites de Rome et adressées à *M. Hilaire, chirurgien à Rouen*, accompagnées d'une longue et curieuse description manuscrite des planches de ce recueil. (*Rome*, 1823-1824, 47 pp. in-4.)

1733. Le Fontane di Roma nelle Piazze e luoghi publici della Citta, con li loro prospetti, come sono al presente, disegnate et intagliate da Gio. Battista Falda (et Gio. Francesco Venturini). Datè in luce con direttione e cura da Gio. Giacomo de Rossi. *Roma, Rossi, s d.* 4 parties en 1 vol. in-fol. obl. de 107 pl. gr. y compris 4 titres et 1 front. v. ant. marb.

Exemplaire bien complet, contenant la 4e partie qui manque souvent.

1734. Recueil de Vues des Monumens antiques et des principales fabriques de Rome en 48 planches et un frontispice dessinées et gravées d'après nature par Baltard, 1806, retouchées par Piringer, 1822, précédé de Lettres ou Voyage pittoresque dans les Alpes... *Paris, Piringer*, 1822, in-4 de 28 pp. de texte, front, et 48 pl. gr. cart.

1735. L'Art ornemental. Revue hebdomadaire illustrée. Directeur en chef : G. Dargenty. *Paris, Rouam, 3 février 1883 au 29 janvier 1887*, 4 années en 1 vol. in-fol. à 2 col. nombr. fig. dans le texte, cart. dos de perc. violette, non rog.

Les 4 premières années.

1736. Motifs d'Ornements pour roses, rosaces, médaillons, fonds et panneaux circulaires des XVIe, XVIIe et XVIIIe siècles (Henri III à Louis XVI) choisis et dessinés dans la Collection de M. Renucci, par R. Pfnor, architecte. *Paris, Ducher*, 1876, in-fol. 50 pl. gr. en feuilles dans un carton, dos de perc. r.

IV. MÉLANGES D'OBJETS D'ART ET DE CURIOSITÉS. CATALOGUES DE VENTES.

1737. Le Cabinet de l'Amateur et de l'Antiquaire. Revue des tableaux et des estampes anciennes, des objets d'art, d'antiquité et de curiosité (rédigée par Eug. Piot). *Paris*, 1842-1846, 4 vol. in-8, nombr. fig. pl. et fac-similé, demi-rel. v. r. dos orné.

Exemplaire possédant la très rare planche du *Fumeur*, par Meissonier, tirée sur Chine et reliée en tête du tome I.

1738. Le Trésor de la curiosité tiré des catalogues de vente de tableaux, dessins, estampes, livres, marbres, bronzes... et autres objets d'art, avec diverses notes et notices historiques et biographiques, par M. Charles Blanc et précédé d'une lettre à l'auteur sur la curiosité et les curieux (par M. A. Thibaudeau). *Paris, Renouard*, 1857-1858, 2 vol. in-8, demi-rel. mar. grenat, dos orné, fil. tête dor. ébarbé.

1739. Galerie de MM. Pereire. Catalogue des Tableaux anciens et modernes des diverses écoles. *Paris*, 1872, gr. in-8, pl. gr. demi-rel. chag. vert. (*Dervois*.)

49 planches gravées à l'eau-forte.

1740. Catalogue de Tableaux de premier ordre, anciens et modernes, composant la Galerie de M. John-W. Wilson. *Paris*, 1881, in-4, pl. br.

62 planches, dont 60 gravures à l'eau-forte.

1741. Catalogue de Tableaux modernes... composant l'importante Collection de feu M. S. Goldschmidt. *Paris*, 1888 in-fol. pl. br.

31 planches gravées à l'eau-forte.

1742. Catalogue de Tableaux anciens et modernes, aquarelles et dessins et objets d'art formant la célèbre Collection de M. E. Secrétan. *Paris*, 1889, 4 vol. in-fol. pl. br.

125 planches en photogravure et en phototypie, avec la plupart des prix d'adjudication manuscrits.

1743. Catalogue de Tableaux anciens et modernes, aquarelles, pastels et dessins composant l'importante Collection de M. E. May. *Paris*, 1890, in-4, pl. br.

35 planches en phototypie.

1744. Catalogue de Tableaux modernes de premier ordre composant l'importante Collection de feu M. Roederer. *Paris*, 1891, gr. in-4, pl br.

27 planches en phototypie.

1745. Catalogue de Tableaux, aquarelles, pastels, dessins, par Belly, Boivin, Corot... composant la Collection de M. A. Bellino. *Paris*, 1892, gr. in-4, pl. br.

24 planches en phototypie.

1746. Catalogue de Tableaux anciens et modernes composant l'importante Collection de M. le Comte Daupias de Lisbonne. *Paris*, 1892, gr. in-4, pl. br.

40 planches en photo-aquatinte et en phototypie.

1747. Catalogue de Tableaux anciens et modernes, composant l'importante Collection de M. A. Hulot. *Paris*, 1892, gr. in-4, pl. br.

28 planches en phototypie.

1748. Exposition Meissonier. *Paris (Impr. Ménard)*, 1894, gr. in-4, portr. et pl. br.

Exemplaire numéroté sur grand papier du Japon contenant 1 portrait et 60 planches gravées à l'eau-forte par MM. Abot, Alassonière, Champollion, Lalauze, Courtry, de Los Rios, Manesse, Mignon, etc.

1749. Catalogue raisonné des différents objets de curiosité dans les sciences et arts qui composaient le Cabinet de feu M. Mariette... par F. Basan, graveur. *Paris, chez l'auteur*, 1775, in-8, titre et front. par J. M. Moreau et C.-N. Cochin et 4 pl. gr. à l'eau-forte par Mariette, bas. ant. marb.

Exemplaire avec les prix d'adjudication manuscrits.

1750. Catalogue des objets d'art de haute curiosité et de riche ameublement provenant de l'importante Collection de feu M. le Baron Achille Seillière. *Paris*, 1890, in-4, pl. br.

38 planches en héliotypie tirées sur Japon.

1751. Catalogue des objets d'art composant la précieuse et importante Collection de M. L. de M... (Lebeuf de Montgermont). *Paris*, 1891, gr. in-4, pl. br.

44 planches en héliotypie.

1752. Catalogue des objets d'art et ameublement des XVIe, XVIIe et XVIIIe siècles... dépendant de la succession de Mme d'Yvon. *Paris*, 1892, in-fol. pl. br.

27 planches en phototypie.

V. MUSIQUE.

1753. Histoire générale critique et philologique de la musique... par M. de Blainville. *Paris, Pissot,* 1767, in-4, front. pl. d'instruments et pl. de musique gr. bas. ant. marb.

Incomplet de 4 planches.

1754. Traité historique et pratique sur le Chant ecclesiastique, avec le directoire qui en contient les principes et les règles, suivant l'usage présent du Diocèse de Paris, précédé d'une nouvelle méthode pour l'enseigner et l'apprendre facilement, par M. l'abbé Lebeuf... *Paris, Hérissant,* 1741, in-8, musique notée, v. f. dos orné à petits fers, fil. dent. int. tr. dor. (*Capé.*)

Edition originale, rare.
Bel exemplaire.

1755. Practica musice Franchini Gafori Laudensis. (A la fin :) *Impressa Mediolani opera et impensa Joannis Petri de Lomatio per Guillermum Signerre Rothomagensem, anno salutis Millesimo quadringentesimo nonagesimo sexto die ultimo Septembris.* (1496), in 4, front. fig. sur bois et musique notée, cart. dos de bas. verte.

Belle édition en caractères ronds avec la musique notée. Elle comprend 4 ff. prél. non ch. contenant 1 frontispice, la table des chapitres et l'épître dédicatoire à Louis-Marie Sforce, duc de Milan et 108 ff. non ch. dont le dernier est blanc.
Taches à 4 ff. et mouillure.

BELLES-LETTRES

I. LINGUISTIQUE. — RHÉTORIQUE.

1756. Etymologicon magnum : superiorum editionum variorumq; auctorum collatione a multis ac fœdis mendis repurgatum, perpetuis notis illustratum, tribusq; utilissimis indicibus... nunc recens adauctum : opera Friderici Sylburgii. *E Typographeio Hieronymi Commelini,* 1594, in-fol. à 2 col. texte grec. v. ant. jaspé.

Bonne édition, peu commune.
Exemplaire aux armes de Henri-François Daguesseau, chancelier de France. — Nom à l'encre sur le titre.

1757. Lexcion græcolatinum Rob. Constantini. Secunda hac editione, partim ipsius authoris, partim Francisci Porti et aliorum additionibus plurimùm auctum... *S. l.* (*Genevæ*), *Vignon,* 1592, 2 parties en 1 vol. in-fol. à 2 col. mar. r. dos orné, large dent. tr. dor. (*Rel anc*)

Bonne édition de cet ouvrage estimé dont il n'est pas facile de trouver des exemplaires bien conservés.
Légers raccommodages aux derniers ff.
Robert Constantin naquit à Caen, vers 1530.

1758. Glossarium ad scriptores mediæ et infimæ græcitatis... Accedit appendix ad glossarium... una cum brevi etymologico linguæ gallicæ ex utroque glossario. Auctore Carolo Du Fresne Domino Du Cange. *Lugduni, Anisson*, 1688, 3 parties en 1 vol. in-fol. à 2 col. front. gr. v. f. ant. dos orné.

Ouvrage rare et recherché.

1759. Roberti Stephani Thesaururus linguæ latinæ... cui post novissimam Londinensem editionem, complurium eruditorum virorum collectis curis insigniter auctam, accesserunt nunc primum Henrici Stephani annotationes autographæ... nova cura recensuit, digessit... repurgavit et animadversionibus adjecit Antonius Birrius. *Basileæ, typis Thurnisiorum*, 1740-1743, 4 vol. in-fol. à 2 col. v. ant. marb.

1760. Glossarium ad scriptores mediæ et infimæ latinitatis, auctore Carolo Dufresne, domino Du Cange... Editio nova locupletior et auctior, opera et studio Monachorum ordinis S. Benedicti è Congregatione S. Mauri. *Parisiis, Osmont*, 1733, 6 vol. in-fol. front. par S. Le Clerc et pl. gr. v. ant. marb.

Bel exemplaire contenant au tome IV, 10 planches de monnaies et monogrammes qui manquent souvent.

1761. Grammaire romane, ou Grammaire de la langue des Troubadours, par M. Raynouard. *Paris, Firmin-Didot*, 1816, gr. in-8, demi-rel. bas. brune, non rog.

1762. Lexique roman, ou Dictionnaire de langues de Troubadours, comparée avec les autres langues de l'Europe latine... par M. Raynouard. *Paris, Silvestre*, 1838-1844, 6 vol. gr. in-8, demi-rel. mar. vert avec coins, tête dor. *non rog.*

Bel exemplaire.

1763. Origine et Formation de la langue française, par A. de Chevallet. Seconde édition. *Paris, Dumoulin*, 1858, 3 vol. in-8, demi-rel. chag. vert.

1764. Dictionnaire étymologique de la langue française par M. Ménage, avec les origines françoises de M. de Caseneuve, les additions du R. P. Jacob... Nouvelle édition... *Paris, Briasson*, 1750, 3 parties en 2 vol. in-fol. à 2 col. v. ant. marb. tr. r.

Edition estimée.

1765. Récréations philologiques, ou Recueil de notes pour servir à l'Histoire des mots de la langue française, par F. Génin. *Paris, Chamerot*, 1856, 2 vol. in-8, demi-rel. chag.

1766. Curiosités de l'Etymologie française, avec l'explication de quelques proverbes et dictons populaires, par Charles Nisard. *Paris, Hachette*, 1863, in-12, demi-rel. mar. r. avec coins, dos orné, fil. tête dor. non rog.

1767. Grammaire française démonstrative, par J.-N. Blondin... Septième édition, entièrement refondue, présentée en tableaux... *Paris, Arthus-Bertrand*, 1817, in-8, mar. r. à long grain, dos orné, dent. fleurdelisée, tr. dor. (*Rel. de l'époque.*)

Exemplaire aux armes et au chiffre du DUC D'ORLÉANS, plus tard roi sous le nom de Louis-Philippe Ier.

1768. Opuscules sur la langue françoise par divers Académiciens (les abbés de Courcillon de Dangeau, de Choisy et J. Thoulier d'Olivet et par P. D. Huet et Oliv. Patru ; recueillis et publiés par d'Olivet). *Paris, Bernard Brunet*, 1754, in-12, demi-rel. mar. vert, tête peigne, non rog.

1769. DICTIONNAIRE HISTORIQUE DE L'ANCIEN LANGAGE FRANÇOIS, ou Glossaire de la langue françoise depuis son origine jusqu'au siècle de Louis XIV, par La Curne de Sainte Palaye... publié par les soins de L. Favre avec le concours de M. Pajot... suivi des Curiositez françoises, pour supplément aux dictionnaires... par Antonin Oudin. *Niort, Favre*, 1875-1882, 10 tomes en 5 vol. in-4, pap. vergé, demi-rel. bas. brune avec coins, dos orné, tête peigne, non rog.

1770. Dictionnaire du vieux langage françois enrichi de passages tirés des manuscrits en vers et en prose des actes publics, des ordonnances de nos Rois, etc. par M. Lacombe. — Supplément, contenant aussi la langue romane, ou provençale et la normande, du neuvième au quinzième siècle... *Paris, Panckoucke et Delalain*, 1766-1767. — Ens. 2 vol. in-8, v. ant. marb. dos orné.

Rare avec le *Supplément*.

1771. Dictionnaire de l'Académie Françoise (avec une dédicace au Roi et une préface, par Fr. Charpentier.) *Paris, Jean-Baptiste Coignard*, 1694, 2 vol. in-fol. à 2 col. front. gr. v. f. ant. dos orné, *armoiries* sur les plats, tr. r.

ÉDITION ORIGINALE, rare.

1772. Nouveau Dictionnaire de l'Académie Françoise. *Paris, Jean-Baptiste Coignard*, 1718, 2 vol. in-fol. à 2 col. front. gr. v. brun ant, fatigué.

Seconde édition, rédigée en grande partie par l'abbé Regnier Desmarais ; elle contient un épître dédicatoire au Roi composée par l'abbé Massieu.

1773. Dictionnaire de la langue françoise, ancienne et moderne, de Pierre Richelet. Nouvelle édition augmentée d'un très grand nombre d'articles (par P. Aubert et Cl.-P. Goujet). *Lyon, Bruysset-Ponthus*, 1759, 3 vol. in-fol à 2 col. v. ant. marb. dos orné.

1774. Dictionnaire universel françois et latin, vulgairement appelé Dictionnaire de Trévoux... Nouvelle édition, corrigée et considérablement augmentée. *Paris*, 1771, 8 vol. in-fol. à 2 col. v. ant marb. dos orné, tr. r.

Bel exemplaire.

1775. Le Grand Dictionnaire illustré de la langue française littéraire, usuelle et fantaisiste... formant la plus complète encyclopédie des connaissances humaines depuis les temps de la civilisation les plus reculés avec les récentes découvertes et dans l'état actuel de leur développement, par M. Chevreuil, avec la collaboration de toutes les célébrités françaises et étrangères... *Paris, s. d.* 5 vol. gr. in-4 à 3 col. nombr. fig. dans le texte, demi-rel. chag. vert, dos orné, plats perc.

1776. Dictionnaire de la langue française... par E. Littré. *Paris, Hachette,* 1878, 5 vol. in-4 à 3 col. (*y compris le supplément*), demi-rel. chag. noir, dos orné, plats perc.

1777. Dictionnaire Comique, satyrique, critique, burlesque, libre et proverbial... par Philibert-Joseph Le Roux. Nouvelle édition. *Amsterdam, Chastelain,* 1750, 2 parties en 1 vol. in-8 à 2 col. v. moderne marb. dos orné.

1778. Lorédan Larchey. Les Excentricités de la langue française en 1860. *Paris, s. d.* in-12, front. gr. demi-rel. mar. r. tête peigne, ébarbé.

Edition originale, dont 50 exemplaires seulement ont été mis dans le commerce.

1779. Isocratis Orationes et Epistolæ (gr.) cum latina interpretatione Hier. Wolfij, ab ipso postremùm recognita. Henr. Steph. in Isocratem Diatribæ VII : quarum una observationes Harpocrationis in eundem examinat. Gorgiæ et Aristidis quædam (gr. et lat.) Guil. Cantero interprete. *Excudebat Henricus Stephanus,* 1593, 3 parties en 1 vol. in-fol. bas. f. semis de rosaces sur le dos et les plats, large dent. tr. dor.

Edition estimée.
Exemplaire aux armes du Collège archi-épiscopal de Rouen. — Mouillures.

1780. Isocratis Scripta, quæ quidem nunc extant, omnia, græcolatina, postremo recognita : Hieronymo Wolfio, Œtingensi, interprete. *Basileæ, Gemusæum,* 1594, fort vol. in-8, texte grec et latin, mar. r. semis de fleurs de lis sur le dos et les plats, tr. dor. (*Rel. anc.*)

Edition estimée.
Légères mouillures.

1781. Histoire critique de l'Eloquence chez les Grecs, par Belin de Ballu. *Paris, Belin,* 1813, 2 vol. in-8, cart. non rog.

Exemplaire sur papier rose.

1782. Panegyricus Æternaturæ gloriæ... Magni Johannis Christophorii Konigsmarchii... authore Alexandro Julio Torquato. *S. l. n. d.* (*Amsterdam,* 1663), in-fol. front. titre, portr. 5 pl. et 12 fig. gr. par J. de Visscher et autres, vélin.

Bel *ex-libris* ancien gravé et armorié.

II. POÉSIE.

1. POÈTES GRECS ET LATINS.

1783. Pacis annis 1814 et 1815 fœderatis armis restitutæ Monumentum orbis terrarum de fortuna reduce gaudia gentium linguis interpretans principibus piis felicibus augustis populisque victoribus liberatoribus liberatis dicatum, curante Johanne Augusto Barth. *Vratislaviæ, ex officina Grassii,* 1818, gr. in-fol. fig. en couleur, v. rac. dent. et milieu dor. tr. dor.

Monument curieux de typographie, dans lequel la paix de 1814-1815 est célébrée en vers et en 107 langues différentes, qui sont représentées par vingt et une espèces de caractères. Une partie des pages de ce volume précieux sont entourées de bordures COLORIÉES, qui représentent ou des costumes, ou des emblèmes particuliers à chaque nation.
Piqûres d'humidité.

1784. L'Iliade (et l'Odyssée) d'Homère avec des remarques ; précédées de réflexions sur Homère et sur la traduction des poètes, par M. Bitaubé. *Paris, Didot l'aîné,* 1786-1788, 12 vol. in-18, pap. vélin, 2 portr. gr. mar. r. à long grain, dos orné, dentelle, tr. dor. (*Rel. anc.*)

Jolie édition.
Exemplaire sur PAPIER VÉLIN.

1785. L'Iliade (et l'Odyssée) d'Homère, traduites en françois par Madame Dacier. *Paris, Saintin,* 1817, 6 vol. in-32, nombr. fig. sur acier, v. bleu, dos orné, fil. dent. et comp. dor. et à froid, tr. dor. (*Rel. de l'époque.*)

1786. Hesiodi Ascræi Opera omnia (græce latinis versibus expressa atque illustrata a Bernardo Zamagno, Ragusino). *Parmensi, ex Regio typographio (Bodoni),* 1785, 2 parties en 1 vol. gr. in-4, mar. r. dos orné, large dent. tr. dor. (*Rel. anc.*)

1787. Anacreontis Carmina ; accedunt selecta quædam e lyricorum reliquiis. Editio secunda emendatior (a Ric.-Fr. Ph. Brunck). *Argentorati, Treuttel,* 1786, in-18, mar. vert à long grain, dos orné, dent. tr. dor. (*Rel. anc.*)

Jolie petite édition.
Exemplaire sur PAPIER VÉLIN.

1788. Theocriti aliorumque poetarum Idyllia; ejusdem Epigrammata. Simmiæ Rhodii ovum, alæ, securis, fistula... In Virgilianas et Nas(onianas) imitationes Theocriti, observationes H. Stephani. *Excudebat Henricus Stephanus,* 1579, 3 parties en 1 vol. in-16, texte grec et latin, mar. r. à long grain, dos orné, fil. dent. int. tr. dor. (*Rel. anc.*)

Edition recherchée ; elle contient les poésies de Moschus, Bion et Simias.
Petit trou dans la marge intérieure du titre.

1789. Florilegii Magni, seu Polyantheæ floribus novissimis sparsæ, libri XXIII. Opus præclarum, suavissimis celebriorum sententiarum, vel græcarum, vel latinarum flosculis ex sacris et profanis auctoribus collectis refertum à Josepho Langio... Editio novissima... emendationes Fr. Sylvii Insulani... *Lugduni, Ravaud*, 1648, 2 vol. in-fol. à 2 col. v. f. ant. dos orné, fil. (*Rel. fatig.*)

1790. Poetæ latini rei Venaticæ scriptores et bucolici antiqui, videlicet Gratii Falisci, atque M. Aurelii Olympii Nemesiani, Cynegeticon Halieuticon et de Aucupio. Cum notis integris Casp. Barthii, Jani Ulitii, Th. Johnson, Ed. Brucei... *Lugduni Batavorum et Hagæ Comitum, Langerak*, 1728, 2 parties en 1 vol. in-4, front. gr. vign. et culs-de-lampe sur cuivre, v. ant. marb.

Collection estimée, qui a eu pour éditeurs Bruce et Havercamp.

1791. De Natura rerum libri sex (par Lucrèce). *Londini, J. Brindley*, 1749, in-18, portr. et 5 fig. gr. mar. r. dos orné, fil. tr. dor. (*Rel. anc.*)

Jolie édition.

1792. Lucrèce. De la Nature des choses, traduction nouvelle (et texte en regard) avec des notes, par L' G' (Lagrange). *Paris, Bleuet*, 1768, 2 vol. in-8, pap. de Holl. 1 front. et 6 pl. par Gravelot, v. ant. écaille, dos orné, fil. tr. dor.

Belle édition.

1793. Opera Virgiliana cum decem commentis, docte et familiariter exposita, docte quidem Bucolica, et Georgica à Servio, Donato, Mancinello et Probe nuper addito : cũ adnotationibus Beroaldinis... Familiariter vero omnia tam opera q̃z opuscula ab Jodoco Badio Ascẽsio... expolitissimis figuris et imaginibus illustrata... (A la fin :) *Lugduni, Joannis Crespini, M. D. XXIX.* (1529), 3 parties en 1 vol. in-fol. car. ronds, nombr. fig. sur bois, ais de bois recouverts de v. brun ant. estampé. (*Rel. fatig.*)

Edition rare et recherchée, ornée de plus de 200 belles et curieuses figures sur bois.

Déchirure au titre ; mouillures dans les marges des premiers et des derniers ff.

1794. P. Virgilii Maronis cum veterum omnium commentariis et selectis recentiorum notis. Nova editio, inscripta viro amplissimo Gualtero Valkenier. *S. l.* (*Lugduni Batavorum*), *ex officina Abrahami Commelini*, 1646, in-4, titre front. gr. mar. r. dos orné, fil. et comp. à la Du Seuil, tr. dor. (*Rel. anc.*)

1795. Antiquissimi Virgiliani codicis fragmenta et picturæ ex Bibliotheca Vaticana ad priscas imaginum formas a Petro Sancte Bartholi incisæ. *Romæ, Marmoreum*, 1741, in-fol. titre-front. pl. et nombr. fig. gr. v. ant. marb.

Belle édition recherchée à cause des gravures dont elle est ornée et qui représentent les peintures du manuscrit.

1796. Publii Virgilii Maronis Bucolica, Georgica, et Æneis, illustrata, ornata, et accuratissime impressa. *Londini, impensis J. et P. Knapton*, 1750, 2 vol. pet. in-8, fleuron, 58 pl. de médailles, de bas-reliefs, etc. et cul-de-lampe par Bonneau et Wilson, mar. vert, dos orné, fil. tr. dor. (*Rel. anc.*)

Jolie édition, très bien illustrée.

1797. Les Œuvres de Virgile, traduites en prose, enrichies de figures, tables, remarques, commentaires, éloges et vie de l'auteur... par Michel de Marolles, abbé de Villeloin. *Paris, Toussainct Quinet*, 1649, 2 parties en 1 vol. in-fol. front. et 20 pl. gr. demi-rel. bas. f. avec coins.

Mouillure.

1798. Les Géorgiques de Virgile, traduites en vers françois. Ouvrage posthume de Monsieur de Segrais. *Paris, Huet*, 1712, in-8, portr. gr. dos orné, fil. tr. dor.

Exemplaire aux armes de David-Pierre Perrinet, seigneur de Pezeau, receveur général des finances de Flandre.

Jean Regnaut de Segrais, traducteur de cet ouvrage, naquit à Caen, le 22 août 1624, et mourut dans la même ville, le 25 mars 1701.

1799. Quintus Horatius Flaccus. *Birminghamiæ, typis Baskerville*, 1770, in-4, 5 fig. par Gravelot, v. ant. dos orné, fil.

Belle édition.

Ex-libris gravé et armorié de M. A.-G. du Plessis.

1800. Œuvres complètes d'Horace, traduites en français et en prose par J.-B. Monfalcon ; en vers espagnols par Burgos ; en vers italiens par Gargallo ; en vers anglais par Francis ; en vers allemands par Wieland et Vos (le texte latin en regard)... Edition polyglotte publiée sous la direction de J.-B. Monfalcon. *Paris et Lyon*, 1834, gr. in-8 à 2 col. br. couverture.

1801. P. Ovidii Nasonis Metamorphoseon libri XV Raphaelis Regii... explanatio, cum novis alterius viri eruditissimi additionibus. Lactantii Placiti (*sic*) in singulas fabulas argumenta. Eruditissimorum virorum Cœlii Rhodigini, Joan. Baptistæ Egnatii, H. Glareani, Gib. Longolii et J. Fanensis... annotationes.... *Venetiis, Moretus*, 1586, in-fol. nombr. fig. sur bois, v. ant. marb.

Edition rare et recherchée pour les 60 curieuses figures sur bois dont elle est ornée.

Tache à une figure; griffonnage à une autre.

1802. P. Ovid. Nasonis XV Metamorphoseon librorū figuræ elegantissime à Crispiano Passæo laminis æneis incisæ. Quibus subjuncta sunt epigrāmata latine ac germanice conscripta, fabularium omnium summam breviter ac erudite comprehendentia autore Guilhelmo Salsmannos . *Prostant apud Crisp. Passæum, chalcographium Coloniensē et Joannem Jansonium, typographum Arnhemiensem, anno* (sic), *s. d.* in-4, front. et fig. demi-rel. v. f.

Recueil d'un titre-frontispice et de 134 jolies planches gr. en taille-douce par

Crispin de Pas, et accompagnées chacune de seize vers latins et de seize vers allemands.

Très léger raccommodage en marge des trois dernières planches.

1803. Les Métamorphoses d'Ovide, de nouveau traduites en françois et enrichies de figures chacune selon son subject, avec XV discours contenant l'explication morale des Fables (par M N. Renouard). *Paris, Guillemot*, 1632, in-fol. titre-front. gr. et nombr. fig. sur cuivre, v. ant. granit.

Légère mouillure.

1804. Les Métamorphoses d'Ovide, traduites en vers, avec des remarques et des notes par M. Desaintange. Nouvelle édition, le texte latin en regard, et ornée de 141 estampes gravées au burin sur les dessins des meilleurs peintres de l'école française, Moreau le jeune et autres. *Paris, Desray, de l'Impr. de Crapelet*, 1808, 4 vol. gr. in-8, portrait et 140 pl. gr. v. ant. porphyre, dos orné, dent. tr. marb.

Belle édition.

1805. Les Métamorphoses d'Ovide en Rondeaux (par Isaac Benserade), imprimez et enrichis de figures par ordre de Sa Majesté. *Amsterdam, Wolfgang*, 1679, in-12, front. et nombr. fig. à mi-page gr. sur cuivre, v. ant. marb.

D'après plusieurs biographes, Benserade serait né à Lyons-la-Forêt (Eure).

1806. La Vita et Metamorfoseo d'Ovidio figurato et abbreviato in forma d'Epigrammi da M. Gabriello Symeoni, con altre Stanze sopra gl'effetti della Luna : il ritratto d'una Fontana d'Ouernia, et un' apologia generale nella fine del libro... *Lione, per Giovanni di Tornes*, 1559, 3 parties en 1 vol. in-8, texte encadré et nombr. fig. sur bois, demi-rel. v. brun avec coins.

Edition rare et recherchée.
Exemplaire conforme à la description donnée par le Manuel (*tome IV, col. 287*).

1807. De Gedaant-Wisselingen van P. Ovidius Naso, in het latyner nederduitsch.. vertaald door Isaak Verburg... nevens... aantekeningen... door Antonius Banier... met een groot getal keurlyke prentverbeeldingen, door B. Picart en andere voorname Meesters gesneeden, vercierd. *Amsterdam, Wetstein et Smith*, 1732, 2 tomes en 1 vol. gr. in-fol. front. pl. et nombr. fig. par B. Picart, v. brun, ant.

Premières épreuves des figures.
Bel exemplaire bien complet avec le frontispice et les grandes planches qui manquent souvent.

1808. Traduction des Fastes d'Ovide, avec des notes et des recherches critiques d'histoire et de philosophie... avec figures, par M. Bayeux, avocat au Parlement de Normandie. *Rouen, Boucher et Paris, Ballard*, 1783-1788, 4 vol. in-4, front. par Cochin, 6 fig. nombr. vign. et culs-de-lampe par Lebarbier et Gaucher, v. ant. écaille, dos orné, fil. tr. dor.

Exemplaire sur GRAND PAPIER, tiré in-4.

Georges-Louis Bayeux, avocat au Parlement de Normandie, né à Caen, le 8 octobre 1752, fut massacré par le peuple de cette ville le 6 septembre 1792.

1809. Phædri, Aug. liberti, Fabularum Æsopicarum libri V. Notis illustravit in usum serenissimi principis Nassavii David Hoogstratanus ; accedunt ejusdem opera duo indices... *Amstelædami, Halma*, 1701, in-4, front. beau portr. gr. et plié, 18 pl. fleurons vign. et culs-de-lampe par Van Vianen, vélin.

Edition très soignée sous le rapport de la métrique et contenant un bon choix de notes, mais surtout recherchée à cause des belles planches dont elle est ornée.

1810. Phædri Aug. Liberti Fabularum Æsopicarum libri V, cum indice verborum locupletissimo. *Londini, Brindley*, 1750, in-18, mar. r. dos orné, fil. tr. dor. (*Rel. anc.*)

1811. Phædri Fabulæ, L. Annæi Senecæ ac Publii Syri Sententiæ *Aureliæ, sumpt. Couret de Villeneuve*, 1773, in-24, mar. r. dos orné, fil. fleur aux angles, tr. dor. (*Rel. anc.*)

Exemplaire sur GRAND PAPIER.

1812. M. Annæi Lucani, Cordub. Pharsalia, sive belli civilis, cum vita et testimoniis. *Londini, J. Brindley*, 1751, 2 vol. in-18, mar. r. dos orné, fil. tr. dor. (*Rel. anc.*)

Légère mouillure.

1813. La Pharsale de Lucain, ou les Guerres civiles de César et de Pompée en vers françois (par M. de Brébeuf). *Paris, Antoine de Sommaville*, 1654-1655, 5 parties en 1 vol. in-4, carte gr. en couleur, v. ant. marb. *fatigué*.

PREMIÈRE ÉDITION de cette traduction et des 5 parties réunies.

Guillaume de Brébeuf, né en 1618 à Torigny (Manche), est mort à Venoix, près de Caen, en décembre 1661.

1814. D. Magni Ausonii Burdigalensis Opera, interpretatione et notis illustravit Julianus Floridus, can. Carnot. jussu christianissimi Regis in usum serenissimi Delphini. Recensuit, supplevit, emendavit... J. B. Souchay... *Parisiis, Guérin*, 1730, 2 parties en 1 vol. in-4, front. et planche gr. mar. r. dos orné, fil. dent. int. tr. dor. (*Rel. anc.*)

Exemplaire sur GRAND PAPIER de cette édition estimée. — *Ex-libris* étiquette de Jean-Philippe JANNET.

1815. Theodori Bezæ Vezelii Poemata juvenilia. *S. l. n. d.* (*XVIe siècle*), pet. in-12 de 62 ff. y compris le titre avec encadr. sur bois, vélin.

Edition dite *à la Tête de Mort*, à cause de celle qui figure dans la partie inférieure de l'encadrement du titre; elle est très rare et reproduit l'ÉDITION ORIGINALE de 1548.

Note manuscrite au verso du titre.

1816. Gabrielis Faerni Cremonensis Fabulæ centum ex antiquis auctoribus delectæ carminibusque explicatæ, et ejusdem Carmina varia. *Parmæ, typis Bodonianis*, 1793, in-4, front. et 47 pl. gr. mar. r. dos orné, large encadr. d'entrelacs et de comp. or et noirs, non rog. *(Perrée frères.)*

Exemplaire NON ROGNÉ de cette belle édition ornée de curieuses eaux-fortes représentant les personnages des fables en costumes de l'époque révolutionnaire.

1817. Elegidia et Poematia epidictica præcipuas præcipuorum et maxime clarorum virorum, qui hoc tempore in primis vixerunt et innotuerunt. Virtutes et actiones ac totius Europæ præsentem et futurum statum instantia (auct. Joachimo Rustolf). *Upsaliæ*, 1631, pet. in-8, front. et 39 portr. ou pl. gr. v. ant. granit.

Petit livre très rare ornée de 31 portraits très bien gravés de personnages célèbres du commencement du XVIIe siècle et de 8 pl. d'armoiries.

Légère cassure raccommodée ; petite mouillure à un f.

1818. Caroli de La Rue, e Societate Jesu, Idyllia. Tertia editio auctior. *Parisiis, apud Simonem Benard*, 1672, in-12, fleurons et 6 fig. d'emblèmes gr. L. Cossinus, mar. r. dos orné, fil. et comp. à la Du Seuil, tr. dor. (*Rel. anc.*)

1819. Poetæ rusticantis (Andr. F. Deslandes) litteratum otium. *Londini, impensis Bernardi Lintot*, 1713, in-12, mar. r. dos orné, fil. et comp. avec fleurons, tr. dor. (*Rel. anc.*)

ÉDITION ORIGINALE.

1820. Petri Burmanni, poëmatum libri quatuor, nunc primum in lucem editi. Curante Petro Burmanno juniore. *Amstelædami*, 1746, in-4, front. gr. mar. vert, dos orné, fil. tr. dor. *(Rel. anc.)*

Exemplaire sur GRAND PAPIER.

1821. Elegantiarum poeticarum per locos communes digestarum flores. Ex optimis quibusque authoribus collecti, et tertia hac editione multis additionibus et titulis locupletati, operâ et studio Joannis Blumerel, Lotharingi. *Rothomagi, Du Mesnil*, 1640, in-12, mar. r. dos orné, fil. et comp. à la Du Seuil, dent. int. tr. dor. (*Rel. anc.*)

Exemplaire au chiffre et aux armes de Emmanuel-Joseph de WIGNEROT DE RICHELIEU, abbé de Saint-Ouen de Rouen.

Signature autographe de P.-D. LEMAZURIER, poète et auteur dramatique (né à Gisors en 1775) sur un f. de garde.

Reliure un peu tachée.

1822. Choix de poésies, traduites du grec, du latin et de l'italien contenant : le Pancharis de Bonnefons, les Baisers de Jean Second, ceux de Jean Vander-Does... avec des notices sur la plupart des auteurs qui composent cette collection, par M. E. T. S. D. T. (Simon de

Troyes). *Londres* (*Paris, Cazin*), 1786, 2 vol. in-18, joli front. par Le Barbier, mar. vert, dos orné, fil. tr. dor. (*Rel. anc.*)

Bel exemplaire.

1823. Theophili Folengi, vulgo Merlini Cocaii, opus macaronicum notis illustratum, cui accessit vocabularium vernaculum, etruscum et latinum. Editio omnium locupletissima. *Amstelodami* (*Mantuæ*), *Braglia*, 1768-1771, 2 vol. in-4, portr. nombr. vign. et culs-de-lampe gr. et tableau généalogique plié, bas. ant. marb.

2. POÈTES FRANÇAIS.

1824. Les Anciens Poètes de la France. Nouvelle série de la Bibliothèque elzevirienne publiée... sous la direction de M. F. Guessard. *Paris, Jannet et Vieweg*, 1848-1870, 10 vol. in-12, pap. vergé, cart. perc. brune, non rog.

Collection complète.

Aliscans. — Aye d'Avignon. Gui de Nanteuil. — Doon de Maience. — Fierabras. Parise la Duchesse. — Gaufrey. — Gaydon. — Gui de Bourgogne. Otinel. Floovant. — Hugues Capet. — Huon de Bordeaux. — Macaire.

1825. Fabliaux et Contes des Poètes françois des XI, XII, XIII, XIV et XVe siècles, tirés des meilleurs auteurs, publiés par Barbazan. Nouvelle édition, augmentée, et revue... par M. Méon. *Paris, Warée*, 1808, 4 vol. gr. in-8, 4 fig. par Langlois, v. jaspé, dos orné, dent.

Un des 25 exemplaires sur GRAND PAPIER DE HOLLANDE.

1826. Nouveau Recueil de Fabliaux et Contes inédits des poètes français des XIIe, XIIIe, XIVe et XVe siècles publié par M. Méon. *Paris, Chasseriau*, 1823, 2 vol. in-8, frontispices par Langlois du Pont-de-l'Arche, demi-rel. chag. vert, dos orné, non rog.

1827. Fables inédites des XIIe, XIIIe et XIVe siècles, et Fables de La Fontaine rapprochées de celles de tous les auteurs qui avoient, avant lui, traité les mêmes sujets, précédées d'une Notice sur les Fabulistes, par A. C. M. Robert. *Paris, Cabin*, 1825, 2 vol. in-8, portrait de La Fontaine, 90 pl. *gr. au lavis* et fac-simile, demi-rel. mar. vert avec coins, dos orné, fil. non rog. (*Bauzonnet.*)

Cet ouvrage curieux est le résultat des laborieuses recherches des savants Grosley et Adry, du cardinal Loménie de Brienne, de Robert, père de l'éditeur, et de celles de ce dernier ; les planches ont été calquées sur les dessins de trois manuscrits du XIVe siècle.

Exemplaire sur GRAND PAPIER VÉLIN, avec le portrait AVANT LA LETTRE sur CHINE, et les planches avec la LETTRE BLANCHE.

1828. RECUEIL GÉNÉRAL ET COMPLET DES FABLIAUX DES XIIIe ET XIVe SIÈCLES, imprimés ou inédits, publiés d'après les manuscrits par M. Anatole de Montaiglon. *Paris*, 1872-1890, 6 vol. gr. in-8, demi-rel. mar. grenat avec coins, dos orné, fil. tête dor. non rog. (*Bretault.*)

Bel exemplaire ; un des 50 numérotés sur GRAND PAPIER DE HOLLANDE.

1829. Charlemagne, an Anglo-norman poem of the twelfth century, now first published, with an introduction and a glossarial index, by Francisque Michel. *London, Pickering*, 1836, pet. in-8, fac-similé, mar. r. à long grain, dos orné, fil. tr. marb. (*Rel. de l'époque.*)

1830. Le Roman du Renart, publié d'après les manuscrits de la Bibliothèque du Roi des XIIIe, XIVe et XVe siècles, par M. D. M. Méon, 4 vol. — Supplément, variantes et corrections... par P. Chabaille. — *Paris, Treuttel et Wurtz et Silvestre*, 1826-1835. — Ens. 5 vol. in-8, front. et 3 fig. par Desenne, demi-rel. mar. vert avec coins, tête dor. ébarbé. (*David.*)

1831. Le Plaisant jeu du Dodechedron de fortune, non moins récréatif que subtil et ingénieux (composé par Jean de Meung). Renouvellé et changé de sa première édition (par Fr. Gruget. *Paris, Nicolas Bonfons*, 1577, pet. in-8, car. ital. v. ant. marb. dos orné.

Ouvrage singulier.
Exemplaire avec les deux tableaux pliés qui manquent souvent.

1832. La Dance aux aveugles (de Pierre Michault) et autres poésies du XVe siècle extraites de la Bibliothèque des Ducs de Bourgogne (par Lambert Doux, fils). *Lille, Panckoucke*, 1748, pet. in-8, v. f. ant. dos orné, fil. dent. int. tr. dor.

Recueil curieux dans lequel on trouve, entre autres pièces : le *Testament de Pierre de Nesson:* la *Confession de la belle fille*, le *Débat de l'homme mondain et du religieux*; le *Miroir des Dames*, par Bouton, qui est un catalogue rimé de toutes les femmes célèbres, etc. — Le volume est terminé par un *Vocabulaire des vieux mots contenus dans le Recueil.*
Petite tache sur le titre.

1833. Le Débat de deux Demoysselles, l'une nommée la noyre et l'autre la tannée, suivi de la vie de Saint Harenc et d'autres poésies du XVe siècle, avec des notes et un glossaire (publié par M. de Bœck). *Paris, Firmin-Didot*, 1825, gr. in-8, demi-rel. mar. vert à long grain avec coins, dos orné et mosaïqué de mar. de différentes couleurs, tête dor. non rog. (*Simier.*)

1834. Ci comencent les Dicts moraulx. (A la fin :) *Explicit les dicts moraulx.* — Petit in-8 carré, bas. ant. jaspée.

Curieuse copie contemporaine d'un manuscrit du XVe siècle, très habilement exécutée à la main, sur vieux VÉLIN, et composée de 16 ff. renfermant 23 maximes morales, exprimées chacune en quatre vers de huit syllabes. Elle est ornée de HUIT JOLIES MINIATURES à pleine page, PEINTES EN OR ET EN COULEUR, et de vingt-trois initiales peintes en bleu sur fond or. Les huit miniatures représentent : 1° Un homme en prières dans son oratoire. — 2° Un personnage écrivant, assis dans un fauteuil à dossier élevé, devant un pupitre. — 3° Un seigneur à table, servi par son page. — 4° Une bataille. — 5° Un juge entouré de ses conseillers et écoutant un plaideur. — 6° Un clerc distribuant l'aumône à deux mendiants estropiés. — 7° Un prêtre bénissant deux jeunes époux. — 8° Dieu le Père entouré de ses anges.

1835. Les Douze Dames de rhétorique publiées pour la première fois d'après les Manuscrits de la Bibliothèque Royale avec une introduction par Louis Batissier et ornées de gravures par Schaal. *S. l.* (*Mou-*

lins), *Desrosiers*, 1838, in-fol. texte encadré, titre-front, et 14 pl. gr. demi-rel. bas. bleue, non rog.

Tiré à petit nombre.

1836. La Prenostication de Maistre || Albert Songecreux bisscain. || *S. l. n. d.* in-4, goth. à 2 col. de 4 ff. non ch. fig. sur bois sur le titre et au verso du dernier f. demi-rel. mar. r. avec coins, dos orné, fil. tête dor. (*David.*)

Réimpression fac-similée d'après l'exemplaire unique de la bibliothèque de M. L. Double, exécutée d'après le procédé de M. Adam Pilinski et tirée seulement à 104 exemplaires numérotés (n° 50); elle est accompagnée d'une préface de 8 pages signées P. L. Jacob, bibliophile (P. Lacroix) datée du 30 décembre 1861.

1837. Le Livre des Cent Ballades, contenant des conseils à un Chevalier pour aimer loialement & les réponses aux ballades, publié... par le marquis de Queux de Saint-Hilaire. — Complément. — *Paris, Maillet*, 1868-1874, 2 parties en un vol. in-8, pap. vergé, texte encadré d'un fil. r. demi-rel. mar. r. avec coins, dos orné et mosaïqué de mar. violet, fil. tête dor. non rog. (*Bretault.*)

Tiré à petit nombre.
Bel exemplaire.

1838. Œuvres de Clément Marot, revues sur plusieurs manuscrits, & sur plus de quarante éditions... avec les ouvrages de Jean Marot son père, ceux de Michel Marot son fils... accompagnées d'une préface historique et d'observations critiques (par Nic. Lenglet du Fresnoy). *La Haye, Gosse & Neaulme*, 1731, 6 vol. in-12, v. brun ant.

Jolie édition.

1839. LA PLÉIADE FRANÇOISE (XVIe siècle), avec notices biographiques et notes par Ch. Marty-Laveaux. *Paris, Lemerre*, 1866-1898, 20 vol. in-8, pap. de Hollande et portr. demi-rel. mar. bleu avec coins, tête dor. non rog. (*Bretault.*)

Exemplaire bien complet de cette importante collection ainsi composée : Du Bellay, 2 vol. — Jodelle, 2 vol. — Dorat et Pontus de Tyard, 1 vol. — Remi Belleau, 2 vol. — Baïf, 5 vol. — Ronsard, 6 vol. — Appendice. La Langue de la Pléiade, 2 vol.
Les deux derniers volumes sont brochés.

1840. Le Parnasse des plus excellens poètes de ce temps. *A Paris, chez Mathieu Guillemot, au Palais, en la gallerie des prisonniers*, 1607, pet. in-12 de 6 ff. prél. non ch. 444 ff. ch. et 9 ff. non ch. titre front. gr. mar. r. fil. à froid, dent. int.

Premier volume de ce recueil renfermant une quantité de pièces de poésies par Bertaut, Du Perron, Malherbe, Maynard, Passerat, de Porchères, Pibrac, Rosset, Mlle de Salettes, etc., etc. — Il est orné d'un joli titre-frontispice gr. par Léonard Gaultier.
Quelques passages soulignés aux premiers ff. — Léger raccommodage à un f.

1841. Ferry Julyot. Les Elégies de la belle fille lamentant sa virginité perdue. Réimpression complète publiée d'après l'édition originale de 1557 avec notice, éclaircissements et index. *Paris, Willem*, 1873, in-8, pap. de Hollande, fig. sur bois, demi-rel. mar. grenat avec coins, dos orné, fil. tête dor. non rog. (*Bretault.*)

Bel exemplaire de cette réimpression tirée à petit nombre.

1842. L'Hymne de la Philosophie de P. de Ronsard, commentée par Pantaléon Thevenin, de Commercy en Lorraine. *Paris, Jean Febvrier*, 1582, in-4, vélin, fatigué.

Déchirure au coin inférieur du dernier f. prél.

1843. Jean Vauquelin, sieur de la Fresnaie : Les Diverses poésies, publiées et annotées par Julien Travers, 2 vol. — Œuvres diverses en prose et en vers, précédées d'un essai sur l'auteur et suivies d'un glossaire (par le même). — *Caen, Le Blanc-Hardel*, 1869-1872. — Ens. 3 vol. in-8, pap. vergé et portr. gr. demi-rel. mar. La Vall. avec coins, dos orné, fil. tête dor. non rog. (*Bretault.*)

Bel exemplaire.

Jean Vauquelin, sieur de la Fresnaye, naquit en 1536, au château de la Fresnaye, près Falaise, et mourut à Caen, en 1606.

1844. Les Premières Œuvres de Philippes Des-Portes. Dernière édition, revüe et augmentée. *Paris, Mamert-Patisson*, 1600, in-8, v. f. dos orné, fil. tr. dor. (*Marlière.*)

Une des plus belles éditions de ces poésies.

1845. Œuvres poétiques de Jacques de Champ-Repus, gentilhomme Bas-Normand, publiées et annotées, par Marigues de Champ-Repus. *Paris, Bachelin-Deflorenne*, 1864, in-8, demi-rel. mar. orange avec coins, dos orné, fil. tête dor. non rog. (*Bretault.*)

Tiré à 200 exemplaires.

Jacques de Champ-Repus naquit aux environs d'Avranches.

1846. Les Exercices de ce temps, contenant plusieurs satyres contre les mauvaises mœurs (par Thomas de Courval-Sonnet), reveuz et augmentez depuis les précédentes impressions. Septiesme édition. *A Rouen, chez la Vefve d'Antoine Ferrand*, 16.., in-12 de 116 pp. v. f. dos orné, fil. dent.int. tr. dor. (*Petit, succ*[r] *de Simier.*)

Thomas Sonnet, sieur de Courval, médecin et poète, né à Vire (Calvados) en 1577, est généralement regardé comme l'auteur de ces satires, mais Frère les attribue à Robert Angot, sieur de l'Esperonnière, né à Caen en 1581.

Raccommodage dans la marge inférieure du titre, enlevant une partie de la date.

1847. Les Œuvres de Messire François de Malherbe, gentil-homme ordinaire de la Chambre du Roy. Troisiesme édition. *Troyes, Jacques Balduc*, 1635, fort vol. in-8, vélin.

Troisième édition, peu commune, précédée d'un discours apologétique des plus curieux écrit par Ant. Godeau.

François de Malherbe naquit à Caen, en 1555 et mourut à Paris, le 16 octobre 1628.

1848. Les Délices de la Poésie françoise, ou Recueil des plus beaux vers de ce temps ; corrigé de nouveau par ses autheurs, et augmenté de plusieurs belles et rares pièces, non encore imprimées. Recueilly par

F. de Rosset et dédié à Monseigneur le cardinal de Raiz (*sic*). *Paris, Toussainct du Bray*, 1618, fort vol. in-8 de 7 ff. prél. non ch. 1 f. blanc, 1166 pp. 1 f. blanc, 7 ff. non ch. et 1 f. blanc. v. f. ant. dos fleurdelisé, fil. tr. dor.

Recueil recherché et peu commun; il renferme des poésies de Bertaud, La Picardière, L'Espine, Malherbe, Maynard, Motin, Du Perron, Raçan, Rosset, d'Urfé, des Yveteaux, etc., etc.

Monogramme formé de deux *H* entrelacés et accompagnés d'*S* barrés, au centre des plats.

1849. L'Escole de Salerne en vers burlesques (par Louis Martin) et Poema macaronicum de Bello huguenotico (par Remy Belleau). *Paris, Jean Henault*, 1653, in-4, front. gr. demi-rel. v. marb. avec coins de vélin, dos orné.

1850. L'Eschole de Salerne, ensuite le Poëme macaronique, en vers burlesques (par Louis Martin, parisien). *Paris, Le Gras*, 1664, in-12, portrait gr. vélin.

Timbre de l'*Abbaye de Saint-Victor* sur le titre; petite piqûre de ver au portrait.

1851. Les Epistres du Sieur de Bois-Robert Metel, abbé de Chatillon. *Paris, Cardin Besongne*, 1647, 2 parties en 1 vol. in-4, vélin.

Ouvrage rare. — La seconde partie comprenant 47 pp. contient : les stances, les chansons, les épigrammes et les épitaphes.

Mouillure.

L'abbé François Le Metel de Bois-Robert, né à Caen, vers 1592, est mort à Paris, le 30 mars 1662.

1852. La Pucelle, ou la France délivrée, poème héroïque par M. Chapelain. *Paris, Augustin Courbé*, 1656, in-fol. portr. par Nanteuil, front. et 12 pl. gr. par A. Bosse, v. ant. marb. dos orné.

Edition originale.

Taches de rousseur.

1853. Les Œuvres de Monsieur Sarasin. *Paris, Augustin Courbé*, 1656, 3 parties en 1 vol. in-4, portr. gr. v. f. ant. dos orné, tr. dor.

Edition originale, donnée par M. Ménage.

Jean-François Sarasin naquit à Hermanville-sur-Mer (Calvados), en 1604.

1854. Le Villebrequin de Me Adam (Billaut), menuisier de Nevers, contenant toutes sortes de poésies gallantes, tant en sonnets, epistres, épigrammes... et autres pièces autant curieuses que divertissantes, sur toutes sortes de sujets... *Paris, Guillaume de Luyne*, 1663, in-12, v. brun moderne, dos orné, fil.

Edition originale.

1855. La Muze historique, ou Recueil des lettres en vers contenant les nouvelles du temps écrites à S. A. Mademoiselle de Longueville, depuis duchesse de Nemours (1650-1665), par J. Loret. Nouvelle édition, revue et augmentée par MM. J. Ravenel et Ed. V. de La Pelouze. *Paris, Jannet et Daffis*, 1857-1878, 4 vol. gr. in-8 à 2 col. pap. vergé, cart. perc. r. non rog.

Jean Loret naquit à Carentan (Manche), le 17 août 1595.

1856. Fables choisies, mises en vers par J. de La Fontaine. *Bouillon, aux dépens de la Société typographique*, 1776, 4 vol. in-8, 1 frontispice-portrait et 248 pl. copiées ou imitées d'Oudry, cart. *non rogné.*

1857. Fables de La Fontaine (avec la vie de La Fontaine par M. Creuzé de Lesser). *Paris, de l'Impr. de P. Didot l'aîné*, 1813, 2 vol. in-8, portrait et 12 pl. gr. d'après Moreau, demi-rel. mar. r. à long grain, dos orné, non rog. (*Thouvenin.*)

Exemplaire sur PAPIER FIN, avec les planches AVANT LA LETTRE.
De la *Collection des meilleurs ouvrages de la langue françoise.*

1858. Poème du Quinquina et autres ouvrages en vers de M. de La Fontaine. *Paris, Denys Thierry*, 1682, in-12, v. ant. marb.

EDITION ORIGINALE.

1859. Œuvres de Nicolas Boileau-Despréaux, avec des éclaircissements historiques donnez par lui-même. Nouvelle édition, revue, corrigée et augmentée. *Amsterdam, David Mortier*, 1717, 4 vol. in-12, portr. et 10 fig. gr. v. f. ant. dos orné, fil.

1860. Œuvres de Nicolas Boileau-Despréaux, avec des éclaircissemens historiques donnez par lui-même. Nouvelle édition, revuë, corrigée et augmentée de diverses remarques (par Brossette), enrichie de figures gravées par Bernard Picart le Romain. *Amsterdam, Changuion*, 1729, 2 vol. gr. in-fol. texte encadré, 2 front. portr. 6 pl. fleurons, vign. et culs-de-lampe par B. Picart, v. brun ant. dos orné.

Belle édition.

1861. Œuvres de Boileau-Despréaux, avec des Eclaircissemens historiques donnés par lui-même & rédigés par M. Brossette ; augmentées de plusieurs pièces, avec des remarques & des dissertations critiques, par M. De Saint-Marc. Nouvelle édition. *Paris, chez les Libraires associés*, 1772, 5 vol. in-8, 3 front. et 6 pl. gr. d'après B. Picart, v. ant. marb. dos orné, fil. tr. dor.

Bel exemplaire sur PAPIER FIN.

1862. Œuvres de Boileau-Despréaux, avec neuf figures, dessinées et gravées par les meilleurs artistes. *A Paris, de l'Impr. de Crapelet, an VI*-1798, in-4, portr. par J.-J. Forty et 8 pl. par Monsiau, v. ant. racine, dos orné, fil. tr. dor.

Bel exemplaire sur GRAND PAPIER VÉLIN, avec les figures AVANT LA LETTRE.

1863. Dialogue, ou Satire X, du Sieur D*** (Boileau-Despréaux). *Paris, Denys Thierry*, 1694, 2 ff. non ch pour le titre et l'avis au lecteur et 30 pp. — Réponse à la Satire X du Sieur D*** (Boileau-Despréaux, par Nic. Pradon). *Paris, Robert de La Caille*, 1694, 1 f. non ch. pour le titre et 2-15 pp. — Ens. 2 ouvrages en 1 vol. in-4, demi-rel. mar. r. avec coins, dos orné.

EDITIONS ORIGINALES.
Nicolas Pradon, l'auteur de la *Réponse à la Satire X* de Boileau, naquit à Rouen, en 1632.

1864. Œuvres d'Etienne Pavillon, de l'Académie françoise, considérablement augmentées en cette nouvelle édition. *Amsterdam, Chatelain,* 1747, 2 vol. in-12, v. f. ant. dos orné, fil.

Exemplaire aux armes de la MARQUISE DE POMPADOUR, avec l'ex-libris du COMTE DE LAMBILLY sur le tome I.

1865. Fables diverses en quatre vers, par Monsieur Vaudin. *Paris, Laurent d'Houry,* 1707, in-12 obl. v. ant. marb. fatigué.

Curieux recueil devenu peu commun.

1866. Fables Nouvelles dédiées au Roy par M. de La Motte, de l'Académie Françoise. *Paris, Dupuis,* 1719, in-4, front. et nombr. fig. à mi-page par Coypel, Gillot, Edelinck, B. Picart, etc demi-rel. v. ant. marb. dos orné.

Edition recherchée.

1867. La Henriade de M. de Voltaire. *A Londres,* 1728, in-4, 10 pl. (*sans le frontispice*), par de Troy, Lemoine et Vleugels, fleuron, vign. et culs-de-lampe, v. ant. marb.

PREMIÈRE ÉDITION avec figures.
Nom à l'encre sur le titre et annotations au crayon à la marge supérieure des planches.

1868. La Pucelle d'Orléans, poème en vingt-un chants (par Voltaire), avec des notes, auquel on a joint plusieurs pièces qui y ont rapport. *Londres* (*Paris, Cazin*), 1780, 2 vol. in-18, front. et 21 fig. par Duplessi-Bertaux, v. f. ant. et v. marb. dos orné, fil. tr. dor.

Edition très recherchée.

1869. Fables héroïques, renfermant les plus saines maximes de la politique et de la morale, avec des discours historiques, publiées par Bruzen La Martinière. . ornées de soixante belles estampes en taille-douce gravées exprès. *Amsterdam, Neaulme,* 1754, 2 vol. pet. in-8, 2 front. portr. et fig. à mi-pages, v. ant. marb. dos orné.

Ex-libris de VIOLLET-LE-DUC et de VAN DER HELLE.
Ant.-Aug. Bruzen de la Martinière naquit à Dieppe, le 19 juin 1662.

1870. Œuvres de Gresset. *Paris, Renouard,* 1811, 2 vol. — Le Parrain magnifique, poème en dix chants, ouvrage posthume de Gresset. *Paris, Renouard,* 1810. — Ens. 3 parties en 2 vol. in-8, portr. et 8 fig. par Moreau, v. f. dos orné, fil. dent. et comp. dor. et à froid, dent. int. tr. dor. (*Rel. de l'époque.*)

1871. Le Vaudeville, poème didactique en quatre chants (par Michel-Jean Sedaine). *S. l.* (*Paris*), 1756, pet. in-8 de viii-64 pp. mar. r. dos orné, large dent. doublé et gardes de papier étoilé d'or, tr. dor. (*Rel. anc.*)

EDITION ORIGINALE.
Bel exemplaire.

1872. Les Sens, poème, en six chants (par Du Rosoi). *Londres (Paris)*, 1766, in-8, 7 fig. 6 vign. et 2 culs-de-lampe par Eisen et Wille, v. ant. marb. dos orné.

1873. Narcisse dans l'Isle de Vénus, poème en quatre chants (par Malfilâtre). *Paris, Lejay, s. d.* (1769), in-8, titre-front. par Eisen et 4 fig. par Saint-Aubin, v. ant. écaille, dos orné.

Louis Clinchamp de Malfilâtre, né à Caen le 8 octobre 1732, mourut le 6 mars 1767.

1874. Fables, Contes et Epitres, par M. l'Abbé Le Monnier. *Paris, Jombert*, 1773, in-8, beau front. par Cochin gr. par Prévost, mar. r. dos orné, fil. tr. dor. *(Rel. anc.)*

Exemplaire sur GRAND PAPIER dans une reliure très fraîche.

L'abbé Guillaume-Antoine Le Monnier naquit à Saint-Sauveur-le-Vicomte (Manche), en 1721.

1875. Fables, par M. Boisard, de l'Académie des Belles-Lettres de Caen... Seconde édition. *S. l. (Paris)*, 1777, 2 tomes en 1 vol. in-8, 9 fig. fleurons et culs-de-lampe par Monnet, v. ant. écaille, dos orné, fil. tr. marb.

Boisard naquit à Caen, le 4 juin 1744.

1876. Le Fond du sac, ou Restant des babioles de M. X*** (Félix Nogaret), membre éveillé de l'Académie des dormans. *Venise (Paris, Cazin), chez Pantalon-Phébus*, 1780, 2 vol. in-18, front. et 9 vign. dans le genre de Duplessi-Bertaux attribuées à Desrais, v. ant. marb. dos orné, fil. tr. dor.

Recueil très-piquant, recherché et devenu rare.

1877. Les Jardins, ou l'Art d'embellir les paysages, poème, par M. l'abbé Delille. *Paris, Didot l'aîné*, 1782, gr. in-4, mar. r. dos orné, fil. dent. int. tr. dor. *(Derome le jeune.)*

EDITION ORIGINALE.

Exemplaire sur GRAND PAPIER DE HOLLANDE, recouvert d'une bonne reliure *signée*, avec dos orné *à l'oiseau*.

1878. L'Homme des Champs, ou les Géorgiques françoises, par Jacques Delille. *Strasbourg, Levrault, an X* (1802), gr. in-4, pap. vélin, 4 planches dessinées et gravées par Guérin, cart. *non rog.*

Exemplaire non coupé, avec les planches AVANT LA LETTRE et les légendes sur papier de soie, auquel on a ajouté le DESSIN ORIGINAL du portrait de Jacques Delille, par A. PUJOS, avec la légende suivante: *M. Jaques D. Dessiné par son très humble et très obéissant serviteur et ami.* A. PUJOS.

1879. L'Imagination, poème, par Jacques Delille. *Paris, Guiguet et Michaud*, 1806, 2 vol. in-8, pap. vélin, 6 fig. par Mirys et Monsiau, cart. non rog.

Exemplaire NON ROGNÉ, avec les figures AVANT LA LETTRE.

1880. Les Jeux de l'Amour, contes en vers, par M. G*** R*** (G. Regnier). *A Paphos (Alençon)*, 1785, in-12, v. f. ant. dos orné, fil. dent. int. tr. dor.

1881. Œuvres de Millevoye, précédées d'une notice biographique et littéraire, par de Pongerville. *Paris, Furne,* 1833, 2 vol. in-8, 2 front. et 1 portrait v. bleu, dos orné, fil. et dent. (*Hering & Muller.*)

Reliure très fraîche.

1882. Fables nouvelles, par M. P.-L. Guinguené, membre de l'Institut de France. *Paris, Michaud,* 1810, in-12, v. f. dos orné, fil. armoiries sur les plats, dent. int. tr. dor. (*Bernon.*)

Bel exemplaire sur PAPIER DE HOLLANDE.

1883. LA NAPOLÉONIDE, OU LES FASTES NAPOLÉON. Ouvrage italien de M. Petronj, traduit en français par M. Tercy. Les notes numismatiques sont de M. Poggi ; les notes littéraires sont de M. Biagioli. Les Médailles ont été dessinées par M. Pécheux et gravées par M. Piroli, sous la direction de M. Poggi. *S. l. n. d.* (*Paris,* 1811-1813), in-4, fig. de médailles, demi-rel. bas. r. à long grain avec coins, dos orné.

PRÉCIEUX EXEMPLAIRE et probablement le plus complet de cet ouvrage, qui n'a jamais été terminé. Il a appartenu à M. A. G. BALLIN, ex-archiviste à la Secrétairerie d'Etat du ci-devant royaume d'Italie, qui y a ajouté : 2 portraits lithographiés, dont un de l'Empereur Napoléon Ier et un du Général Gourgaud. — 3 feuillets manuscrits, dont un pour le titre qui n'a jamais été imprimé, un pour l'avertissement concernant la publication de l'ouvrage et un de notes relatives aux dessins originaux joints à l'ouvrage en juin 1853. — Une LETTRE AUTOGRAPHE signée de M. PÉCHEUX. — 2 prospectus imprimés. — VINGT-QUATRE DESSINS ORIGINAUX à la plume, plus UN DESSIN allégorique que l'époque du 2 décembre a inspiré à l'auteur.

1884. Marie de Brabant, poëme en six chants, par M. Ancelot. *Paris, Canel,* 1825, in-8 tiré in-4, titre avec encadr. cart. *non rog.*

EDITION ORIGINALE.

Exemplaire sur GRAND PAPIER ROSE de format in-4, tiré à *très petit nombre.*

J.-F. Ancelot, membre de l'Académie française, naquit au Hâvre, le 9 janvier 1794.

1885. Le Dernier Chant du pélerinage d'Harold, par Alph. de Lamartine. *Paris, Dondey-Dupré, Ponthieu,* 1825, in-8, br. *couverture.*

EDITION ORIGINALE.

Mouillure à 2 ff.

1886. Anthologie françoise, ou Chansons choisies, depuis le 13e siècle jusqu'à présent (par Jean Monnet). *S. l.* (*Paris*), 1765, 3 vol. portr. par Cochin et 3 fig. par Gravelot. — Chansons joyeuses mises au jour par un âne-onyme, onissime (Collé). Nouvelle édition. *Paris et Londres,* 1765, 2 parties en 1 vol. — Ens. 4 vol. in-8, portr. et fig. v. ant. marb.

Ouvrage très recherché.

1887. Le Chansonnier Huguenot du XVIe siècle. *Paris, Tross,* 1870-1871, 2 vol. in-16, pap. vergé, br.

Tiré à petit nombre.

1888. Recueils d'Airs nouveaux sérieux et à boire... composez par M. de Bousset, maître de musique du Roy... *Amsterdam, Pierre Mortier et Estienne Roger*, 1722, 18 parties ou recueils en 2 vol. in-4 obl. 11 titres et musique gr. et notée, v. ant. marb.

Ouvrage rare, la plupart de ces recueils ayant été détruits par l'auteur. — Les Recueils 6 et 7 sont entièrement gravés.
Raccommodage n'enlevant pas de texte à 3 ff. du Recueil 11.

1889. Tribut de la Toilette. *Paris, chez Madame Boivin, s. d.* (*vers* 1740), 2 vol. in-8, 2 titres-front. avec de jolis encadrements gr. texte et musique gr. v. ant. marb.

Recueil curieux et très rare, entièrement gravé, de Chansons galantes.

1890. Le Chansonnier françois, ou Recueil de Chansons, ariettes, vaudevilles et autres couplets choisis, avec les airs notés à la fin de chaque recueil. *S. l.* 1760-1761, 16 parties ou recueils en 8 vol. in-12, musique gr. bas. ant. marb.

Recueils 1 à 16.

1891. Les A-Propos de Société, ou Chansons de M. L**** (Laujon). *S. l.* (*Paris*), 1776, 2 vol. 2 front. 2 pl. 2 vign. et 2 culs-de-lampe. — Les A-Propos de la folie, ou Chansons grotesques, grivoises et annonces de parade. *S. l.* (*Paris*), 1776, 1 front. 1 pl. 1 vign. et 1 cul-de-lampe. — Ens. 3 vol. in-8, fig. demi-rel. bas. brune.

Les illustrations de cet ouvrage sont d'une grâce ravissante et comptent parmi les meilleures de *Moreau*.

1892. Romances, par M. Berquin. *A Paris, chez Ruault*, 1776, in-12, front. 6 fig. par Marillier et 12 pp. de musique gr. v. ant. écaille, dos orné, fil. tr. dor.

Exemplaire sur grand papier de Hollande avec les figures avant les numéros.
Mouillure à la marge supérieure des ff. de musique.

1893. Chansons, par M. P.-J. De Béranger, 2 vol. — Procès fait aux Chansons. — Chansons nouvelles. — *Paris, chez les Marchands de Nouveautés*, 1821-25. — Ens. 4 vol. in-18, demi-rel. bas. r.

Le tome II des *Chansons*, et les *Chansons nouvelles* sont en éditions originales.

1894. Œuvres complètes de P.-J. De Béranger. Édition unique revue par l'auteur, ornée de 104 vignettes en taille-douce. *Paris, Perrotin*, 1834, 4 vol. in-8, portrait et 104 pl. gr. demi-rel. v. f. dos orné.

Les tomes II, III et IV sont incomplets du feuillet pour le classement des gravures. — Le Supplément a été enlevé du tome IV avec lequel il était relié.

1895. Œuvres complètes de P.-J. De Béranger. Edition illustrée par J.-J. Grandville. *Paris, Fournier et Perrotin*, 1836, 3 vol. gr. in-8, portrait gr. sur acier et 119 pl. gr. sur bois, demi-rel. v. grenat, dos orné, tr. marb. (*Messier*.)

Premier tirage.
Une planche et le fac-similé manquent.

1896. Des Chansons populaires chez les anciens et chez les Français. Essai historique, suivi d'une étude sur la Chanson des rues contemporaine, par Charles Nisard. *Paris, Dentu,* 1867, 2 vol. in-12, demi-rel. mar. r. avec coins, dos orné, fil. tête dor. non rog. (*Behrends.*)

Bel exemplaire.

1897. Œuvres complettes de Pierre Godolin, avec traduction en regard, notes historiques et littéraires, par MM. J.-M. Cayla et Cléobule Paul. *Toulouse, Delboy,* 1845, fort vol. gr. in-8, titre, portr. et pl. lithog. br. couverture, non coupé.

1898. Récréations de Moussu l'Ritou et de las brabos gens; per M. P. Revel, Ritou de Bilomagno. *Toulouse, Impr. Labouisse-Rochefort,* 1845, in-8, portr. lithog. et tiré sur Chine, et vign. sur bois, br.

3. POÈTES ITALIENS, ALLEMANDS, ANGLAIS.

1899. Roland furieux, poème héroïque de l'Arioste, avec figures. Traduction nouvelle, par M. le Comte de Tressan. *Paris, Laporte, s. d.* (1795), 4 vol. in-8, portr. et 46 pl. gr. v. ant. écaille, dos orné, dent. tr. marb.

1900. Sonetti morali di M. Pietro Massolo, gentilhuomo venetiano, hora Don Lorenzo Monaco Cassinese. *Bologna, Antonio Manutio,* 1557, in-8 de 116 ff. non ch. y compris 4 ff. prél. et 11 de table, car. ital. mar. r. dos orné, fil. ancre aldine frappée en or sur les plats, tr. dor.

Edition recherchée appartenant à la collection aldine.
Quatre lignes manuscrites au verso du titre.

1901. La Cicceide legitima in questa seconda impressione ordinatamente disposta, notabilmente accresciuta, e fedelmente rincontrata con gli originali dell'autore (J. Fr. Lazzarelli da Gubbio). *In Parigi (Italia), presso Claudio Rind,* 1692, in-12, titre-front. gr mar. r. dos orné, fil. tr. dor. (*Rel. anc.*)

Bel exemplaire provenant des bibliothèques de Brunck et de Cayrol, avec le timbre de ce dernier au bas du frontispice.

1902. Bertoldo con Bertoldino e Cacasenno, in ottava rima, con argomenti, allegorie, annotazioni e figure in rame. *Bologna, nella Stamperia di Lelio dalla Volpe,* 1736, in-4, front. portr. et 20 pl. par Mattioli, vign. et culs-de-lampe, demi-rel. v. brun, non rog.

Premier tirage de cette belle édition.

1903. Il Meo Patacca, overo Roma in feste nei trionfi di Vienna, poema giocoso nel linguaggio romanesco di Giuseppe Berneri Romano... Edizione seconda, arrichita di num. 52 tavole, inventate ed incise da Bartolomeo Pinelli Romano. *Roma,* 1823, in-fol. obl. 52 pl. gr. à l'eau-forte par Pinelli, demi-rel. vélin avec coins.

1904. Sebastian Brands Narrenschiff. Ein hausschatz zur Ergetzung und Erbauung erneuert von Karl Simrock. *Berlin*, 1872, in-4, portr. et nombr. fig. sur bois, ais de bois, dos de bas. f.

1905. Les Quatre Parties du jour, poème traduit de l'allemand de M. Zacharie (par Muller). *Paris*, *Musier*, 1769, gr. in-8, front. 4 figures et 4 vign. par. Eisen, v. ant. marb. dos orné.

Exemplaire sur GRAND PAPIER.

1906. Paradise lost, a poem in twelve books, the author John Milton. The fourth edition. *London*, 1688, in-fol. portr. gr. par R. White et 12 pl. par Medina, bas. ant. marb. fatiguée.

1907. Le Paradis terrestre, poème imité de Milton par Madame D. B*** (Du Boccage). *Londres* (*Paris*), 1748, in-8, front. portr. 6 vign. et culs-de-lampe par Durand, Mlle Loir et Pierre, v. ant. marb. dos orné.

LETTRE AUTOGRAPHE de Madame Du BOCCAGE ajoutée.

1908. Les Nuits d'Young, traduites de l'anglois par M. Le Tourneur. Nouvelle édition. *Paris*, *Le Jay*, 1770, 2 vol. in-8 (*sans les frontispices*), mar. r. dos orné, fil. dent. int. tr. dor. (*Rel. anc.*)

Pierre-Félicien Le Tourneur, traducteur de cet ouvrage, naquit à Valognes (Manche), en 1736.

III. THÉATRE.

1909. Arthur Pougin. Dictionnaire historique et pittoresque du Théâtre et des Arts qui s'y rattachent... Ouvrage illustré de 350 gravures et de 8 chromolithographies. *Paris*, *Firmin-Didot*, 1885, in-4 à 2 col. nombr. fig. et pl. en noir et en couleur, demi-rel. mar. r. avec coins, tête dor. non rog. couverture illustrée.

1910. Le Théâtre des Grecs, par le R. P. Brumoy. *Paris*, 1730, 3 vol. in-4, front. fleuron et vign. par Humblot, pl. de médailles et carte gr. v. brun ant.

Le P. Pierre Brumoy naquit à Rouen, en 1688.

1911. Théâtre des Grecs, par le P. Brumoy. Nouvelle édition, enrichie de très belles gravures... *Paris*, *Cussac*, 1785-89, 13 vol. in-8, pl. gr. d'après Borel, Le Barbier, Marillier, Monnet. v. olive, dos orné, fil. dent. à froid, tr. dor.

1912. Pub. Terentii Comœdiæ nunc primum italicis versibus redditæ (a Nic. Fortiguerra) cum personarum figuris æri accurate incisis ex ms. codice Bibliothecæ Vaticanæ. *Urbini*, *Mainardi*, 1736, in fol. texte encadré, planche, nombr. fig. et culs-de-lampe gr. sur cuivre, v. ant. marb. dos orné.

Belle édition, publiée aux frais du Cardinal Albani.

1913. Les Comédies de Térence. Traduction nouvelle, avec le texte latin à côté et des notes par M. l'abbé Le Monnier. *Paris, Jombert,* 1771, 3 vol. in-8, front. et 6 fig. par Cochin, v. f. ant. dos orné, fil.

L'abbé Guillaume-Antoine Le Monnier, traducteur de cet ouvrage, naquit à Saint-Sauveur-le-Vicomte (Manche), en 1721.

1914. L. et M. Annæi Senecæ Tragœdiæ, cum notis Th. Farnabii. *Amsterdami, apud Johannem Janssonium, s. d.* in-12, titre-front. gr. bas. r. dos orné, large dent. fleurdelisée, tr. dor. (*Rel. anc.*)

Exemplaire portant sur les plats de la reliure les armes de LOUIS XIII. Découpure dans la marge supérieure du titre.

1915. Histoire du Théâtre françois depuis son origine jusqu'à présent, avec la vie des plus célèbres Poètes dramatiques (par les frères Parfait). *Amsterdam et Paris. Lemercier,* 1735-1749, 15 vol. in-12, v. ant. marb. dos orné, tr. r.

Exemplaire auquel on a ajouté une très intéressante LETTRE AUTOGRAPHE de GUEULETTE relative à l'ouvrage.

1916. Le Théâtre de Saint-Cyr (1689-1792) d'après des Documents inédits, par Achille Taphanel; avec une eau-forte de Ch. Waltner. *Versailles et Paris, Baudry,* 1876, in-8, pap. de Hollande, portr. gr. à l'eau-forte, demi-rel. mar. La Vall. avec coins, dos orné, fil. tête dor. non rog.

Bel exemplaire.

1917. Bibliothèque du Théâtre françois, depuis son origine, contenant un extrait de tous les ouvrages composés pour ce Théâtre, depuis les Mystères jusqu'aux pièces de Pierre Corneille... (par le Duc de La Vallière). *Dresde, Grœll (Paris, Bauche),* 1768, 3 vol. pet. in-8, vign. et culs-de-lampe par Eisen, Charpentier et de Sève (*sans les frontispices*), v. ant. marb. dos orné.

Ex-libris étiquette de J. FRÈRE père, sur chaque volume.

1918. Le Théâtre français au XVIe et au XVIIe siècle, ou Choix des Comédies les plus curieuses antérieures à Molière, avec une introduction des notes et une notice sur chaque auteur, par M. Edouard Fournier. Edition illustrée de portraits en pied coloriés, dessinés par MM. Maurice Sand et H. Allouard. *Paris, Laplace, s. d.* gr. in-8 à 2 col. portr. coloriés, demi-rel. mar. r. avec coins, dos orné, tête dor. non rog.

Bel exemplaire.

1919. MAGASIN THÉATRAL, choix de pièces jouées sur tous les Théâtres de Paris. *Paris, Marchant,* 1834 1844, 38 vol. gr. in 8 à 2 col. front. lithog. sur les 18 derniers vol. nombr. portr. lithog. et vign. sur bois, dont 30 vol. en demi-rel. bas. brune et 8 br. couvertures illustrées.

Tomes I à XXXVIII.

1920. Toiles peintes et Tapisseries de la ville de Reims, ou la mise en scène du Théâtre des Confrères de la Passion. Planches dessinées et gravées par C. Leberthais; études des Mystères et explications historiques, par Louis Paris. *Paris, Bruslart,* 1843, 2 vol. in-4 de texte avec fig. sur bois et 1 vol. gr. in-fol. contenant 32 pl. gr. et tirées sur Chine, demi-rel. v. bleu, dos orné.

1921. Le Grand Mystère de Jésus, Passion et Résurrection. Drame breton du Moyen Age, avec une étude sur le Théâtre chez les nations celtiques, par le vicomte Hersant de la Villemarqué. *Paris, Didier,* 1865, in-8, pap. vergé et front. gr. sur bois, mar. vert jans. dent. int. tête peigne, non rog.

Bel exemplaire.

1922. Miracle de Nostre Dame de Robert le Dyable, filz du Duc de Normendie... publié pour la première fois, d'après un Ms. du XIVe siècle, de la Bibliothèque du Roi, par plusieurs membres de la Société des Antiquaires de Normandie. *Rouen, Frère,* 1836, gr. in-8, front. cart. non rog.

Tiré à petit nombre.

Exemplaire sur PAPIER DE HOLLANDE avec le frontispice sur PEAU DE VÉLIN et COLORIÉ.

1923. Moralité de la Vendition de Joseph, à quarante-neuf personnages. *Paris, Silvestre,* 1835, in-fol. format d'agenda, car. goth. fig. sur bois, br.

Réimpression fac-similée tirée à 90 exemplaires numérotés sur papier de Hollande (nº 45), aux frais du prince d'Essling.

1924. Moralité de Mundus, Caro, Demonia, à cinq personnages. Farce des deux Savetiers, à trois personnages. *Paris, Silvestre,* 1838, in-fol. format d'agenda, car. goth. fig. sur bois, br.

Réimpression fac-similée, tirée à 90 exemplaires numérotés sur papier de Hollande (nº 14).

1925. Moralité de Mundus, Caro, Demonia, à cinq personnages. Farce des deux Savetiers, à trois personnages. *Paris, Silvestre,* 1838, in-fol. goth. format d'agenda, fig. sur bois, cart. non rog. dans un étui.

Un des 4 exemplaires sur PEAU DE VÉLIN, provenant de la bibliothèque de M. G. CHARTENER.

1926. Moralité des Blasphémateurs de Dieu, à dix-sept personnages. *Paris, Silvestre,* 1831, in-fol. format d'agenda, car. goth. fig. sur bois, br.

Réimpression fac-similée tirée à 90 exemplaires numérotés sur papier de Hollande (nº 69).

1927. La Vie et Passion de Monseigneur Sainct Didier, Martir et Evesque de Lengres, jouée en ladicte cité l'an mil CCCC.IIIIxx et deux, composée par... maistre Guillaume Flamang, chanoine de Lengres, publiée... avec une introduction, par J. Carnandet. *Paris, Techener,* 1855, in-8, pap. vélin, demi-rel. mar. vert avec coins, dos orné, fil. tête dor. non rog. (*David.*)

1928. La Farce de Maistre Pierre Pathelin, précédée d'un Recueil de monuments de l'ancienne langue française depuis son origine jusqu'à l'an 1500, avec une introduction, par M. Geoffroy-Chateau. *Paris, Amyot,* 1853, in-12, mar. brun, fil. à froid, dent. int. tête dor. non rog. (*Abadie.*)

Edition tirée à petit nombre.
Exemplaire sur PAPIER DE HOLLANDE.

1929. Œuvres de Molière, précédées d'une notice sur sa vie et ses ouvrages par M. Sainte-Beuve. Vignettes par Tony Johannot. *Paris, Dubochet,* 1843, gr. in-8 à 2 col. portr. et nombr. fig. sur bois, cart. perc. bleue, fers spéciaux, tête dor. ébarbé. (*Cartonnage original.*)

1930. Œuvres complètes de Regnard, avec des Avertissemens et des remarques sur chaque pièce, par M. Garnier. Nouvelle édition. *Paris, Lefèvre,* 1810, 5 vol. in-8, portrait par Rigaud et 11 pl. gr. d'après Marillier et Moreau, v. ant. racine, dos orné, fil.

1931. Jephté, Tragédie, par Monsieur Boyer, de l'Académie Françoise. *Paris, Coignard,* 1692, in-4 de 8 ff. prél. y compris le front. gr. par J. Mariette et 50 pp. v. ant. marb.

EDITION ORIGINALE.

1932. Débora, tragédie chrétienne. *A Paris,* 1706, in-12 de 2 ff. prél. et 86 pp. mar. r. dos orné, fil. tr. dor. (*Rel. anc.*)

Cette tragédie fut composée par Jos.-Fr. Duché de Vancy, sur la demande de Mme de Maintenon, pour les élèves de Saint-Cyr.
Ex-libris gravé de la MAISON ROYALE DE SAINT-CYR, légèrement détérioré.

1933. Œuvres de Crébillon. *Paris, Renouard,* 1818, 2 vol. in-8, portrait par A. de St Aubin et 9 fig. d'après Moreau, demi-rel. v. f. dos orné, non rog.

Belle édition.

1934. Théâtre des Boulevards, ou Recueil de Parades (par Collé, Moncrif, Piron, Fagan et de Sallé). *Mahon, Impr. de Gilles Langlois,* 1756, 3 vol. in-12, 2 front. gr. d'après Eisen, v. ant. marb. (*Rel. non uniforme.*)

Intéressant recueil publié par Corbin.

1935. LE PRIX DE LA BEAUTÉ, ou les Couronnes, pastorale en trois actes et un prologue avec des divertissemens sur des airs choisis et nouveaux (par Pierre-Thomas Gondot). *Paris, de Lormel,* 1760, in-8, front. 4 fig. par Martinet et 16 pp. de musique gr. (sur 45). — Fables, par M. Boisard, de l'Académie des Belles-Lettres de Caën. *Paris, Lacombe,* 1773, front. fleuron et cul-de-lampe par Monnet. — Fables nouvelles, dédiées à Madame la Dauphine, par M. Imbert. *Amsterdam et Paris, Delalain,* 1773, front. par Moreau. — Ens. 3 ouvrages en 1 vol. in-8, fig. vign. et cul-de-lampe, v. ant. écaille, dos orné, fil. tr. marb.

Le premier ouvrage, qui est de la plus grande rareté, est relié à la fin du volume et étant de format in-4 se trouve fortement rogné. — Les ravissantes figures de Martinet, qui le font si justement rechercher, sont pliées, ou rognées au cadre.

J.-J. François-Marin Boisard est né à Caen, le 4 juin 1744.

IV. FABLES, ROMANS ET CONTES.

1936. Æsopi Phrygis Fabulæ, elegantissimis eiconibus veras animalium species ad vivum adumbrantes. His accesserunt Joannis Posthij Germershemij in singulas Fabulas epigrammata. (A la fin :) *Francofurti ad Mœnum, apud Georgium Corvinum, Sigismundum Feyerabent et hæred. Wigandi Galli*, 1566, pet. in-8, nombr. fig. sur bois, vélin à recouvr.

Edition rare, illustrée de très jolies figures sur bois par *Virgile Solis*.

Ouvrage précédé de : Ori Apollinis Niliaci, de Sacris Ægyptiorum notis, Ægyptiace expressis libri duo... nunc primum in latinum ac gallicum sermonem conversi. *Parisiis, apud Galeotum à Prato*, 1574, texte latin et français et nombr. fig. sur bois. — Mêmes figures que celles de l'édition de 1551.

1937. Æsopi Phrygis Fabulæ elegantissimis eiconibus veras animaliū species ad vivū adumbrantes. Gabriæ Græci fabellæ XXXXIIII, Batrachomyomacha Homeri, hoc est, ranarum et murium pugna. Galeomyomachia, hoc est felium et murium pugna, tragœdia græca. Hæc omnia cum latina interpretatione... *Lugduni, apud Joannem Tornæsium*, 1570, in-16 à 2 col. texte grec et latin, nombr. vign. sur bois, mar. vert. dos orné, fil et milieu, tr. dor. (*Rel. anc.*)

Edition très recherchée pour les curieuses petites figures sur bois dont elle est ornée. Elle contient le texte grec et la traduction latine des fables d'Esope, de celles de Gabrias, de la *Batrachomyomachie*, de la *Galeomyomachie*, et en outre les fables latines d'Avienus.

1938. Fables d'Esope en quatrains, dont il y a une partie au Labyrinthe de Versailles (par Isaac de Benserade). *Paris, Sébastien Mabre-Cramoisy*, 1678, in-12, 222 fig. gr. sur bois, v. ant. granit.

D'après plusieurs biographes, Isaac de Benserade serait né à Lyons-la-Forêt (Eure).

1939. Les Fables d'Esope Phrigien, avec celles de Philelphe. Traduction nouvelle, enrichie de Discours moraux et historiques... On a joint à cette nouvelle traduction les Contes d'Esope, les Fables diverses de Gabrias et d'Avienus. *Paris, Brunet*, 1703, 2 vol. in-12, nombr. fig. gr. sur cuivre, v. ant. marb. dos orné.

1940. Esope en belle humeur, ou dernière traduction et augmentation de ses Fables, en prose et en vers (par J. Bruslé). Nouvelle édition, augmentée de quelques fables et enrichie de nouvelles figures. *Brusselle, Foppens*, 1700, 2 vol. in-12, front. et nomb. fig. gr. v. ant. granit, dos orné.

Edition recherchée à cause du grand nombre de figures par Harrewyn dont elle est ornée.

1941. Esope en bel humeur, ou Fables d'Esope en vaudevilles, avec gravures par Augustin Legrand. *Paris, Batillot, s. d.* in-16, texte encadré, front. et 61 fig. demi-rel. mar. r. avec coins, dos orné, fil. tête dor.

Bel exemplaire avec les planches tirées *à la sanguine*.

1942. Les Apologues de Laurent Valla, translatés du latin en françois et suivis de Ditz moraux, par Guillaume Tardif, du Puy-en-Velay. Réimpression d'après l'exemplaire sur vélin de la Bibliothèque nationale. *Le Puy et Paris, Champion*, 1877, in-8, pap. vergé, demi-rel. mar. r. avec coins, dos orné et mosaïqué de mar. vert, fil. tête dor. non rog. (*Bretault.*)

1943. Les Cinq Fabulistes, ou les trois cents Fables d'Esope, de Lockmann, de Philelphe, de Gabrias et d'Avienus... par M. de Bellegarde. Dixième édition, enrichie de 158 figures en taille-douce. *Paris, Poncelin, an X*-1802, 2 vol. in-12, frontispices et nombr. pl. gr. bas. ant rac. dos orné.

1944. Les Amours pastorales de Daphnis et Chloé (traduites du grec de Longus, par Amyot). *S. l.* (*Paris, Coustelier*), 1731, in-12, front. 8 fig. et vign. par Scotin, v. f. ant. dos orné, fil. tr. dor.

Léger raccommodage au frontispice.

1945. Euphormionis Lusinini, sive Joannis Barclaii Satyricon partes quinque, cum clavi. Accessit Conspiratio anglicana. *Lugd. Batavorum, apud Elzevirios*, 1637, fort vol. pet. in-12, titre-front. gr. mar. r. dos orné, fil. et angles dor. dent. int. tr. dor. (*Rel. anc.*)

Première édition elzevirienne. — (Willems, n° 452).

1946. Le Thresor des Douze Livres d'Amadis de Gaule, assavoir les harengues, concions, espistres, complaintes et autres choses les plus excellentes et dignes du lecteur françois. *Paris, Vincent Sertenas*, 1559, in-8, réglé, vélin à recouvr. tr. dor.

Première édition.

1947. Les Œuvres de M. François Rabelais, contenāt cinq livres, de la vie, faits & dits heroyques de Gargantua, & de son fils Pantagruel. *A Troye, par Loys qui ne se meurt point*, 1613, 2 vol. pet. in-12, v. ant. marb. dos orné.

1948. Œuvres de maître François Rabelais, publiées sous le titre de Faits et Dits du géant Gargantua et de son fils Pantagruel, avec la Prognostication Pantagrueline, l'Epître du Limosin, la Crème philosophale & deux Epîtres... Nouvelle édition, où l'on a ajouté des Remarques historiques & critiques (de Jac. Le Duchat et Bern. de La Monnoye). *Amsterdam, Henri Bordesius*, 1711, 6 tomes en 5 vol. in-12, front. et pl. gr. v. brun ant.

Belle édition, la meilleure qui eût paru jusqu'alors.

1949. Œuvres de Rabelais, collationnées pour la première fois sur les éditions originales, accompagnées de notes nouvelles... par MM. Burgaud des Marets et Rathery. *Paris, Firmin-Didot*, 1857, 2 vol. in-8, demi-rel. mar. r. avec coins, tête dor. ébarbé. (*David.*)

Bel exemplaire de cette excellente édition.

1950. L'Astrée de Messire Honoré d'Urfé... où par plusieurs histoires et souz personnes de bergers et d'autres, sont déduits les divers effets de l'honneste amitié (avec la 5e partie par le Sr Baro), reveüe et corrigée en cette dernière édition et enrichie de figures... *Imprimé à Rouen et se vend à Paris, chez Aug. Courbé*, 1646-1647, 5 vol. in-8, front. gr. à chaque vol. portraits et pl. sur cuivre, v. brun ant.

Edition rare, la plus correcte et la plus complète, de ce célèbre roman qui eut la plus grande vogue au XVIIe siècle.

1951. Le Roman comique par Scarron (avec la 3e partie par A. Offray). Edition ornée de figures dessinées par Le Barbier et gravées sous sa direction. *Paris, Impr. de Didot jeune, an IV* (1796), 3 vol. in-8, pap. vergé, portr. par Desenne et 15 fig. par Le Barbier, br. *non rog.*

1952. La Princesse de Clèves (par la Comtesse de La Fayette, Segrais et le Duc de La Rochefoucauld). *A Paris, par la Compagnie des Libraires associez*, 1704, 3 tomes en 1 vol. in-12, mar. dos orné, fil. tr. dor. (*Padeloup.*)

Reliure fatiguée.

1953. Les Contes des Fées, ou les Enchantemens des bonnes et mauvaises Fées, par Madame d'Aulnoy. Nouvelle édition, ornée de 28 figures. *Paris, Billois*, 1810, 5 vol. pet. in-12, front. et nombr. fig. gr. v. racine, dos orné, fil tr. dor.

1954. Histoire amoureuse des Gaules, par le Comte de Bussi-Rabutin. *S. l.* (*Paris*), 1754, 5 vol. in-12, 5 titres-front. gr. v. ant. marb. dos orné, fil.

1955. Relation historique de l'amour de l'Empereur du Maroc pour Madame la Princesse Doüairière de Conty, écrite en forme de lettres à une personne de qualité, par M. le Comte D***. *Cologne, Pierre Marteau* (*Hollande*), 1700, pet. in-12, v. vert, dos orné, fil. et dent. à froid, dent. int. tr. dor.

1956. Histoire de Gil Blas de Santillane, par M. Le Sage. Dernière édition, revue et corrigée. *Paris, les Libraires associés*, 1747, 4 vol. in-12, 32 fig. gr. non signées, bas. ant.

Premier tirage sous cette date.

1957. Histoire de Gil Blas de Santillane, par Le Sage. Edition collationnée sur celle de 1747, corrigée par l'auteur avec... des notes historiques et littéraires, par M. le Cte François de Neufchâteau. *Paris, Lefèvre,* 1820, 3 vol. in-8, 9 fig par Desenne, v. jaspé, dos orné, fil.

1958. Histoire de Gil Blas de Santillane, par Le Sage. Vignettes par Jean Gigoux. *Paris, Paulin,* 1835, gr. in-8, texte encadré, front. portr. sur Chine volant et nombr. fig. sur bois, demi-rel. v. violet, dos orné, tr. peigne.

PREMIER TIRAGE.

1959. Collection complette des Œuvres de M. de Crébillon le fils. *Londres,* 1772, 7 vol. in-12, v. ant. marb. dos orné.

Edition très complète contenant toutes les œuvres de Crébillon.

1960. Les Amours de Zeokinizul, Roi des Kofirans (Louis XV, Roi des Français). Ouvrage traduit de l'arabe du voyageur Krinelbol (attribué à Crébillon et à La Beaumelle). *Amsterdam, aux dépens de Michel,* 1747, in-12, mar. bleu, dos orné, fil. tr. dor. (*Rel. anc.*)

1961. Le Diable amoureux, nouvelle espagnole par Cazotte). *Naples* (*Paris*), 1772, in-8, 6 fig. en charge non signées et une pl. de musique gr. demi-rel. mar. r. avec coins, dos orné, fil. tr. dor.

EDITION ORIGINALE.

1962. Le Ménage parisien, ou Déliée et Sotentout (par Restif de la Bretonne). *La Haye,* 1773, 2 vol. in-12, v. ant. marb. dos orné fil.

EDITION ORIGINALE, rare.

1963. Les Incas, ou la Destruction de l'Empire du Pérou, par Marmontel. *Paris, Lacombe,* 1777, 2 vol. in-8, front. et 9 fig. par Moreau, v. ant. marb.

1964. La Nouvelle Héloïse, ou Lettres de deux Amans, habitans d'une petite ville au pied des Alpes, recueillies et publiées par J.-J. Rousseau. *A Londres* (*Paris, Cazin*), 1781, 7 vol. in-18, front. et 11 fig. par Moreau, v. ant. marb. dos orné, fil. tr. dor.

Mouillure.

1965. Joseph. par M. Bitaubé.... Cinquième édition. *A Paris, de l'Impr. de Didot l'aîné,* 1786, 2 vol. in-18, pap vélin, 9 fig. par Marillier, gr. par Née, mar. r. à long grain, dos orné au pointillé, fil. et comp. doublé et gardes de moire bleue, dent. tr. dor. (*Rel. de l'époque.*)

1966. Contes, aventures et faits singuliers, etc., recueillis de M. l'abbé Provost. *S. l.* 1789, 3 vol. in-12, demi-rel. mar. vert avec coins, dos orné, tête dor. non rog. (*Ve Niedrée.*)

1967. L'Abbé Prévost, Histoire de Manon Lescaut et du chevalier des Grieux. Préface de Guy de Maupassant. Illustrations de Maurice

Leloir. *Paris, Launette*, 1889, in-8, pap. vélin, texte encadré d'un fil. r. front. nombr. vign. dans le texte et 12 pl. *en couleur*, br. couverture illustrée.

1968. Atala. — René, par Fer.-Aug. de Chateaubriand. *Paris, Le Normant*, 1805, in-12, fig. par Stép.-Barth. Garnier, gr. par Saint-Aubin et Choffard, v. ant. rac. dos orné, fil. tr. marb.

PREMIÈRE ÉDITION d'*Atala* publiée avec l'aveu de Chateaubriand.

1969. Voyage autour de ma chambre, suivi du Lépreux de la Cité d'Aoste. Nouvelle édition, d'après celle de Saint-Pétersbourg (1812) revue et augmentée (avec des notes du Comte de Maistre, publiées par A.A. Barbier). *Paris, Delaunay*, 1817, in-18, mar. vert à long grain, dos orné, dent. chiffre sur le premier plat, doublé et gardes de moire blanche, dent tr. dor. (*Rel. anc.*)

1970. Flaminie, ou les Erreurs d'une femme sensible (par Mlle Fanny Raoul). *Paris, Cussac*, 1813, 2 tomes en 1 vol. in-12 tiré in-8, demi-rel. mar. r. à long grain, dos orné, non rog. (*Vogel.*)

Exemplaire tiré in-8, sur GRAND PAPIER BLEU.

1971. Etudes philosophiques par M. de Balzac. *Paris, Werdet, Delloye et Lecou*, 1836-37, 8 vol. in-12, br. *couvertures*.

Tomes XI: Maître Cornélius. — Tome XII: La Messe de l'Athée (*inédit*). Les Les Deux Rêves. Facino Cane (*inédit*). Les Martyrs ignorés. — Tomes XV et XVI: L'Enfant Maudit; 2 vol. — Tomes XVII: L'Auberge rouge. Le Chef-d'œuvre inconnu. — Tome XXIII: Histoire de Louis Lambert. — Tome XXIV; Histoire de Louis Lambert (Suite et fin). L'Interdiction (*inédit*). — Tome XXV: L'Interdiction (suite et fin).

Les couvertures, qui sont jaunes, sont tomées à I à VIII, et portent: *Paris, au bureau du Figaro*, 1837.

Tache dans la marge extérieure des premiers ff. du tome XII.

1972. Balzac illustré. La Peau de chagrin. Etudes sociales. *Paris, H. Delloye, Victor Lecou*, 1838, gr. in-8, portr. et fig. gr. sur acier, demi-rel. v. brun, dos orné, tête dor. ébarbé.

PREMIER TIRAGE, avec le *squelette* dans la vignette du titre.

Exemplaire grand de marges avec les deux portraits des pp. 149 et 287 (*Pauline* et *Fœdora*) tirés à part sur CHINE, AVANT LA LETTRE, et avec les noms des artistes *à la pointe* (*très rares*).

1973. Songe de Bocace, traduit d'italien en françois par M. de P**** (de Prémont). *A Paris, en la boutique de la Veuve Barbin, chez Pierre Huet*, 1715, in-12, mar. r. à long grain, fil. à froid, tr. dor. (*Rel. anc.*)

Traduction fort libre du *Laberinto di amore* de Boccace.

La marge supérieure du titre est un peu rognée.

1974. La Circé de M. Giovan-Baptista Gello, academic Florentin. Nouvellement reveuë par son traducteur, Signeur (*sic*) du Parc-Champenois (Denis Sauvage). *A Lyon, par Guillaume Roville*, 1554. —

Dialogue et discours fantastiques de Justin Tonnelier, et de son âme, composez en italien, par Jean Batiste Gelli... traduits en françois, par C. D. K. P. (Cl. de Kerquifinen, Parisien). *Paris, Claude Micard*, 1575. — Ens. 2 ouvrages en 1 vol. in-16, titres avec encadrements sur bois, mar. vert à long grain, fil. tr. dor. (*Lewis.*)

Editions rares de ces deux ouvrages.

1975. Petit Traité de Arnalte et Lucenda (traduit de l'espagnol, de D. de San Pedro, en françois par Nic. de Herberay, sieur des Essars). Picciol trattato d'Arnalte et di Lucenda, intitolato l'Amante mal trattato dalla sua amorosa, nuovamente per Bartolemeo Maraffi Fiorentino in lingua thoscana tradotto. *Lyon, Benoist Rigaud*, 1583, in-16, fig. sur bois sur le titre, mar. r. fil. à froid, dent. int. tr. dor.

Edition rare, renfermant les traductions en français et en italien d'un amusant roman espagnol.

1976. L'Ingénieux chevalier Don Quichotte de la Manche (traduit de l'espagnol de Cervantès). *Paris, Desoer*, 1821, 4 vol. in-8, 4 titres-front. et 8 fig. par Desenne, demi-rel. mar. r. avec coins, dos orné, fil. tête dor. non rog. (*Darlaud frères.*)

Légère mouillure à 2 figures.

1977. De Voornaamste Gevallen van den wonderlyken Don Quichot... (Les principales Aventures de l'admirable Don Quichotte, représentées en figures par Picart le Romain, Coypel, etc.) *S'Hage, Pieter de Hondt*, 1746, in-8, 31 pl. gr. d'après Boucher, Cochin, Coypel, Picart, etc. demi-rel. v. ant. marb. avec coins, dos orné, *non rog.*

Edition recherchée pour les superbes estampes dont elle est ornée et qui se trouvent ici en *premier tirage*.
Exemplaire NON ROGNÉ auquel on a ajouté le *tirage à part* du fleuron du titre et de la vignette de dédicace de la version française parue sous la même date.

1978. Aventures et Espiégleries de Lazarille de Tormes, écrites par lui-même (par Hurtado de Mendoza). Nouvelle édition. *Paris, Impr. de Didot*, 1801, 2 vol. in-8, portrait et 39 pl. dessinés et gr. par Ransonnette, v. f. ant. ant. dos orné, fil.

Exemplaire avec les planches AVANT LA LETTRE.
La figure de la *Castration* est intacte.

1979. Vie et Aventures de Robinson Crusoé (par Daniel de Foé). Nouvelle édition. *Paris, Verdière*, 1821, 2 vol. in-8, portr. 18 fig. par Stothard et carte gr. et pliée, br. *non rog.*

Edition conforme à celle de Madame Panckouke, 1799.

1980. Voyages de Gulliver (traduits de l'anglais, de Swift, par l'abbé Desfontaines). *Paris, de l'Impr. de P. Didot l'aîné*, 1797, 4 parties en 2 vol. in-18, 1 front. et 9 pl. par Lefebvre, gr. par Masquelier, v. ant. écaille, dos orné, fil. tr. dor.

Jolie édition.
Petite piqûre de ver à la reliure.
L'abbé Guyot Desfontaines naquit à Rouen, le 29 juin 1685.

1981. Voyages de Gulliver dans les contrées lointaines, par Swift. Edition illustrée par Grandville. Traduction nouvelle. *Paris, Fournier*, 1838, 2 vol. in-8, front. sur chine volant et nombr. fig. sur bois, demi-rel. mar. bleu à long grain avec coins, dos orné, fil. *non rog.*

PREMIER TIRAGE.

1982. Œuvres de Walter Scott, traduites par A. J. B. Defauconpret, avec les introductions et les notes nouvelles de la dernière édition d'Edimbourg, et des notes nouvelles par Amédée Pichot. *Paris, Furne, Gosselin et Perrotin*, 1835-1836, 30 vol. in-8, front. gr. à chaque vol. portr. nombr. fig. sur acier, plans et cartes en couleur et fac-similé, *br. couvertures.*

1983. Notices and Anecdotes illustrative of the incidents, characters and scenery described in the Novels and Romances of Sir Walter Scott, with a complete glossary for all his Works. *Paris, Baudry*, 1833, gr. in-8, portr. par Watson et 27 pl. par Alfred et Tony Johannot, v. violet, comp. à froid, tr. dor.

Exemplaire avec les planches AVANT LA LETTRE sur CHINE.

1984. Œuvres de J.-F. Cooper, traduites par A.-J.-B. Defauconpret. *Paris, Furne et Gosselin*, 1839-1850, 28 vol. in-8, front. gr. à chaque vol. et fig. sur acier, *br. couvertures.*

1985. Œuvres de Gesner (*sic*). *Paris, Dufart, s. d.* 2 vol. in-8, 2 titres-front. par Marillier, portr. gr. par Delvaux et 24 fig. par Monnet, v. ant. rac. dos orné, fil. tr. dor.

Exemplaire sur papier fort, avec les figures AVANT LA LETTRE.
Petite tache au 1er f. de la préface.

1986. Œuvres de Salomon Gessner. *Paris, Renouard, an VII* (1799), 4 vol. in-8, pap. vélin, 3 portr. et 48 pl. par Moreau, demi-rel. v. f. avec coins, dos orné, *non rog.*

Jolie édition.

1987. Les Souffrances du jeune Werther, par Gœthe, traduction nouvelle (par La Bédoyère). *Paris, Didot l'aîné*, 1809, in-8, 3 fig. par Moreau, v. jaspé, dos orné, fil.

Exemplaire sur PAPIER VÉLIN, avec les figures AVANT LA LETTRE, auquel on a ajouté une suite de 47 portraits publiés par *Renouard* et gravés par Saint-Aubin pour les *Œuvres de Voltaire.*

1988. Mirza et Fatmé, Conte indien, traduit de l'arabe (par B.-J. Saurin). *La Haye (Paris)*, 1754, in-12, demi-rel. mar. r. avec coins, dos orné, fil. tête dor. (*Thierry, sr de Petit-Simier.*)

1989. Les Mille et une Nuits, Contes arabes, traduits en françois par Galland. Nouvelle édition, revue sur les textes originaux, et augmentée de plusieurs nouvelles... par M. Destains; précédée d'une notice historique sur Galland, par M. Charles Nodier. *Paris, Dupont*, 1827, 6 vol. in-8, 6 fig. par Westall, cart. *non rog.*

V. FACÉTIES. — PHILOLOGIE. — DIALOGUES ET ENTRETIENS. — ÉPISTOLAIRES.

1990. Admiranda rerum admirabilium Encomia, sive diserta et amœna Pallas disserens seria sub ludicrâ specie... *Noviomagi Batavorum, typis Reineri Smetii,* 1676, in-12, front. et 8 pl. gr. en taille-douce, mar. bleu, fil. à fr. tr. dor. (*Ganon.*)

Recueil peu commun.

Exemplaire possédant le frontispice et les 8 planches qui manquent souvent, dit Brunet.

1991. Nugæ venales (Le Petit thrésor latin des ris et de la joye, dédiés aux Révérends Pères de la mélancolie. Dernière édition, augmentée, corrigée et enrichie de figures). *A Londres, aux dépens de la Compagnie,* 1741, in-12, front. et fig. gr. sur cuivre, mar. vert, dos orné, fil. tr. dor (*Rel. anc.*)

Edition bien complète renfermant le *Pugna porcorum*, la *Crepundia Poëtica* et le *Canum cum catis Certamen.*

Petite tache à un f.

1992. Schola curiositatis sive Antidotum melancholiæ joco-serium, omnibus hypochondriacis et atrabili laborantibus, sive fratribus spleneticis et melancholicis. Editio tertia... authore Germano Warheit, veritatis studioso. *S. l. n. d.* 2 vol. in-12, front. gr. et plié, v. f. dos orné, fil. dent. int. tr. dor. (*Petit, succ*[r] *de Simier.*)

Recueil peu commun.

1993. Laus Asini, tertia parte auctior: cum alijs festivis opusculis, quorum seriem pagella sequens indicat. *Lugd. Batavorum, ex officina Elzeviriana,* 1629, in-24, titre-front. gr. mar. vert, dos orné, fil. dent. int. tr. dor. (*Padeloup.*)

Edition très augmentée de cette célèbre facétie de Daniel Heinsius. (*Willems. les Elzevier,* n° 315.)

Bel exemplaire provenant des bibliothèques de MIRABEAU l'aîné (1792) et de BONNIER (1800).

1994. Dan. Heinsii dissertatio epistolica, an viro literato ducenda sit uxor, et qualis ? Item ejusdem alia amœniora opuscula... *Lugduni Batavorum, Basson,* 1618, in-12, mar. bleu, dos orné, fil. dent. int. tr. dor. (*Rel. anc.*)

Ces dissertations de Daniel Heinsius sont suivies du *Nugarum Liber*, recueil de poésies de Jac. Eyndius ab Hœmstede.

Bel exemplaire.

1995. Apologie de Marus Equicolus, gentilhomme Italian, contre les mesdisantz de la Nation Françoise, traduicte de latin en françois (par Mich. Roté). *Paris, Vincent Sertenas,* 1550, pet. in-8 de 8 ff. prél. non ch. et 62 ff. non ch. v. f. ant. dos orné, fil. dent. int.

Ouvrage rare.

1996. La Magnifique Doxologie du festu, par Me Sebastian Rouillard, de Melun, advocat en Parlement. *Paris, Jean Millot*, 1610, pet. in-8, v. f. ant. dos orné, fil. tr. dor.

Rare.

1997. Les Plaisantes journées du Sr Favoral, où sont plusieurs rencontres subtiles pour rire en toutes compagnies. *Paris*, 1626, in-12, mar. citron, dos orné, fil. tr. dor. (*Rel. anc.*)

Exemplaire d'Heber. — Fort raccommodage au titre.

1998. Mémoires de l'Académie des colporteurs (par le comte de Caylus). *S. l. De l'Imprimerie ordinaire de l'Académie*, 1748, pet. in-8, front. fleuron, et 6 pl. gr. mar. r. dos orné, fil. tr. dor. (*Rel. anc.*)

Cet exemplaire ne renferme que 6 planches au lieu des 8 indiquées par Cohen ; celle de *Simon Collat* est répétée deux fois et celle de la *Male Bosse* a la marge extérieure rognée.
Ex-libris Victor Foucher.

1999. Agenda des auteurs, ou Calpin littéraire à l'usage de ceux qui veulent faire des livres. Ouvrage didactique pour le dix-huitième siècle (par Raymond ou Rémond de Saint-Sauveur, intendant du Roussillon). *Au Parnasse, de l'Impr. d'Anonime Fertile, Imprimeur ordinaire d'Apollon.* (*Paris*), 1755, in-12, v. ant. marb. dos orné.

Livre facétieux et d'une composition fort originale.

2000. La Pazzia. *S. l.* 1541, pet. in-8 de 24 ff. non ch. dont le dernier blanc, car. ital. fig. sur le titre, v. f. dos orné, fil. dent. int. tr. dor. (*Kœhler.*)

Facétie très rare attribuée à Ascanio Persio. — Le titre est orné d'une jolie figure sur bois.

2001. Le Champion des Femmes qui soustient qu'elles sont plus nobles, plus parfaites et en tout plus vertueuses que les hommes... par le Chevalier de L'Escale. *Paris, veufve Guillemot*, 1618, in-12, v. f. ant. dos orné, fil. tr. dor.

2002. Physiologie du Mariage, ou Méditations de philosophie eclectique, sur le bonheur et le malheur conjugal, publiées par un jeune célibataire (Honoré de Balzac). *Paris, Levavasseur*, 1830, 2 vol. in-8, demi-rel. v. brun, dos orné, tr. marb.

Edition originale.

2003. Banquet des Savans, par Athénée, traduit, tant sur les textes imprimés que sur plusieurs manuscrits, par M. Lefebvre de Villebrune. *Paris, chez Lamy, de l'Impr. de Monsieur*, 1789-1791, 5 vol. in-4, v. f. dos orné, dent. tr. dor. (*Bozérian jeune*)

Bel exemplaire sur grand papier vélin.

2004. Ludovici Cælii Rhodigini lectionum antiquarum libri XXX. *Basileæ (per Hier. Frobenium et Nic. Episcopium)*, 1550, fort vol. in-fol. car, ronds, v. ant. marb.

Ex-libris DELASIZE.

2005. Pièces fugitives d'histoire et de littérature anciennes et modernes, avec les Nouvelles historiques de France et des pays étrangers sur les ouvrages du tems et les nouvelles découvertes dans les Arts et les sciences, pour servir à l'Histoire anecdote des gens de lettres. *Paris, Cot*, 1704, 3 parties. — Pièces fugitives anciennes et modernes des auteurs connus et inconnus et les fragmens de celles qu'on ne sçauroit plus trouver (par Anthelme Tricaud et Du Perrier, sous les noms de Flachat de Saint-Sauveur et du S^r d'Aiglemont). *Paris, Giffart*, 1705-1706, 2 parties. — Ens. 5 parties en 2 vol. in-12, cart.

D'après les bibliographes la 4me partie qui fut supprimée est RARISSIME et ne se trouve dans aucune des Bibliothèques publiques de Paris.

2006. Elegantiores præstantium virorum Satyræ, quarum titulos et nomina auctorum, versa pagella exhibebit post præfationem. *Lugduni Batavorum, Maire*, 1655, 2 vol. in-12, front. gr. v. f. dos orné à petits fers, fil. dent. int. tr. dor. (*Bozérian jeune.*)

2007. Le Chef-d'œuvre d'un inconnu, poème heureusement découvert et mis au jour, avec des remarques savantes et recherchées, par M. le Docteur Chrisostome Matanasius (Hyacinthe Cordonnier, dit Saint-Hyacinthe). Huitième édition. *Lausanne, Bousquet*, 1754, 2 vol. in-12, 2 portr. et pl. gr. v. ant. marb.

2008. La Satire en France au Moyen Age, par C. Lenient. *Paris, Hachette*, 1859, in-12, demi-rel. mar. r. avec coins, dos orné, fil. tête dor. non rog. (*Behrends.*)

2009. Des. Erasmi Roterodami Adagiorum chiliades juxta locos communes digestæ. *Aureliæ Allobrogum, sumpt. Caldorianæ Societatis*, 1606, in-fol. à 2 col. v. f. ant. dos et plats semés de fleurs de lis, large dent. tr. dor.

Exemplaire aux armes de WIGNEROT DE RICHELIEU, abbé de Marmoutiers, de Saint-Ouen de Rouen. — Reliure légèrement fatiguée.

2010. Les Illustres Proverbes historiques, ou Recueil de diverses questions curieuses, pour se divertir agréablement dans les Compagnies. Ouvrage tiré des plus célèbres autheurs de ce temps. *Lyon, Olyer*, 1664, pet. in-12, vélin moderne.

Ouvrage qui eut beaucoup de succès; c'est la reproduction, avec quelques changements, d'un petit recueil de Fleury de Bellingen, publié à La Haye, en 1653, sous le titre de « *Les Premiers Essais de proverbes.* »

2011. Dictionnaire des Proverbes français (par Pierre de La Mésangère). Seconde édition. *Paris, Treuttel et Wurtz*, 1821, in-8, demi-rel. bradel mar. r. avec coins, dos orné, tête dor. non rog. (*Bretault.*)

2012. Ana, ou Collection de bons mots, contes, pensées détachées, traits d'histoire et anecdotes des hommes célèbres depuis la renaissance des lettres jusqu'à nos jours; suivis d'un choix de propos joyeux, mots plaisans, réparties fines et contes à rire, tirés de différens recueils (publiés par les soins de MM. Ch. T. Garnier et Beaucousin). *Amsterdam et Paris, Belin, an VII* (1789), 10 vol. in-8, br. *non rog.*

Les tomes V et VI comprennent les *Mélanges d'histoire et de littérature* de Bonaventure d'Argonne.

Légère mouillure au titre du tome I.

2013. De l'Art des Devises, par le P. Le Moyne, de la Compagnie de Jésus, avec divers Recueils de devises du mesme autheur. *Paris, Sébastien Mabre-Cramoisy*, 1666, front. gr. et 123 fig. sur cuivre. — Oraison funèbre de... Henri de La Tour-d'Auvergne, vicomte de Turenne... prononcée à Paris, dans l'Eglise de Saint-Eustache, le 10 de janvier 1676, par Monsieur Fléchier. *Paris, Mabre-Cramoisy*, 1676, 1 f. non ch. pour le titre, 55 pp. et 1 p. pour le privilège, fleuron sur le titre, vignette et cul-de-lampe par Cossin. — Ens. 2 ouvrages en 1 vol. in-4, front. et fig. gr. vélin à recouvr.

ÉDITIONS ORIGINALES.

2014. La Science et l'Art des Devises, dressez sur de nouvelles règles, avec six cens Devises sur les principaux évènemens de la vie du Roy et quatre cens Devises sacrées, dont tous les mots sont tirés de l'Ecriture Sainte, composées par le P. Menestrier. *Paris, Robert de la Caille*, 1686, in-8, vélin.

2015. Recherches sur les Jeux d'esprit, les singularités et les bizarreries littéraires, principalement en France, par A. Canel. *Evreux, Hérissey*, 1867, 2 vol. in-8, pap. de Hollande et fig. sur bois, demi-rel. v. f. avec coins, dos orné, fil. tête dor. non rog.

Bel exemplaire.

Alphrède Canel, né à Pont-Audemer (Eure), le 30 novembre 1803, mourut dans la même ville, le 20 janvier 1879.

2016. Marc de Vissac. Allégories & symboles, énigmes, oracles, fables, apologues, paraboles, devises, hieroglyphes, talismans, chiffres, monogrammes, emblèmes, armoiries. *Paris, Aubry*, 1872, gr. in-8, br.

Un des 60 exemplaires sur GRAND PAPIER.

2017. Le Festin de Xénophon, de la version de M. Le Fèvre. *A Saumeur et à Paris, chez Thomas Jolly*, 1666, in-12, v. f. ant. dos orné, tr. r.

Le traducteur de cet ouvrage, Tannegui Lefèvre, est né à Caen en 1615; il fut un des plus savants humanistes de son siècle.

Exemplaire aux armes du COMTE D'HOYM, incomplet d'un des ff. prél.

2018. Dialogues satyriques et moraux, par Monsieur Petit. *Suivant la copie de Paris, à Amsterdam, chez Pierre Mortier*, 1688, in-12, vign. sur bois sur le titre, mar. brun à long grain, fil. à fr. dent. int. tr. dor.

Ouvrage rare, non cité par Frère et par Brunet qui ne signalent que les *Discours satyriques* en vers, du même auteur.

Louis Petit, contemporain et ami de Corneille, naquit à Rouen, en 1615, et mourut dans cette même ville, en 1693.

2019. Les Entretiens d'Ariste et d'Eugène (par le P. Dom Bouhours). Quatrième édition, où les mots des Devises sont expliquez. *Paris, Sébastien Mabre-Cramoisy*, 1673, in-12, front. gr. v. f. dos orné, fil. et dent. à froid, tr. dor. (*Vogel.*)

2020. Les Entretiens curieux d'Hermodore et du voyageur incognu, divisés en deux parties, par le sieur de Sainct Agran. *Lyon, Jean Pillehotte*, 1634, in-4, vélin.

2021. L'Examen des Esprits, ou les Entretiens de Philon et Polialte, où sont examinées les opinions les plus curieuses des philosophes & des plus beaux esprits. Examen premier, des Origines, par le sieur N. de H. *Paris, Guignard*. 1672, in-12, mar. r. dos orné, fil. fleurs de lis aux angles, tr. dor. (*Rel. anc.*)

2022. Lettres (et nouveau Recueil de Lettres) choisies de feu M. Guy Patin, docteur en médecine... dans lesquelles sont contenuës plusieurs particularitez historiques, sur la vie et la mort des Sçavants de ce siècle, sur leurs écrits et plusieurs autres choses curieuses depuis l'an 1645, jusqu'en 1672; augmentées de plus de trois cents lettres dans cette dernière édition. *Roterdam, Reinier*, 1725, 5 vol. in-12, v. ant marb.

2023. Lettres de Critique, de littérature, d'histoire, etc. écrites à divers savants de l'Europe, par feu Monsieur Gisbert Cuper... publiées sur les origines par Monsieur de B** (Beyer). *Amsterdam, Arkstée et Merkus*, 1755, in-4, pl. gr. et pliées, v. ant. marb. dos orné, fil. tr. r.

VI. POLYGRAPHES. — COLLECTIONS ET MÉLANGES.

2024. Les Images, ou Tableaux de platte peinture des deux Philostrates, sophistes grecs et les statues de Callistrate, mis en françois par Blaise de Vigenère, Bourbonnois, enrichis d'arguments et annotations, reveus et corrigez sur l'original... et representez en taille douce en cette nouvelle édition, avec des épigrammes sur chacun d'iceux, par Artus Thomas, sieur d'Embry. *Paris, L'Angelier*, 1615, in-fol. titre-front. et pl. gr. v. ant. granit.

Bonne édition, ornée de 68 planches gravées par Jaspar Isac, Léonard Gaultier et Thomas de Leu.

Léger raccommodage aux premiers feuillets.

2025. Guilielmi Budæi, Parisiensis... de Asse et partibus ejus libri quinque, ab ipso authore novissime et recogniti et locupletati. — Gulielmi Budæi... libellorumque magistri in prætorio, altero editio Annotationum in Pandectas. — Annotationes Gulielmi Budæi... in quatuor et viginti Pandectarum libros, ad Joannem Deganaium Cancellarium Franciæ, postremum auctæ et recognitæ.— *Parisiis, Vascosanus,* 1541-1542. — Ens. 3 ouvrages en 1 vol. in-fol. portr. gr. v. brun ant. fil.

2026. Justi Lipsii Saturnalium sermonum libri duo, qui de Gladiatoribus. Editio ultima et castigatissima; 2 pl. et 8 fig. sur cuivre. — Justi Lipsii de Militia Romana libri quinque, commentarius ad Polibitum. Editio tertia, aucta varie et castigata; planche et 9 fig. sur cuivre et sur bois. — Justi Lipsii Analecta sive observationes reliquæ ad militia et hosche libros ; 10 fig. sur cuivre et sur bois. —*Antverpiæ, ex officina Plantiniana, apud Joannem Moretum,* 1602-1604. — Ens. 3 ouvrages en 1 vol. in-4, pl. et fig. vélin.

Légère cassure à la marge supérieure du titre du premier ouvrage.

2027. Justi Lipsii de Cruce libri tres. — Justi Lipsii admiranda, sive de magnitudine romana libri quatuor. — *Antverpiæ, ex officina Plantiniana,* 1629-1630. — Ens. 2 ouvrages en 1 vol. in-4, fig. gr. vélin à recouvr.

2028. Lilii Gregorii Gyraldi Ferrariensis Opera omnia... commentario Joannis Faes, et animadversionibus hactenus ineditis Pauli Colomesii, nec non indicibus emendatioribus ac locupletioribus illustrata, exhibet Joannes Jensius. *Lugduni Batavorum, Luchtmans,* 1696, 2 vol. in-fol. front. gr. v. brun ant. dos orné.

Bonne édition.

2029. Les Œuvres diverses de Monsieur Cyrano de Bergerac. *Amsterdam (Paris). Jacques Desbordes,* 1761, 3 vol. in-12, front. et portr. gr. v. ant. marb. dos orné, tr. r.

2030. Œuvres de Monsieur Scarron. Nouvelle édition... augmentée de l'Histoire de sa vie et de ses ouvrages, d'un Discours sur le style burlesque et de quantités de pièces... *Amsterdam, Wetstein,* 1752, 7 vol. pet. in-12, portr. et 6 fig. cart. non rog.

Edition la meilleure et la plus complète.
Exemplaire NON ROGNÉ.

2031. Œuvres complètes de Jean de La Fontaine, avec des notes et une nouvelle notice sur sa vie, par M. C. A. Walckenaër. *Paris, Furne,* 1835, gr. in-8, portr. et 12 fig. par Tony Johannot, demi-rel. v. f. dos orné, tr. marb.

Taches de rousseur.

2032. Œuvres complètes de La Fontaine. Nouvelle édition, revue avec un travail de critique et d'érudition, aperçus d'histoire littéraire, vie de l'auteur, notes et commentaires, par M. Louis Moland. *Paris, Garnier*, 1872, 2 vol. in-8, 2 portr. et 6 pl. gr. sur acier, br.

2033. Œuvres diverses de M. de Fontenelle. Nouvelle édition, augmentée et enrichie de figures gravées par Bernard Picart le Romain. *La Haye, Gosse et Neaulme*, 1728-1729, 3 vol. in-fol. texte encadré, 6 front. ou pl. nombr. vign. et culs-de-lampe par B. Picart, v. ant. marb. dos orné, fil. tr. dor.

Bernard Le Bovyer de Fontenelle naquit à Rouen, le 11 février 1657.

2034. Mémoires politiques, amusans et satiriques, de Messire J. N. D. B. C. de L. (Jean-Nicolas de Brasey, comte de Lyon), colonel du régiment de dragons de Casanski et brigadier des armées de Sa M. Czarienne. *A Veritopolie, chez Jean disant vrai* (*Amsterdam, Roger*), 1735, 3 vol. pet. in-8, front. portr. et 12 pl. dont 2 pliées (sur 20), demi-rel. v. brun avec coins, dos orné, fil. tête dor. *non rog.*

2035. Œuvres choisies de Piron. *A Genève* (*Paris, Cazin*), 1777, 2 vol. pet. in-12, portr. par Caffiéry, gr. par de Launay, mar. vert, dos orné, fil. tr. dor. (*Rel. anc.*)

2036. Œuvres complètes de Voltaire. *Paris, Sautelet*, 1827, 3 forts vol. in-8 à 2 col. pap. vélin, texte encadré, v. brun, dos orné, dent. et riches comp. à froid, dent. int. tr. marb. (*Rel. de l'époque.*)

Edition compacte.

2037. Œuvres complètes de J.-J. Rousseau, avec des éclaircissements et des notes historiques par P. R. Auguis. *Paris, Dalibon*, 1824-25, 27 vol. in-8, pap. vélin, portr. et pl. gr. d'après Devéria, demi-rel. v. brun, dos orné.

Raccommodage au faux-titre du tome XXI.

2038. Œuvres complètes de J.-J. Rousseau. *Paris, Verdière*, 1826, fort vol. in-8 à 2 col. pap. vélin, texte encadré, v brun, dos orné, dent. comp. et milieu à froid, tr. marb. (*Rel. de l'époque.*)

Edition compacte.

2039. Œuvres badines et morales, historiques et philosophiques de Jacques Cazotte. Première édition complète. *Paris, Bastien*, 1817, 4 vol. in-8, portrait et pl. gr. bas. ant. racine, dos orné.

2040. Œuvres de Florian. *Paris, Renouard*, 1812-1820, 16 vol. in-18, 80 fig. par Moreau et Desenne, v. vert, dos orné, fil. tr. marb. (*Rel. de l'époque.*)

Très jolie édition.

2041. Œuvres complètes (et inédites) de G. Legouvé. *Paris, Janet*, 1826-27, 3 vol. in-8, portrait et 6 pl. gr. d'après Colin, Desenne et Devéria, demi-rel. v. f. dos orné.

Exemplaire sur PAPIER VÉLIN.

2042. Œuvres de M. Palissot. Nouvelle édition. *Paris, de l'Impr. de Monsieur*, 1788, 4 vol. in-8, portrait et pl. gr. d'après Méon et Monnet, v. ant rac. dos orné, fil.

2043. Œuvres complètes de Lamartine. *Paris, Gosselin et Furne*, 1836-1837, 10 vol. gr. in-8, pap. vélin, titres gr. portr. et nombr. pl. sur acier, fleurons, vign. et culs-de-lampe sur bois, carte gr. et musique notée, br. *couvertures illustrées.*

2044. Œuvres choisies, littéraires, historiques et militaires du Maréchal Prince de Ligne, 2 vol.— Lettres et Pensées du Maréchal Prince de Ligne, publiées par Mad. la Baronne de Staël Holstein. Seconde édition.— *Paris et Genève, Paschoud*, 1809. — Ens. 3 vol. in-8, br.

2045. Œuvres de Augustin Thierry. *Paris, Furne*, 1851-53, 5 vol. in-8, portrait gr. demi-rel. chag. bleu, dos orné.

Histoire de la Conquête de l'Angleterre par les Normands, 2 vol. — Lettres sur l'Histoire de France. Dix ans d'études historiques. — Essai sur l'Histoire de la formation et des progrès du Tiers-Etat. — Récits des Temps Mérovingiens.

2046. Prose et vers, par M. P. Bourgoin. — In-4 de 24 ff. v. f. ant. dos orné, fil. dent. int.

Manuscrit autographe des premières années du XIXe siècle, d'une très bonne écriture ; chaque feuillet est encadré de filets rouges.

2047. Œuvres complettes d'Alexandre Pope, traduites en françois (par divers). Nouvelle édition (publiée par l'abbé de La Porte), revue, corrigée, augmentée du texte anglais mis à côté des meilleures pièces... *Paris, Duchesne*, 1779-1780, 8 vol. in-8, portr. par Kneller et 17 fig. par Marillier, v. ant. écaille, dos orné, fil. tr. marb.

2048. Bibliothèque latine-française, publiée par Panckoucke. *Paris, Panckoucke*, 1826-1839, 178 vol. in-8, cart. non rog.

Collection complète.
On a ajouté : Explication des Médailles de l'Iconographie de la Bibliothèque latine-française précédée d'une introduction numismatique sur le droit d'image, par M. Du Mersan. *Paris, Panckoucke*, 1835, gr. in-8, 24 pl. gr. cart. non rog.

2049. Nova Scriptorum latinorum Bibliotheca ad optimas editiones recensita lectissimis enodationibus annotata. Edidit C.-L.-F. Panckoucke. *Parisiis, Panckoucke*, 1828-1829, 5 vol. gr. in-8, en feuilles dans 5 étuis.

Q. Curtii de Rebus gestis Alexandri Magni, 2 vol. — Juvenalis et Persii Satiræ. — C. Valerii Flacci Argonauticon. — Vellei Paterculi Historiæ romanæ. L. Annæi Flori Epitome rerum romanarum.
Exemplaires UNIQUES sur PEAU DE VÉLIN.

2050. Amœnitas literariæ, quibus variæ observationes, scripta item quædem anecdota et rariora opuscula exhibentur (par Jo.-Georg. Schelhorn). *Francofurti et Lipsiæ, Bartholomæi*, 1725-1731, 14 tomes en 12 vol. pet. in-8, v. f. ant. dos orné.

Collection importante de dissertations curieuses, pour la plupart relatives à l'histoire de l'Imprimerie, à la bibliographie, à l'Imitation de Jésus-Christ, à la Papesse Jeanne, à la littérature, etc.

2051. Collection des anciens Monumens de l'Histoire et de la langue françoise. *Paris, Crapelet*, 1829-1835, 13 vol. gr. in 8, pap. vélin, portr. pl. et fac-similés en noir et *coloriés*, cart. *non rog.*

Cette belle collection se compose des ouvrages suivants : Vers sur la Mort, par Thibaud de Marly. — Lettres de Henri VIII à Anne de Boleyn. — Le Combat de trente Bretons. — Histoire de la Passion de Jésus-Christ. — Le Pas d'arme de la Bergère. — L'Histoire du Chatelain de Coucy. — Cérémonies des Gages de bataille. — Proverbes et dictons populaires. — Poésies morales et historiques d'Eustache Deschamps. — Tableau de Mœurs au Xe siècle. — Les Demandes faites par le Roi Charles VI. — Partonopeus de Blois, 2 vol.

On a ajouté : Recherches sur les sources antiques de la littérature française, par Jules Berger de Xivrey. *Paris, Crapelet*, 1829, gr. in-8, pap. vélin, cart. non rog.

2052. Société des anciens textes français. *Paris, Firmin-Didot*, 1875-1881, 26 vol. in-8, pap. vergé, cart. perc. grenat et r. non rog. et 1 vol. in-fol. avec pl. cart. dos de perc. grenat.

Aiol. Chanson de geste. — Brun de la Montagne. — Chansons du XVe siècle. — Chronique du Mont-Saint-Michel, (*tome I*). — Daurel et Beton. — Le Débat des Hérauts d'armes. — Œuvres d'Eustache Deschamps, 3 vol. (*tomes I à III*). — Elie de Saint Gille. — Guillaume de Palerne. — Miracles de Nostre Dame, 6 vol. — Le Mistère du Viel Testament, 4 vol. — Raoul de Cambrai. — Le Saint voyage de Jherusalem. — Les Sept Sages de Rome. — La Vie de Saint Gilles. — Les plus Anciens Monuments de la langue française (IXe, Xe siècles), album in-fol. de 10 pl. en héliogravure et montées sur onglets.

On a ajouté : Bulletin de la Société. *Paris*, 1875-1886, 12 années en 29 livraisons in-8, br.

2053. Bibliothèque Elzevirienne. *Paris, Jannet et Daffis*, 1853-1877, 47 vol. in-12, pap. vergé, cart. perc. r. non rog. sauf 2 en demi-rel. mar. r. avec coins.

D'Argenson. Mémoires, 5 vol. — Campion. Mémoires. — Catalogue raisonné de la bibliothèque elzevirienne. — Chronique de Charles VII, 3 vol. — Courriers de la Fronde, 2 vol. — Dolopatos (Li romans de). — Don Juan de Vargas. Aventures. — Extrait des mémoriaux de l'abbaye de Saint-Aubin-des-Bois. — Floire et Blanceflor. — Furetière. Le Roman bourgeois. — Gérard de Rossillon. — Gringore. Œuvres, 2 vol. — Hitopadésa. — Le Livre de l'Internelle consolacion. — La Bruyère, 2 vol. — Mme de La Guette. Mémoires. — La Rochefoucauld. Réflexions, sentences et maximes morales. — Laudonnière. Histoire de la Floride. — Lescurel. Chansons, ballades et rondeaux. — Livre des peintres et graveurs. — Mélusine, par Jehan d'Arras. — Mémoires pour servir à l'Histoire de l'Académie de peinture, 2 vol. — Nouvelle fabrique des excellents traits de vérité. — Nouvelles françoises en prose des XIIIe et XIVe siècles, 2 vol. — Racan. Œuvres, 2 vol. — Scarron. Le Roman comique, 2 vol. — Sénecé. Œuvres choisies et Œuvres posthumes, 2 vol. — Somaize. Dictionnaire des Précieuses, 2 vol. — Tavannes et Balthazar. Mémoires. — Violier des Histoires romaines. — Tabarin. Œuvres complètes, 2 vol.

2054. Bibliothèque gauloise. *Paris, Delahays*, 1858-1859, 9 vol. in-12, pap. vergé, cart. perc. verte, non rog.

Chronique de la Pucelle, ou Chronique de Cousinot. — Histoire maccaronique de Merlin Coccaie (Th. Folengo). — Le Livre des proverbes français, 2 vol. — Paris ridicule et burlesque au XVIIe siècle. — Recueil de Farces, soties et moralités du XVe siècle. — Le Virgile travesti de Paul Scarron. — La Vraie histoire comique de Francion, par Charles Sorel. — Vaux-de-Vire d'Olivier Basselin et de Jean Le Houx.

2055. Bibliothèque de poche, par une Société de gens de lettres et d'érudits. *Paris, Paulin*, 1847-1857, 9 vol. in-12, demi-rel. mar. r. avec coins, dos orné, fil. tête dor. ébarbé. (*David.*)

Curiosités militaires ; littéraires ; bibliographiques ; des traditions, mœurs, etc. des beaux-arts et de l'archéologie ; biographiques ; philologiques, géographiques et ethnologiques ; anecdotiques ; historiques.

Très bel exemplaire.

2056. Nouvelle Bibliothèque de poche, par MM. Fournel, P. Lacroix, Louvet et Warée. *Paris, Delahays*, 1858-1862, 10 vol. in-12, demi-rel. mar. r. avec coins, dos orné, fil. tête dor. ébarbé. (*David.*)

Curiosités : des Croyances populaires au Moyen Age ; de l'économie politique ; judiciaires ; de l'histoire des arts ; de l'histoire de France, 2 vol ; des sciences occultes ; théâtrales ; théologiques ; de l'histoire du vieux Paris.

Très bel exemplaire.

2057. Collection Hetzel et Lévy. *Paris, Michel Lévy*, 1855-1859, 30 vol. in-32, br. couvertures.

Les Abbés galants. — J. Baissac. Les Femmes dans les temps anciens et modernes, 2 vol. — H. de Balzac. Maximes et pensées. — A. de Belloy. Physionomies contemporaines. — A. Bougeard. Les Moralistes oubliés. — Em. Deschanel : Le Bien et le mal qu'on a dit de l'amour, des femmes et des enfants, 5 vol. ; Les Courtisanes grecques ; Histoire de la conversation. — X. Eyma. Excentricités américaines. — Th. Gautier. Jettatura. — Gœthe. Le Renard. — O. Goldsmith. Voyage d'un Chinois en Angleterre. — L. Gozlan. Une Soirée dans l'autre monde. — F. de Gramont. Comment on se marie. — Th. Joliet. L'Esprit de Diderot. — E. de La Bédollière. Histoire de la Mode en France. — Larcher et Jullien. De la Fidélité et de l'infidélité. — Martin. Esprit de Voltaire. — Ch. Monselet : Le Musée secret de Paris ; La Cuisinière poétique. — Henry Monnier. Les Petites gens. — Eug. Noël : La Vie des fleurs ; Rabelais. — P.-J. Stahl : De l'Amour et de la jalousie ; L'Esprit des femmes.

2058. LES GRANDS ÉCRIVAINS DE LA FRANCE. Nouvelles éditions publiées sous la direction de M. Ad. Regnier. *Paris, Hachette*, 1862-1902, 91 vol. 3 notices biographiques, 2 appendices et 9 albums gr. in-8, br.

Exemplaires numérotés sur GRAND PAPIER VÉLIN.

Œuvres de : P. Corneille, 12 vol. une notice biographique et 1 album. — La Bruyère, 3 tomes en 4 vol. (*tomes I à III*), une notice biographique et 1 album. — La Fontaine 9 vol. (*tomes I à IX*) et 1 album. — La Rochefoucauld, 3 tomes en 4 vol. une notice biographique, 1 appendice et 1 album. — Malherbe, 5 vol. et 1 album. — Molière, 11 vol. (*tomes I à XI*) et 1 album. — Pascal, 1 vol. (*tome I*). — Racine, 6 vol. (*tomes I, II, IV à VI et VIII*) et 2 albums. — Cardinal de Retz, 9 vol. (*tomes I à IX*). — Lettres de Madame de Sévigné, 14 vol. 1 appendice et 1 album. — Mémoires de Saint-Simon, 16 vol. (*tomes I à XVI*).

On a ajouté : Lettres inédites de Madame de Sévigné à Madame de Grignan sa fille, publiées par Charles Capmas. *Paris, Hachette*, 1876, 2 vol. gr. in-8, br. — Ecrits inédits de Saint-Simon publiés par M. P. Faugère. *Paris, Hachette*, 1880-1888, 7 vol. (*tomes I à VII*) gr. in-8, br. — Ces deux ouvrages sont également sur GRAND PAPIER VÉLIN.

Ensemble 100 volumes.

2059. Recueil A-Z (publié par Pérau, Meusnier de Querlon, Mercier Saint-Léger, de La Porte, Et. de Barbazan et Graillard de Graville). *A Fontenoy* (*Paris et Bruxelles*), 1745-1762, 24 tomes en 12 vol. in-12, v. ant. marb.

2060. Le Spectateur français au XIXe siècle, ou Variétés morales, politiques et littéraires, recueillies des meilleurs écrits périodiques (de MM. de Felets, de Bonald, de Belmare, de Chateaubriand, Doigny, Fievée, Berchoux, Dussault, etc.), 12 vol. — Le Spectateur français depuis la restauration du trône de St Louis et de Henri IV... faisant la suite du Spectateur français au XIXe siècle, 3 vol. — *Paris*, 1805-1817. — Ens. 15 vol. in-8, v. ant. marb. dos orné.

2061. Mélanges d'Histoire, de Littérature, etc. tirés d'un Porte-feuille (publiés par Quintin Craufurd, Ecossais). *S. l.* (*Paris*), 1809, in-4, bas. ant. marb. dos orné.

Le Journal de Madame du Hausset, femme de chambre de Mme de Pompadour, est ici en ÉDITION ORIGINALE, il occupe les pages 399 à 596.

2062. Esprit du Mercure de France, depuis son origine jusqu'à 1782, ou Choix des meilleures pièces de ce journal tant en prose qu'en vers, contenant des Anecdotes curieuses, littéraires et politiques, des Chansons, Epigrammes, Madrigaux et autres pièces de poésies, etc. (par Jean-Toussaint Merle). *Paris, Barba*, 1810, 3 vol. in-8, demi-rel. bas. brune.

HISTOIRE

I GÉOGRAPHIE. — VOYAGES.

2063. Méthode pour étudier l'Histoire, avec un catalogue des principaux historiens et des remarques sur la bonté de leurs ouvrages et sur le choix des meilleures éditions, par M. l'abbé Lenglet du Fresnoy. Nouvelle édition augmentée et ornée de cartes géographiques, 4 vol. — Supplément... 2 parties en 1 vol. — *Paris, Gandouin et Rollin*, 1729-1741. — Ens. 5 vol. in-4, nombr. cartes gr. et pliées, v. ant. granit, dos orné.

2064. Dictionnaire historique des Villes, isles, régions, royaumes, montagnes, fleuves, etc. divisé en deux parties, dont la première contient les mots latins et françois ; la seconde, les françois et les latins... composé par Me François Fondeur, prêtre, chapelain en la Cathédrale de Laon... *Laon, Rennesson*, 1680, 2 parties en 1 vol. in-4 à 2 col. v. ant. granit.

2065. Dictionnaire universel géographique et historique, contenant la Description des Royaumes, Empires, Estats, Provinces, Pays, Contrées... la situation, l'estendue, les limites, les distances de chaque pays ; la Religion, les mœurs... les Cérémonies particulières des peuples et ce que l'Histoire fournit de plus curieux touchant les choses qui s'y sont passées. Le tout recueilli... par M. Corneille, de l'Académie françoise. *Paris*, *Jean-Baptiste Coignard*, 1708, 3 vol. in-fol. à 2 col. v. f. ant. dos orné, tr. r.

Exemplaire portant sur le dos les armes de ROHAN, PRINCE DE SOUBISE.
Thomas Corneille naquit à Rouen, le 20 août 1625, et mourut au Grand-Andely, le 8 décembre 1709.

2066. Notitia Orbis antiqui, sive geographia plenior, ob ortu Rerum publicarum ad Constantinorum tempora orbis terrarum faciem declarans. Christophorus Cellarius ex vetustis probatisque monimentis collegit, et novis tabulis geographicis, singulari cura et studio delineatis illustravit... *Lipsiæ*, *Gleditsch*, 1701-1706, 2 tomes en 4 vol. in-4, portr. cartes et vign. gr. v. f. ant. dos orné, fil. tr. dor.

Exemplaire de LONGEPIERRE avec son emblême (la Toison d'or) sur les dos et les plats de la reliure.

2067. La Cosmographie universelle de tout le monde en laquelle, suivant les auteurs les plus dignes de foy, sont au vray descriptes toutes les parties habitables de la Terre et de la Mer... avec leurs plantz et pourtraictz, et surtout de la France, non encor jusques a présent veus ny imprimez... Auteur en partie Munster, mais beaucoup plus augmentée, ornée et enrichie par François de Belle-Forest... *Paris*, *Sonnius et Chesneau*, 1575, 3 parties en 2 forts vol. in-fol. nombr. pl. plans, cartes et fig. sur bois, v. ant. non unif. (*Rel. du tome II très fatiguée.*)

Raccommodages à quelques planches et au titre du tome II. — Le tome I contenant la France est assez bien conservé.

2068. Les Costes de la mer Méditerranée en plusieurs Cartes, par P. Du-Val, géographe du Roy. *Paris*, *chez l'auteur*, *s. d.* in-4 obl. titre-front. et 12 cartes gr. v. brun ant.

Exemplaire aux armes du BARON D'ALÈGRE.

2069. Relation d'un Voyage du Levant... contenant l'Histoire ancienne et moderne de plusieurs Isles de l'Archipel de Constantinople, des Côtes de la mer Noire, de l'Arménie, de la Géorgie, des frontières de Perse et de l'Asie Mineure, avec les plans des villes et des lieux considérables... enrichie de descriptions et de figures d'un grand nombre de plantes rares, de divers animaux et de plusieurs observations touchant l'Histoire naturelle, par M. Pitton de Tournefort. *Paris*, *Impr. Royale*, 1717, 2 vol. in-4, 150 pl. plans ou cartes gr. v. ant. marb. dos orné, tr. r.

Bonne édition de cet ouvrage estimé.

2070. A Bibliographical antiquarian and picturesque tour in France and Germany, by the Rev. Tho. Frognall Dibdin. *London*, *printed for the author*, *by W. Bulmer and W. Nicol*, 1821, 3 forts vol. gr. in-8, pap. vélin, nombr. pl. et fig. gr. cart. *non rognés*.

PREMIÈRE ÉDITION de cet ouvrage curieux et fort recherché pour les nombreuses gravures dont il est orné.

2071. A Bibliographical antiquarian and picturesque tour in France and Germany, by the Rev. Tho. Frognall Dibdin. Second edition. *London, R. Jennings & J. Major*, 1829, 3 vol. in-8, portr. pl. et fig. gr. cart. demi-perc. bleue, *non rog.*

2072. Voyage bibliographique, archéologique et pittoresque en France, par le Rev. Th. Frognall Dibdin, traduit de l'anglais avec des notes par MM. Théod. Licquet et G.-A. Crapelet. *Paris, Crapelet*, 1825, 4 vol. in-8, fig. sur bois et pl. de fac-similés, br. *non coupé.*

2073. Voyage littéraire de la Grèce, ou Lettres sur les Grecs anciens et modernes, avec un parallèle de leurs mœurs, par M. Guys. Troisième édition. *Paris, Ve Duchesne*, 1783, 4 vol. in-8, jolies pl. gr. cart. *non rog.*

2074. Voyage de Constantinople à Bassora, en 1781, par le Tigre et l'Euphrate, et retour à Constantinople en 1782, par le Désert et Alexandrie, par l'Académicien Sestini. Traduit de l'italien (par le C. de Fleury). *Paris, Dupuis, an VI* (1798), in-8, carte, demi-rel. v. f. dos orné.

Une particularité recommande ce livre aux bibliophiles. Il est entièrement imprimé sur du papier vélin, *fabriqué spécialement pour les assignats de 20 francs.* Chaque feuillet se compose de trois assignats dont on voit la valeur indiquée au clair dans la pâte du papier. On a calculé que chaque exemplaire représentait ainsi une valeur nominale de 10 440 francs.

C'est le seul livre qui offre cette particularité.

2075. Voyages faits principalement en Asie dans les XIIe, XIIIe, XIVe et XVe siècles, par Benjamin de Tudele, Jean du Plan-Carpin, N. Ascelin, G. de Rubruquis, Marc Paul Venitien, Haiton, Jean de Mandeville et Ambroise Contarini, accompagnés de l'Histoire des Sarasins et des Tartares... par Pierre Bergeron. *La Haye, Néaulme*, 1735, 2 vol. in-4, 5 cartes gr. et pliées et nombr. fig. sur cuivre, v. ant. granit.

2076. Voyage aux Indes Orientales et à la Chine, fait par ordre du Roi, depuis 1774 jusqu'en 1781... par M. Sonnerat. *Paris, Barrois*, 1782, 2 vol. in-4, 2 gr. cartes gr. et pliées, dont une en couleur et 140 pl. gr. cart. *non rog.*

2077. Voyage (et second Voyage) de M. Levaillant dans l'intérieur de l'Afrique, par le Cap de Bonne-Espérance, dans les années, 1780, 81, 82, 83, 84 et 85. *Paris, Leroy et Jansen*, 1790-1795, 4 tomes en 2 vol. in-4, nombr. pl. gr. bas. ant. rac. dos orné, fil. tr. dor.

Première édition de ces deux voyages intéressants, dont la rédaction est attribuée à Casimir Varon.

Exemplaire sur grand papier avec les planches coloriées.

2078. Nouvelle relation de l'Afrique Occidentale, contenant une Description exacte du Senegal et des païs situés entre le Cap-Blanc & la rivière de Serrelionne... par le P. J.-B. Labat. *Paris, Cavelier*, 1728, 5 vol. in-12, nombr. pl. et cartes gr. v. brun.

Ouvrage rédigé d'après les Mémoires d'André Brüe.

2079. Christophe Colomb et la Découverte du Nouveau Monde, par M. le Marquis de Belloy, compositions et gravures par Léopold Flameng. *Paris, Ducrocq, s. d.* in-4, portrait et pl. gr. à l'eau-forte, fig. sur bois, demi-rel. chag. r. dos orné, plats de perc. tr. dor.

2080. Voyages en Amérique, en Italie, etc. par M. le vicomte de Chateaubriand. *Paris, Lefèvre,* 1829, gr. in-8, pap. vélin, portr. par Hopwood gr. sur acier, v. brun, dos orné, fil. comp. et milieu dor. et à froid, dent. int. tr. peigne. (*Cassassus.*)

Reliure romantique très fraîche sauf une légère éraflure sur le dos.

2081. Vera historia admirandæ cujusdam navigationis, quam Huldericus Schmidel, Straubigensis, ab anno 1534 usque ad annum 1554 in Americam vel novum Mundum, juxta Brasiliam et Rio della Plata confecit... ab ipso Schmidelio germanice descripta, nunc vero... in hanc formam reducta (a Livinio Hulsio). *Norimbergæ, impensis Levini Hulsii,* 1599, in-4, fig. et pl. gr. vélin.

Ouvrage fort rare, un des plus intéressants publiés sur l'Amérique du Sud à l'époque de la conquête ; il est écrit avec simplicité et ne renferme aucune exagération.

Notre exemplaire possédant un plus grand nombre de figures que celui indiqué par Brunet, nous en donnons la description exacte : 1 f. non ch. pour le titre avec une figure sur cuivre et 101 pp. de texte dont les cinq premières sont occupées par la dédicace à l'évêque de Bamberg (avec ses armes gravées) et un avis au lecteur de L. Hulsius ; portrait en pied d'Ulrich Schmidel et 19 curieuses planches gravées en taille-douce.

On a relié à la suite : Brevis et admiranda descriptio regni Guianæ, auri abundantissimi in America... quod nuper admodum, annis nimirum 1564, 1595 & 1596, per generosum dominum. Dn. Gualtherum Ralegh, equitem anglum detectum est... *Noribergæ Hulsii,* 1599, 3 ff. prél. non ch. (dont le titre avec une figure), 12 pp. et 1 f. non ch. 2 cartes pliées et 2 planches gravées en taille-douce.

Brunet indique seulement 17 planches pour le premier ouvrage et 7 pour le second, soit un total de 24 fig. Notre exemplaire en renferme le même nombre mais réparties différemment.

Raccommodage en marge des 4 premiers ff. de l'ouvrage de Schmidel, dont l'un atteignant légèrement le texte.

II. CHRONOLOGIE. — HISTOIRE UNIVERSELLE.

2082. Josephi Scaligeri Julii Cæsaris F. Opus de emendatione temporum : hac postrema editione, ex auctis ipsius manuscripts emendatius, magnaque accessione auctius ; addita veterum græcorum fragmenta selecta... *Genevæ, typis Roverianis,* 1629, in-fol. v. f. ant. dos orné, fil. (*Rel. fatiguée.*)

Bonne édition, corrigée et augmentée d'après les manuscrits de l'auteur. Exemplaire aux troisièmes armes et au chiffre de Jacques-Auguste de Thou.

2083. L'Art de vérifier les dates des faits historiques, des chartes, des chroniques et autres anciens monumens, depuis la naissance de notre Seigneur, par le moyen d'une table chronologique... un calendrier perpétuel... par des religieux Bénédictins de la Congrégation de S. Maur (commencé par d'Antine, D. Clément et D. Durand, continué et publié par D. F. Clément). *Paris, Desprez*, 1750, 2 tomes en 1 vol. gr. in-4, v. ant. granit.

Ouvrage très estimé.

2084. (CHRONICORUM LIBER, PER HARTMANNUS SCHEDEL.) Registrum || hujus ope||ris libri cro||nicarum || cū figuris et ymagī||cus ab initio mū||di : || (A la fin :) *Hunc librum dominus Anthonius Koberger Nuremberge impressit... Michaele Wolgemut et Wilhelmo Pleydenwurff, quarū solerti acuratissimaqꝫ animadversione tum civitatum tum illustrium virorum figure inserte sunt. Consummatu autem duodecima mensis Julij. Anno salutis nrc* 1493, gr. in-fol. goth. fig. sur bois, lettres ornées, vélin estampé. (*Rel. de l'époque.*)

PREMIÈRE ÉDITION de ce livre connu sous le nom de *Chronique de Nuremberg*, très remarquable à cause des jolies gravures sur bois dont il est orné et qui sont au nombre de plus de 2000.

Exemplaire bien conforme à la description donnée par Brunet (I, col. 1860) et possédant tous ses ff. blancs. — Légère mouillure et petite piqûre de ver dans la marge inférieure des premiers ff. ; raccommodage à 6 ff. vers la fin du vol. dont deux atteignent un peu une carte ; le f. ccxcvii manque.

2085. Le Promptuaire de tout ce qui est advenu plus digne de mémoire, depuis la création du monde jusques à présent, auquel ont esté adioustez (à ceste seconde édition) les cathalogues des Papes, Empereurs et Rois de France... par Jean d'Ongoys Morinien. *Paris, Jean de Bordeaux*, 1579, fort vol. in-16, fig. sur bois, mar. r. jans. dent. int. tr. r. (*Malet.*)

Edition la plus complète de cet ouvrage rare.

2086. Discours sur l'Histoire universelle à Monseigneur le Dauphin, pour expliquer la suite de la Religion et les changemens des Empires... depuis le commencement du monde jusqu'à l'Empire de Charlemagne, par Messire Jacques Benigne Bossuet, Evesque de Condom... *Paris, Sébastien Mabre-Cramoisy*, 1681, in-4, v. ant. marb. dos orné.

EDITION ORIGINALE.

2087. Le Grand Théâtre historique, ou nouvelle Histoire universelle, tant sacrée que profane, depuis la création du Monde, jusqu'au commencement du XVIIIe siècle... (rédigé par P. Gueudeville). *Leide, Pierre Vander Aa*, 1703, 5 tomes en 4 vol. in-fol. 28 pl. contenant 588 portr. gr. carte et nombr. fig. sur cuivre, v. ant. granit.

Nicolas-P. Gueudeville naquit à Rouen, vers 1654.

2088. Cérémonies nuptiales de toutes les Nations, par le Sr de Gaya. *Paris, Estienne Michallet*, 1680, pet. in-12, demi-rel. v. f. dos orné, tr. peigne.

III. HISTOIRE DES RELIGIONS.

2089. Cérémonies et Coutumes religieuses de tous les peuples du monde représentées par des figures dessinées de la main de Bernard Picart, avec une explication historique et quelques dissertations curieuses. *Amsterdam, Bernard*, 1723-1743, 8 tomes en 9 vol. — Superstitions anciennes et modernes : préjugés vulgaires qui ont induit les peuples à des usages et à des pratiques contraires à la Religion. *Amsterdam, Bernard*, 1733-1736, 2 vol. — Ens. 11 vol. in-fol. nombr. pl. par B. Picart, v. ant. marb. dos orné, large dent. tr. marb.

Bel exemplaire du premier tirage.

2090. Nouvelles ecclésiastiques, ou Mémoires pour servir à l'Histoire ecclésiastique des années 1728 à 1793 (par les abbés Boucher, Berger, de La Roche Troya, Guidy, Rondet, Larrière, de Saint-Marc, Mouton). *S. l.*, 1728 (*origine*) *à* 1793, 62 années en 17 vol. — Table raisonnée et alphabétique, depuis 1728 jusqu'en 1760 inclusivement (par l'abbé Bonnemare). *S. l.* 1767, 2 vol. — Ens. 19 vol. in 4 à 2 col. titre-front. et vign. gr. v. ant. marb.

Ouvrage rare, généralement connu sous le nom de *Gazette ecclésiastique*.

Notre exemplaire est précédé de : *Nouvelles ecclésiastiques depuis l'arrivée de la Constitution en France jusqu'au 23 février 1728, que les dites Nouvelles ecclésiastiques ont commencé d'être imprimées. S. l. n. d.* (1713-1727), 15 années en 194 pp. avec une planche gr. (*très rare.*)

Le tome VIII contenant les années 1753 à 1756 manque.. On a ajouté au tome la Preuves de la liberté de l'Eglise de France dans l'acceptation de la Constitution Unigenitus. *Amsterdam*, 1726, 5 pièces *y compris 4 suppléments.* — La Calomnie portée au dernier excez contre les appellans par MM. de Marseille, de Cambray et de Beauvais. *S. l.* 1728, 25 pp. — Règles de M. Nicole pour les temps d'épreuve et de persécution. *S. l. n. d.* 8 pp.

2091. — Le même ouvrage, de 1728 à 1737. *Utrecht*, 1735-1738, 10 années en 3 vol. in-4, v. brun ant.

Les dix premières années.

2092. Parthénie, ou Histoire de la très-auguste et très-dévote Eglise de Chartres ; dédiée par les vieux Druides en l'honneur de la Vierge qui enfanteroit : avec ce qui s'est passé de plus mémorable au faict de la Seigneurie, tant spirituelle que temporelle en la dicte Eglise, ville et païs Chartrain, par Me Sébastian Roulliard, de Melun. *Paris, Rollin Thierry*, 1609, 2 parties en 1 vol. in-8 front. et portr. gr. et vign. sur le titre, v. ant. marb.

Ouvrage très recherché renfermant de nombreux et curieux détails.

Signature autographe d'Etienne Baluze sur le titre.

2093. Audin : Histoire de Léon X et de son siècle. Troisième édition ; 2 vol. — Histoire de Henri VIII et du Schisme d'Angleterre ; 2 vol. — *Paris, Maison*, 1847-1850. — Ens. 4 vol. in-8, portrait, pl. de fac-similés, chag. plein bleu et vert, dos orné, fil. et comp. tr. dor. (*Rel. de l'époque.*)

2094. Histoire du Concile de Trente, de Fra Paolo Sarpi... traduite par le sieur de La Mothe-Josseval... avec des remarques historiques, politiques et morales. *Amsterdam, Blaeu*, 1683, in-4, mar. r. dos orné, fil. dent. int. tr. dor. (*Rel. anc.*)

2095. Histoire de l'Abbaye Royale de Saint Germain des Prez, contenant la vie des Abbez qui l'ont gouvernée depuis sa fondation, les hommes illustres qu'elle a donnez à l'Eglise et à l'Etat... par Jacques Bouillart... *Paris, Dupuis*, 1724, in-fol. 23 pl. ou plans gr. v. ant. marb. dos orné.

2096. Histoire générale de Port-Roïal, depuis la réforme de l'abbaïe jusqu'à son entière destruction (par Dom Charles Clémencet). *Amsterdam, Van Duren* (*Paris, Barrois*), 1755-1757, 10 vol. in-12, v. ant. marb. dos orné, tr. r.

Ouvrage très recherché.

2097. La Vie du B. Père Ignace de Loyola... dernièrement traduicte par un Père de ladicte Compagnie (le P. Favard), du latin du P. Pierre Ribadenera et enrichie de plusieurs choses tirées du P. Maffee... nouvellement augmentée d'une bonne partie, qui manquoit aux précédentes impressions. *Arras, Guillaume de La Rivière*, 1607, in-8, vélin.

2098. Un Collège de Jésuites aux XVIIe & XVIIIe siècles. Le Collège Henri IV de La Flèche, par le P. Camille de Rochemonteix. *Le Mans, Leguicheux*, 1889, 4 vol. in-8, pl. br.

On a ajouté une LETTRE AUTOGRAPHE de l'auteur.

2099. Vie admirable de Madame S. Claire, fondatrice des pauvres Clairisses, par F. François Hendricq, religieux de l'estroite observance de S. François, Père confesseur des Clairisses de S. Omer. *S. Omer, vefve Charles Boscart*, 1631, in-8, fig. sur le titre, vélin.

Mouillure.

2100. Histoire des Chevaliers de l'Ordre de S. Jean de Hierusalem... cy-devant escrite par le feu S. D. B. S. D. L. (ou plutôt traduite de l'italien de Jacques Bosio, par le sieur de Boissat, seigneur de Licieu), divisée par chapitres et augmentée de sommaires sur chaque livre et d'annotations à la marge; ensemble d'une traduction des establissemens et des statuts de la Religion, par J. Baudouin. Dernière édition... enrichie d'un grand nombre de figures en taille-douce et illustrée d'une ample chronologie des vies des Sérénissimes Grands-Maîtres... par F.-A. de Naberat. *Paris, Joly*, 1659, 3 parties en 1 vol. in-fol. front. gr. titre de la 3e partie avec un bel encadrement sur bois, nombr. portr. et pl. gr. v. ant. marb. fil. (*Rel. fatiguée.*)

Exemplaire aux armes de la CHARTREUSE DE BOURBON, *dite de Gaillon* (Eure).

2101. Histoire de l'Ordre militaire des Templiers, ou chevaliers du Temple de Jérusalem, depuis son établissement jusqu'à sa décadence et sa suppression, par Pierre Du Puy. Nouvelle édition... augmentée d'un grand nombre de pièces justificatives. *Brusselles, Foppens*, 1751, in-4, 2 portr. gr. v. brun ant. dos orné, fil.

2102. Flos Sanctorum, seu Vitæ et res gestæ Sanctorum ex probatis scriptoribus selectæ, et in formam Concionum singulari cura ad usum concionatorum accommodatæ primum hispanicè à R. P. Petro Ribadeneira... nunc verso latine traductæ... *Coloniæ Agrippinæ, Kinchius*, 1630, 2 tomes en 1 vol. in-fol. à 2 col. titre-front. gr. vélin à recouvr.

2103. Les Fleurs des Vies des Saints et des Festes de toute l'année... composées en espagnol par le R. P. Ribadeneira... traduites en français par M. René Gautier... ausquelles ont été ajoutées celles de plusieurs Saints de France, par M. André Du Val... et mises dans la pureté de notre langue par M. Baudoüin... *Paris*, 1653-1667, 2 tomes en 1 vol. in-fol. à 2 col. front. et 12 pl. gr. sur cuivre, v. brun ant. fermoir.

Ouvrage rare.
Les premiers ff. du tome I sont détachés du volume. — Cassures, mouillures et raccommodages.

2104. Vie de Monseigneur Saint Martin de Tours, par Péan Gatineau, poète du XIIIe siècle, publiée d'après un manuscrit de la Bibliothèque Impériale par M. l'abbé J.-J. Bourassé. *Tours, Mame*, 1860, gr in-8, pap. vergé, demi-rel. mar. r. avec coins, dos orné, fil. tête dor. non rog. (*Bretault.*)

Tiré à 180 exemplaires.
Publication de la Société des Bibliophiles de Touraine.

2105. Eugène Thoison. Saint Mathurin, étude historique et iconographique ornée de 51 bois dans le texte, une carte et 14 pl. hors texte dont 6 en couleur. *Paris, Alph. Picard*, 1889, gr. in-8, fig. et pl. noires et en couleur et carte, br.

Extrait des *Annales de la Société historique et archéologique du Gatinais*, tiré à 125 exemplaires (n° 20).
Exemplaire avec un envoi et TROIS LETTRES AUTOGRAPHES de l'auteur ajoutées.

2106. La Vie et le Martyre du docteur illuminé le bienheureux Raymond Lulle, avec une apologie de sa sainteté et de ses œuvres, contre le mensonge, l'envie et la médisance, par M. Perroquet, prestre. *Vendosme, Sébastien Hyp*, 1667, in-8, vélin.

Ouvrage curieux et très rare.
Le feuillet de garde est occupé par la biographie manuscrite de Raymond de Lulle, extraite du Dictionnaire de Moreri.

2107. Vita, Virtu e Miracoli di Santa Zita, virgine Lucchese... di nuovo altre notizie illustrata da Bartolommeo Fioriti... *Lucca, Marescandoli*, 1752, in-4, portr. gr. demi-rel. bas. brune.

2108. Dictionnaire des Antiquités chrétiennes contenant le résumé de tout ce qui est essentiel de connaître sur les origines chrétiennes jusqu'au Moyen Age exclusivement... par M. l'abbé Martigny... Ouvrage orné de 270 gravures. *Paris, Hachette*, 1865, gr. in-8 à 2 col. nombr. fig. sur bois, br. non coupé.

2109. Manuel de l'Art chrétien, par le Cte de Grimoüard de Saint-Laurent. *Paris, Oudin*, 1878, fort vol. gr. in-8, 36 pl. gr. et en photog. et nombr. fig. br.

Mouillure aux premiers ff.

2110. Roma Sotterranea, Opera postuma di Antonio Bosio, Romano... Compita, disposta et accresciuta dal M. R. P. Giovanni Severani da S. Severino... Nelle quale si tratta de' sacri cimiterii di Roma, del sito, forma et uso antico di essi .. nuovamente visitati e reconosciuti dal Sig. Ottavio Pico... publicata dal commendatore Fr. Carlo Aldobrandino... *Roma, Guglielmo Facciotti*, 1632, gr. in-fol. front. gr. environ 300 pl. plans ou fig. sur bois et sur cuivre, v. brun ant. fil. et comp. (*Rel. fatiguée.*)

Mouillure à la fin et cassure au dernier feuillet du volume.

2111. Roma Sotterranea, Opera postuma di Antonio Bosio, Romano... compita, disposta et accresciuta dal P. Giovanni Severani da S. Severino. *Roma, Angelo*, 1710, in-4, 19 pl. gr. et pliées et nombr. fig. sur bois, v. ant. marb. dos orné.

2112. Illustrium Miraculorum et Historiarum memorabilium lib. XII, a Cæsario Heisterbachcensi. *Antverpiæ, ex off. M. Nutij*, 1605, fort vol. pet. in-8, vélin à recouvr.

2113. Les Saintes Métamorphoses, ou les Changemens miraculeux de quelques grands Saints, tirez de leurs vies, par J. Baudoin. *Paris, en l'Impr. des nouveaux caracthères de P. Moreau*, 1644, in-4, front. et 11 portr. gr. v. f. ant. fil.

2114. Vénérable Histoire du très saint Sacrement de Miracle... composée en flamand par Pierre de Cafmeyer... et traduite en françois par G. D. B. (George de Backer). *Bruxelles, de Backer*, 1720, 2 parties en 1 vol. in-fol. texte encadré et 39 pl. gr. par J. Harrewyn, v. brun ant.

Première édition de cette traduction.

2115. Histoire de l'Image miraculeuse de Notre-Dame de Liesse, avec un discours préliminaire... par M. Villette... Seconde édition, revûë, corrigée et augmentée. *Laon, Courtois*, 1755, in-8, front. et 7 pl. dont une grande pliée, par Stella, gr. par Thomassin, vélin.

2116. La Vérité des Miracles de M. de Paris démontrée. *S. l. n. d.* — Suite de 31 planches gr. en 1 vol. in-4, bas. ant. marb.

2117. Jacobi Philippi Tomasini... de Donariis ac tabellis votivis liber singularis... *Utini, Nicolai Schiratti*, 1639, in-4, 4 pl. et fig. gr. v. f. ant. dos orné, tr. r.

Exemplaire aux troisièmes armes et au chiffre de Jacques-Auguste DE THOU.

2118. Histoire des Persécutions de l'Eglise, contenant le dénombrement des persécutions que l'Eglise de Dieu a souffertes depuis la naissance de Jésus-Christ jusques à présent... composée par Henri Bullinger, ministre de l'Eglise de Zurich et nouvellement traduite en françois. *S. l.* 1577, pet. in-8, vélin.

Mouillure.

2119. Histoire de la Ligue saincte, faicte... à la conduite de Simon de Mont-fort, contre les hérétiques Albigeois, tenans les pays de Béarn, Languedoc, Gascogne... de laquelle a reüssy la paix et l'amplitude du Royaume de France, soubs les Rois Philippe Auguste et S. Loys ; le tout escrit par Pierre des Vallees Sernay, de l'Ordre de Cisteaux, environ l'an 1198 et mis en nostre langue françoise l'an 1569, par M. Arnauld Sorbin. *Paris, Guillaume Chaudière*, 1585, in-8, vélin.

Ouvrage rare.
Mouillure.

2120. Histoire de l Exécution de Cabrières et de Merindol et d'autres lieux de Provence, particulièrement déduite dans le plaidoyé qu'en fit l'an 1551 par le commandement du Roy Henry II et comme son advocat général en cette cause, Jacques Aubery, lieutenant civil au Chastelet de Paris et depuis ambassadeur extraordinaire en Angleterre pour traitter de la paix, l'an 1555. Ensemble une relation particulière de ce qui se passa aux cinquante audiances de la cause de Merindol. *Paris, Sébastien Cramoisy*, 1645, in-4, vélin.

Ouvrage rare et recherché. Le feuillet de garde porte la mention manuscrite suivante : *Cette Histoire qui contient aussi d'autres pièces sur le même sujet, a été publiée par Louis Aubery, sieur du Maurier, mort en 1687. Cet événement est un des plus tragiques du XVIe siècle, et peut aller de pair avec la Saint-Barthélemy.*

Exemplaire aux armes du COLLÈGE DES MINIMES de Paris, avec 6 lignes manuscrites sur le titre de la main du *P. Hilarion de la Coste*, minime.

2121. Histoire des Variations des Eglises Protestantes, par Messire Jacques Bénigne Bossuet, evesque de Meaux... *Paris, veuve de Séb. Mabre-Cramoisy*, 1688, 2 vol. in-4, v. brun ant.

ÉDITION ORIGINALE.

Exemplaire portant sur les plats de la reliure des armoiries (*six annelets*) accompagnées de la mention suivante frappée en lettres d'or : *Insignia hæc gratitudinis et liberalitatis dono dedit F. C^mn D. D. de la Potterie C.*

2122. Theatrum crudelitatum hæreticorum nostri temporis (autore Rich. Verstegan). *Antverpiæ, Adrianum Huberti*, 1587, in-4, titre-front. gr. et 29 pl. gr. sur cuivre, v. ant. granit.

ÉDITION ORIGINALE.

Raccommodages au titre et à quelques ff.

2123. Theatrum crudelitatum hæreticorum nostri temporis (auctore Rich. Verstegan). Editio altera emendatior. *Antverpiæ, Huberti,* 1604, in-4, titre-front. gr. et 29 fig. sur cuivre, vélin.

Ouvrage recherché pour les jolies et curieuses figures dont il est orné; les vers latins qui figurent au dessous sont de J. Bochius.
Exemplaire grand de marges.

2124. Histoire des Anabaptistes, ou Relation curieuse de leur doctrine, règne et révolutions, tant en Allemagne, Hollande qu'Angleterre... (par le P. Catrou). *Paris, Clouzier,* 1695, in-12, front. et 17 pl. gr. v. brun ant.

ÉDITION ORIGINALE.

2125. Imagines Deorum, qui ab antiquis colebantur: in quibus simulacra, ritus, cæremoniæ, magnaqz ex parte veterum religio explicatur: olim a Vincentio Chartario Rhegiensi ex variis auctoribus in unum collectæ atque italica lingua expositæ, nunc vero ad communem omnium utilitatem latino sermone ab Antonio Verderio, Domino Vallisprivatæ .. expressæ, atque in meliorem digestæ. *Lugduni, Honoratum,* 1581, in-4, nombr. fig. sur bois, vélin à recouvr.

2126. Tafereel, of Beschryving van den prachtigen Tempel der Zang-Godinnen, vertoond in LX herelyke Kunststukken. Behelzende alle de voornaemste Geschiedenissen van de Fabeloudheid, getekend en in't Koper gebragt, door Bernard Picart le Romain, en andere braeve meesteers... *T'Amsterdam, by Zacharias Chatelain,* 1733, gr. in-fol. front. et 60 pl. par B. Picart, v. ant. granit, dos orné, fil. comp. et milieu dor.

Version hollandaise du *Temple des Muses.* Elle est ornée de 60 belles planches de Bernard Picart.

2127. Explication de divers monumens singuliers, qui ont rapport à la Religion des plus anciens peuples, avec l'examen de la dernière édition des ouvrages de S. Jérôme, et un traité sur l'astrologie judiciaire. . par le R. P. Dom*** (Jac. Martin), religieux bénédictin de la Congrégation de S. Maur. *Paris, Lambert,* 1739, in-4, front. et 12 pl. gr. v. ant. écaille, dos orné.

2128. Hercules Ethnicorum ex variis antiquitatum reliquiis delineatus additis in fine modernis quibusdam ejusdem argumenti picturis proponente Laurentio Begero. *S. l.* 1705, titre-front. et 37 pl. gr. v. ant. marb.

2129. Guisb. Cuperi Harpocrates, sive Explicatio imagunculæ argenteæ perantiquæ; quæ in figuram Harpocratis formata representat Solem. Ejusdem Monumenta antiqua inedita.... Accedit Stephani Le Moine

Epistola de Melanophoris. *Trajecti ad Rhenum*, *Brodelet*, 1694, in-4, front. 6 pl. gr. et nombr. fig. sur cuivre, vélin.

Etienne Le Moine, auteur de l'*Epistola Melanophoris* qui termine le volume, naquit à Caen, en octobre 1624 et fut pasteur de l'Eglise réformée à Geffosse et à Rouen.

2130. Antonii Van Dale Poliatri Harlemensis de Oraculis veterum ethnicorum dissertationes duæ... Editio secunda plurimum ad aucta; cui de novo accedunt dissertatiunculæ... cum figuris æneis. *Amstelodami*, *Boom*, 1700, in-4, 8 pl. gr. et pliées, v. ant. marb.

2131. La Religion des anciens Gaulois, tirée des plus pures sources de l'Antiquité par le R. P. Dom*** (Martin), religieux bénédictin de la Congrégation de S. Maur. *Paris*, *Saugrain*, 1727, 2 vol. in-4, 44 pl. gr. sur cuivre, v ant. marb.

IV. HISTOIRE ANCIENNE.

2132. De Gentium aliquot migrationibus, sedibus fixis reliquijs, linguarumq; initijs et immutationibus ac dialectis, libri XII... auctore Wolfgango Lazio... *Basileæ, per Joannem Oporium*, 1557, in-fol. nombr. fig. sur bois et lettres ornées, demi-rel. bas. f. avec coins.

Édition originale de cet ouvrage curieux illustré de nombreuses figures sur bois, la plupart à pleine page.
Mouillure et raccommodages.

2133. Alle de Werken van Flavius Josephus (Histoire des Juifs, écrite par Flavius Joseph)... Alles uyt de Overzetting van den Heer d'Andilly in't Nederduytsch overgebragt door W. Sewel... *t'Amsterdam*, *Pieter Mortier*, 1704, fort vol. in-fol. front. 2 cartes, 2 plans, 9 grandes pl. et nombr. fig. gr. sur cuivre, v. ant. marb.

2134. Histoire des Amazones (par de Chassipol). *Paris*, *Cl. Barbin*, 1678. 2 vol. in-12, v. f. dos orné, fil. dent. int. tr. dor.

Ouvrage curieux et devenu peu commun.

2135. Bellum et excidium Trojanum, ex Antiquitatum reliquiis, tabula præsertim, quam Raphael Fabrettus edidit, iliaca delineatum et adjecto in calce commentario illustratum à Laurentio Begero... *Berolini et Lipsiæ*, 1699, in-4. front. fig. dans le texte et 39 pl. contenant 70 sujets gr. v. f. ant. dos orné, fil.

2136. Q. Curtii Rufi Historiarum libri accuratissime editi. *Amstelodami, ex officina Elzeviriana*, 1670, pet. in-12, titre-front. gr. mar. r. à long grain, fil. tr. dor. (*Rel. anc.*)

Contrefaçon de l'édition elzevirienne de 1670 (Voir : Willems. *Les Elzevier*, nos 1427 et 2146).

2137. Histoire des Grecs depuis les temps les plus reculés jusqu'à la réduction de la Grèce en province romaine, par Victor Duruy. Nouvelle édition revue, augmentée et enrichie d'environ 2000 gravures dessinées d'après l'antique et 50 cartes ou plans. *Paris, Hachette*, 1887-89, 3 vol. gr. in-8, portr. nombr. fig. pl. et cartes en noir et en couleur, demi-rel. chag. r. avec coins, dos orné, fil. tête dor. non rog.

Bel exemplaire.

2138. Les Décades qui se trouvent de Tite Live, mises en langue françoise : la première, par Blaise de Vigenere, Bourbonnois, avec des annotations et figures pour l'intelligence de l'Antiquité romaine. . la tierce, tournée autrefois par Jean Hamelin de Sarlac et recentement recourüe et amendée presque tout de neuf; le reste de la traduction d'Anthoine de La Faye. *Paris, Nicolas Chesneau*, 1583, fort vol. in-fol. 2 portr. pl. nombr. fig. sur bois et cartes, bas. brune ant. fatiguée.

Exemplaire portant sur le dos, mais en partie grattées, les armes de Claude Pellot, chevalier, seigneur de Port-David.
Léger raccommodage au titre et au premier f.

2139. Appiani Alexandrini Romanarum Historiarum Celtica, Libyca, vel Carthaginensis, Illyrica, Syriaca, Parthica, Mithridatica, civilis, quinque libris distincta (*en grec*). Ex Bibliotheca Regia *Lutetiæ, typis Regiis, cura ac diligentia Caroli Stephani*, 1551, in-fol. v. jaspé, dos orné, fil. et comp. à froid, tr. dor.

Première édition, belle et rare.

2140. Appiani Alexandrini Romanarum Historiarum Celtica, Libyca, vel Carthaginensis, Illyrica, Syriaca, Parthica, Mithridatica, civilis, quinque libris distincta (*en grec*). Ex Bibliotheca Regia. *Lutetiæ, typis Regiis, cura ac diligentia Caroli Stephani*, 1551. — Dionis Romanarum Historiarum libri XXIII a XXXVI ad LVIII usque (*en grec*). Ex Bibliotheca Regia. *Lutetiæ, ex officina Rob. Stephani*, 1548. — Ens. 2 ouvrages en 1 vol. in-fol. v. f. dos orné, fil. large dent. sur les plats et dent. int. tr. dor. (*Bozérian jeune.*)

Premières éditions de l'Appian et du Dio Cassius ; elles sont belles et rares.
Bel exemplaire de Yemeniz.

2141. Appiani Alexandrini Rom. Historiarum, Punica, sive Carthaginiensis, Parthica, Iberia, Celticæ et Illyricæ fragmenta quædam... item de bellis civilibus libri V. Henr. Steph. annotationes in quasdam Appiani historias, et in conciones per totum opus sparsas. *Excudebat Henricus Stephanus*, 1592, 2 parties en 1 vol. in-fol. réglé, texte grec et latin, demi-rel. bas. r. à long grain.

Edition la plus complète.

2142. Histoire des Romains depuis les temps les plus reculés jusqu'à l'invasion des Barbares, par Victor Duruy. Nouvelle édition revue, augmentée et enrichie d'environ 3000 gravures dessinées d'après l'antique et de 100 cartes ou plans. *Paris, Hachette,* 1885, 7 vol. gr. in-8, nombr. fig. pl. et cartes en noir et en couleur, demi-rel. chag. r. avec coins, dos orné, fil. tête dor. ébarbé.

Bel exemplaire.

2143. Historia Augusta Imperatorum Romanorum a C. Julio Cæsare usque ad Josephum Imperatorem Augustissimum ; ex Joannis Petri Lotichii tetrastichis mnemonicis et Joannis Jacobi Hoffmanni tetrastichis, et ejusdem in hæc enarrationibus historicis... Additamenta... et... adjecit Henricus Christianus Henninius. *Amsterdam, Roger,* 1710, 2 parties en 1 vol. in-fol. front. gr. et nombr. portr. sur cuivre, v. ant. granit.

2144. Histoire des Guerres faictes par l'Empereur Justinian contre les Vandales et les Goths, escrite en grec par Procope et Agathias et mise en françois par Mart. Fumée, S. de Genillé... avec annotations contenans les appellations modernes et explications des plus difficiles passages d'icelle. *Paris, Sonnius,* 1586. — L'Histoire Ecclésiastique nommée Tripartite, diviséeen douze livres... Nouvellement traduicte de latin en françois, par Louis Cyaneus. *Paris, Gilles Gorbin,* 1568. — Ens. 2 ouvrages en 1 vol. in-fol. v. brun ant. fatigué.

Exemplaire aux armes de Henri d'Albret, baron de Miossens et de Pons. Noms manuscrits sur le titre du premier ouvrage. — Mouillure.

V. HISTOIRE DE FRANCE.

1. Géographie.

Histoire générale. — Collections et Mélanges historiques.

2145. Les Plans et profils de toutes les principales villes et lieux considérables de France. Ensemble les cartes générales de chacune province, et les particulières de chaque gouvernement d'icelles, par le sieur Tassin, géographe ordinaire de Sa Majesté. *Paris, Michel Vanlochom,* 1636, 2 vol. in-4 obl. environ 450 planches, plans et cartes gr. v. f. ant. dos orné, fil.

Ouvrage recherché.
Exemplaire dans sa première reliure; tache d'encre dans la marge supérieure de quelques ff. du tome I.

2146. Description contenant toutes les singularitez des plus célèbres villes et places remarquables du Royaume de France, avec les choses les plus mémorables advenues en iceluy. Reveu, corrigé et augmenté... de quelques portraitz des plus signalées villes dudict Royaume (par Francois Des Rues). *Rouen, David Gueffroy, s. d.* (1611), in-8, titre-front. gr. et nombr. fig. sur bois, demi-rel. cuir de R. dos orné, tr. r.

Ouvrage rare.
François Des Rues, historien, géographe et littérateur, né en 1554, à Coutances (suivant Ed. Frère), à La Lande d'Airon (Manche), (suivant Mme Oursel), mourut vers 1630.

2147. La France, considérée sous tous les principaux points de vue qui forment le Tableau géographique et politique de ce Royaume, par le Sr Brion de La Tour. *Paris*, *Desnos*, 1767, atlas gr. in-fol. contenant 1 titre-front. gr. et 35 cartes de double grandeur, la plupart *coloriées* et montées sur onglets, v. ant. marb.

2148. Recueil d'Antiquités dans les Gaules, enrichi de diverses planches et figures, plans, vues... Ouvrage qui peut servir de suite aux Antiquités de feu M. le Comte de Caylus, par M. de La Sauvagère... *Paris*, *Hérissant*, 1770, in-4, 29 pl. plans ou cartes gr. et pliées, v. ant. écaille, dos orné, fil. tr. dor.

Ouvrage rare et recherché.

2149. L'Art gaulois, ou les Gaulois d'après leurs Médailles, par Eugène Hucher. *Paris*, *Morel*, 1868-1874, 2 parties en 1 vol. in-4, nombr. fig. dans le texte et 101 pl. hors texte, cart. dos de bas. f. non rog.

2150. Les Annales et Croniques de France, depuis la destruction de Troye jusques au temps de Loys unziesme, jadis composées par feu maistre Nicolle Gilles... Imprimées nouvellement sur la correction de M. Denis Sauvage de Fontenailles en Brie, et additionnées selon les modernes historiens, jusques à présent. De nouveau augmentées outre les précédentes impressions. *Paris*, *Jehan Ruelle*, 1569, in-fol. de 8 ff. prél. non ch. et 337 ff. ch. nombr. portr. gr. sur bois, v. f. ant. fil. et comp. à froid. (*Rel. fatiguée.*)

Incomplet du dernier feuillet, sans doute blanc, ou portant la marque de l'imprimeur.

2151. L'Histoire de France, par Bernard de Girard, seigneur du Haillan, historiographe de France. *Paris*, *Sonnius*, 1576, fort. vol. in-fol. portr. bas. ant. marb.

Ouvrage recherché.
Raccommodage au titre. — Mouillure.

2152. Le Véritable Inventaire de l'Histoire de France depuis Pharamond jusqu'à Louis XIV... par Jean de Serres, augmenté en cette dernière édition de ce qui s'est passé durant ces dernières années, tant en France qu'aux pays estrangers, jusqu'à la conclusion de la paix d'entre la France et l'Espagne et du Mariage du Roy. *Rouen*, *Jacques Cailloüe*, 1660, 2 tomes en 1 vol. in-fol. à 2 col. v. brun ant. fatigué.

Mouillures et raccommodages. — Le titre du tome 1 est doublé.

2153. Histoire des Rois de France depuis Pharamond jusqu'à notre Auguste Monarque Louis Quinze, enrichie de leurs portraits et faits les plus mémorables, composée de 65 planches en taille douce. Œuvre posthume par N. de Fer. *Paris*, *Bernard*, 1722, in-4, pl. gr. v. ant. marb. dos orné.

Ouvrage entièrement gravé.

2154. Nouvel Abrégé chronologique de l'Histoire de France, contenant les Evénemens de notre histoire depuis Clovis jusqu'à la mort de Louis XIV... (par le Président Hénault). Nouvelle édition. *Paris, Prault,* 1768, 2 vol. in-4, front. joli portrait de la reine Marie Leckzinska gr. par Gaucher, vign. lettres ornées et culs-de-lampe par Cochin et Moreau, v. ant. écaille, dos orné, fil.

Exemplaire sur PAPIER DE HOLLANDE.

2155. SOCIÉTÉ DE L'HISTOIRE DE FRANCE. *Paris, Renouard,* 1835-1900, 221 vol. in-8, pap. vergé, br.

Collection complète jusqu'en 1900 moins : Les Mémoires de Cosnac, 2 vol. ; le Procès de Jeanne d'Arc, 5 vol. ; la Correspondance de Maximilien et de Marguerite, 2 vol. et la vie de Saint Louis par Le Nain de Tillemont, 6 vol.

On a ajouté : Aperçus nouveaux sur l'Histoire de Jeanne d'Arc, par J. Quicherat. *Paris, Renouard,* 1850, in-8, br.

2156. Société de l'Histoire de France : Annuaire historique de 1837 à 1863, 27 vol. — Bulletin et Annuaire-bulletin de 1845 à 1893, 28 années en 1 vol. et le reste en feuilles. — Table générale des matières contenues dans l'Annuaire-bulletin (1863-1884). — Résumé des travaux de la Société depuis sa fondation en 1834 jusqu'au 1er juillet 1854 (2 *exemplaires*). — *Paris, Renouard,* 1837-1893. — Ens. 31 vol. ou plaquettes in-8 et in-18 br. et 27 années en feuilles.

Annuaire historique. *Collection complète* à laquelle on a ajouté les années 1838, 1840 (2 *exemplaires*), 1842, 1846, 1849, 1850, 1852, 1855, 1857 à 1859.

Bulletin et Annuaire-bulletin. Années 1845 à 1852, 1864 à 1873, 1875, 1877 à 1881, 1888, 1889, 1892 et 1893. Les années 1869 et 1881 sont incomplètes de une feuille chacune. — On a ajouté un fort lot de feuilles et de livraisons dépareillées des années qui manquent.

2157. Archives curieuses de l'Histoire de France depuis Louis XI jusqu'à Louis XVIII, ou Collection de pièces rares et intéressantes, telles que Chroniques, Mémoires, Pamphlets, Lettres, etc. Ouvrage destiné à servir de complément aux Collections Guizot, Buchon, Petitot et Leber, par M. L. Cimber et F. Danjou. *Paris, Beauvais,* 1834-1840, 27 vol. in-8, demi-rel. v. gris, dos orné.

Collection complète.

Recueil important contenant toutes les pièces rares et curieuses des XVe, XVIe et XVIIe siècles, telles que chroniques, mémoires, pamphlets, procès, testaments, fêtes, cérémonies funèbres, etc.

2158. Collection des meilleures dissertations, notices et traités particuliers relatifs à l'Histoire de France, composée, en grande partie, de pièces rares, qui n'ont jamais été publiées séparément... par C. Leber. *Paris, Dentu,* 1838, 20 vol. in-8, demi-rel. v. f. dos orné.

Collection curieuse, composée de pièces inédites, de pièces déjà publiées, mais fort rares, et d'autres qui ne se trouvent pas séparément.

2159. Notice des Diplômes, des Chartes et des actes relatifs à l'Histoire de France, qui se trouvent imprimés et indiqués dans les ouvrages de diplomatique, dans les jurisconsultes et dans les historiens, rangés dans l'ordre chronologique depuis l'année 23 de l'ère vulgaire jusqu'en 841, par M. l'abbé de Foy... *Paris, Impr. Royale*, 1765, in-fol. v. f. ant. dos orné, fil. tr. r.

Tome I seul paru de cet ouvrage important pour l'Histoire de France. Il contient la notice des diplômes, des chartes et ordonnances des Rois de France des deux premières races.

2160. Musée des Archives Nationales. Documents originaux de l'Histoire de France exposés dans l'Hôtel de Soubise. Ouvrage enrichi de 1,200 fac-similés des autographes les plus importants depuis l'époque mérovingienne jusqu'à la Révolution française, publié par la direction générale des Archives Nationales. *Paris, Plon*, 1872, in-4 à 2 col. nombr. fac-similés, br.

2161. Ministère de l'Intérieur. Musée des Archives départementales. Recueil de fac-similés héliographiques de Documents tirés des archives des préfectures, mairies et hospices. *Paris, Impr. Nationale*, 1878, 1 vol. gr. in-8 de texte, br. et un atlas gr. in-fol. de 61 pl. de fac-similés, en feuilles dans un carton.

2162. Recueil des Roys de France, leur couronnss et maisons : ensemble le rang des grands de France, par Jean du Tillet, sieur de la Bussière... plus une chronique abrégée (des Rois de France)... par M. J. Du Tillet, Evesque de Meaux. En outre les Mémoires du dit Sieur sur les privilèges de l'Eglise Gallicane... En ceste dernière édition a esté adiousté les Inventaires sur chaque Maison des Roys et grands de France (communiqués par F. Pithou), et la chronologie augmentée jusqu'à ce temps. *Paris, Mettayer*, 1618, 3 parties en 1 vol. in-4, nombr. portr. et fig. sur bois, v. f. ant. dos orné, fil.

Dernière édition de cet important Recueil, composé de plusieurs ouvrages qui avaient d'abord été imprimés séparément.

Exemplaire aux troisièmes armes et au chiffre de Jacques-Auguste DE THOU.

2163. Les Recherches de la France d'Estienne Pasquier, reveuës et augmentées d'un livre et de plusieurs chapitres par le mesme autheur. *Paris, Sonnius*, 1607, in-4, v. f. ant. dos orné, tr. r.

Léger raccommodage au titre.

2164. Les Recherches de la France d'Estienne Pasquier... augmentées en cette dernière édition de trois livres entiers, outre plusieurs chapitres entrelassez en chacun des autres livres, tirez de la Bibliothèque de l'autheur. *Paris, Pierre Ménard*, 1643, in-fol. beau portr. gr. vélin estampé.

Exemplaire sur GRAND PAPIER.

2165. Les Recherches de la France d'Estienne Pasquier... reveuës... et augmentées en cette dernière édition de trois livres entiers, outre plusieurs chapitres entrelassez en chacun des autres livres, tirez de la Bibliothèque de l'autheur. *Imprimées à Orléans, et se vendent à Paris, chez Guillaume de Luyne*, 1665, in-fol. beau portr. gr. v. ant. marb. dos orné.

2166. Pa. P. (Paulus Petavius)... Antiquariæ supellectilis portiuncula (et veterum nummorum gnorisma). *Parisius*, 1610, 2 parties en 1 vol. pet. in-fol. titre et portr. gr. 1 f. de texte et 44 pl. gr. v. ant. marb. *fatigué.*

Exemplaire aux armes de la Chartreuse de Bourbon, *dite de Gaillon* (Eure). — La seconde partie est incomplète du titre. — Mouillure et raccommodages.

2167. Dissertation sur la Mythologie françoise et sur plusieurs points curieux de l'Histoire de France, par M. Bullet. *Paris, Moutard*, 1771, in-12, v. f. dos orné, fil. dent int. tr. peigne. (*Simier.*)

Ouvrage curieux.

2168. Le Premier (le second, le tiers et le quart) volume de l'Histoire et Cronique de Messire Jehan Froissart, reveu et corrigé sur divers exemplaires et suyvant les bons autheurs, par Denis Sauvage, de Fontenailles en Brie... *Lyon, Jean de Tournes*, 1559-1561, 4 tomes en 2 vol. in-fol. v. ant. marb.

Edition estimée.
Noms sur les titres des tomes I et III.

2169. Volume premier (second et troisième) des Chroniques d'Enguerran de Monstrelet gentil-homme jadis demeurant à Cambray en Cambresis, contenans les cruelles guerres civilles entre les Maisons d'Orléans et de Bourgogne, l'occupation de Paris et Normandie par les Anglois, l'expulsion d'iceux et autres choses mémorables advenues de son temps en ce Royaume et pays estranges (avec les continuations jusqu'en 1516 : édition revue par Denys Sauvage). *Paris, Guillaume Chaudière*, 1572, 3 tomes en 2 vol. in-fol. v. f. ant. dos orné, fil. et milieu dor. tr. r. (*Reliure fatiguée.*)

Cette édition est la meilleure que nous ayons de ces Chroniques.

2. Mœurs et usages. — Antiquités. — Mélanges d'histoire civile et politique de France.

2170. Tableau des Mœurs françaises aux temps de la Chevalerie, tiré du Roman de Sire Raoul et de la Belle Ermeline, mis en français moderne et accompagné de notes... par L. C. P. D. V. (le comte P. L. Rigaud de Vaudreuil). *Paris, Egron*, 1825, 4 vol. in-8, demi-rel. v. f. dos orné, tête peigne, non rog.

2171. Mœurs et Vie privée des Français dans les premiers siècles de la Monarchie, par Emile de La Bédollière. *Paris, Rigaud*, 1835, 3 vol. in-8, demi-rel. mar. grenat, tête dor. non rog.

2172. Les Français peints par eux-mêmes. Encyclopédie morale du dix-neuvième siècle 8 vol. — Le Prisme. — *Paris, Curmer*, 1840-1842. — Ens. 9 vol. gr. in-8, front. nombr. pl. et fig. sur bois, carte, demi-rel. v. vert, dos orné.

Quelques piqûres d'humidité ; tache d'encre dans la marge supérieure des derniers ff. du second volume.

2173. Le Prisme. Encyclopédie morale du dix-neuvième siècle, illustré par MM. Daumier, Gavarni, Grandville, Meissonier, Pauquet, Penguilly, etc. *Paris, Curmer*, 1841, gr. in-8, nombr. fig. sur bois dans le texte, demi-rel. v. olive, dos orné.

Piqûres d'humidité.

2174. Paul Lacroix. XVIIe siècle. Institutions, usages et costumes. France 1590-1700. Ouvrage illustré de 16 chromolithographies et de 300 gravures sur bois (dont 20 tirées hors texte) d'après les monuments de l'art de l'époque. *Paris, Firmin-Didot*, 1880, gr. in-8, front. nombr. fig. et pl. en noir et en couleur, demi-rel. chag. vert avec coins, dos orné, fil. tête dor. ébarbé.

2175. Les Monumens de la Monarchie Françoise (en français et en latin) qui comprennent l'Histoire de France avec les figures de chaque règne que l'injure des tems a épargnées, par le R. P. Dom Bernard de Montfaucon. *Paris, Gandouin*, 1729-1733, 5 vol. in-fol. front. avec le portr. de Louis XV et nombr. pl. gr. sur cuivre et montées sur onglets, v. ant. marb.

Ouvrage estimé et très recherché.

2176. Congrès archéologique de France. *Paris et Caen*, 1840 (7e *session*) *à* 1897, 56 vol. in-8, nombr. fig. et pl. gr. et en héliogravure, noires et en couleur, br.

Années 1840, 1841, 1843, 1844, 1846 à 1893 et 1895 à 1897.

2177. Trois Livres du Domaine de la Couronne de France, composez en latin par M. René Choppin, Angevin... et traduicts en langage vulgaire sur la dernière impression de l'an 1605. *Paris, Sonnius*, 1613, in-fol. v. brun ant. dos orné, fil.

2178. Le Cérémonial de France, ou Description des Cérémonies, rangs et séances observées aux Couronnemens entrées, enterremens des Roys et Roynes de France et autres actes et assemblées solemneles... par Théodore Godefroy. *Paris, Pacard*, 1619, in-4, vélin à recouvr.

Première édition.

2179. Le Cérémonial français, contenant les Cérémonies observées en France aux Sacres et couronnemens de Roys et Reynes et de quelques anciens Ducs de Normandie, d'Aquitaine et de Bretagne; comme aussi à leurs entrées solennelles et à celles d'aucuns Dauphins, gouverneurs de provinces et autres seigneurs dans diverses villes du Royaume, recueilly par Théodore Godefroy... et mis en lumière par Denys Godefroy, advocat en parlement. *Paris, Sébastien Cramoisy*, 1649, 2 vol. in-fol. v. ant. marb. dos orné, fil.

Ouvrage très recherché.
Mouillures.

2180. Des Cérémonies du Sacre, ou Recherches historiques et critiques sur les mœurs, les coutumes, les institutions et le droit public des Français dans l'ancienne monarchie, par M. C. Leber. *Paris, Baudouin*, 1825, in-8, 40 pl. gr. br. *couverture illustrée.*

2181. Catalogus gloriæ Mundi D. Bartholomæi Chassanæi, Burgundi, apud aquas sextias in senatu decuriæ præsidis, ac viri clarissimi... in XII libros divisum... *Francofurti ad Mœnum, Feyerabendii*, 1579, in-fol. à 2 col. nombr. fig. de blasons gr. sur bois, peau de truie estampée. (*Rel. de l'époque.*)

Livre curieux contenant les recherches sur les rangs, les préséances, les offices, dignités et charges de la couronne.

2182. Les Présidens au mortier du Parlement de Paris, leurs emplois, charges, qualitez, armes, blasons & généalogies, depuis 1331 jusques à présent. Ensemble un Catalogue de tous les conseillers... par François Blanchard ; 2 parties. — Les Eloges de tous les Premiers Présidens du Parlement de Paris, depuis qu'il a esté rendu sédentaire jusques à présent... par J.-B. de L'Hermite-Souliers et François Blanchard. — *Paris, Cardin Besongne*, 1647, 1645. — Ens. 2 ouvrages en 1 vol. in-fol. front. et nombr. fig. de blasons gr. v. ant. granit.

Le deuxième ouvrage est incomplet des pages 81 à 95 ; déchirure au coin inférieur de quelques feuillets.

2183. L'Etat de la France. Des Qualités et prérogatives du Roi. Généalogie abrégée de la Maison royale, du Clergé, de la Cour, des Officiers de la Chapelle-musique du Roi, de sa maison, de sa chambre, de sa garde-robe... (par Dom Bar, Dom Jalabert et Dom Pradier, religieux bénédictins). *Paris, Nyon*, 1749, 6 vol. in-12, nombr. fig. de blasons, v. ant. marb. dos orné, tr. r.

Dernière édition, la plus complète et la plus recherchée des *Etats de la France.*

2184. Almanach Royal, année bissextile MDCCXL. *Paris, Veuve d'Houry*, 1740, in-8, mar. r. dos orné, large dent. tr. dor. (*Rel. anc. fatig.*)

Exemplaire aux armes de Joly de Fleury, ministre des finances.

2185. Les Eloges de tous les Premiers Présidens du Parlement de Paris, depuis qu'il a esté rendu sédentaire jusques à présent. Ensemble leurs généalogies, épitaphes, armes et blazons en taille-douce... par Jean-Baptiste de l'Hermite-Souliers et François Blanchard. *Paris, Besongne*, 1645, in-fol. 33 grands blasons gr. sur cuivre, vélin.

Ex-libris étiquette de François Firmin Dhervillez, Doct. Med.
Mouillure.

2186. Recueil concernant le Tribunal de nosseigneurs les Maréchaux de France, les prérogatives & les fonctions des officiers chargés d'exécuter ses ordres... par M. de Beaufort. *Paris, chez l'auteur*, 1784, 2 vol. in-8, v. ant. marb.

Exemplaire portant frappés en or, sur les plats de la reliure, les emblèmes de l'ordre des Maréchaux de France.

2187. Histoire de la Milice françoise et des changements qui s'y sont faits depuis l'établissement de la Monarchie françoise dans les Gaules, jusqu'à la fin du règne de Louis le Grand, par le R. P. Daniel. *Paris, Saugrain et Prault*, 1728, 2 vol. in-4, 70 pl. gr. v. ant. marb. dos orné, tr. r.

Ouvrage très recherché.

Exemplaire sur GRAND PAPIER et contenant sur un feuillet de garde le catalogue manuscrit des ouvrages de l'auteur. — Légers raccommodages à quelques feuillets.

Gabriel Daniel, né à Rouen en 1649, entra chez les Jésuites en 1667, et devint bibliothécaire de la Maison professe de Paris, où il mourut en 1728.

2188. Histoire du Drapeau, des couleurs et des insignes de la Monarchie française, précédée de l'Histoire des enseignes militaires chez les Anciens, par M. Rey. *Paris, Techener*, 1837, 2 vol. in-8, 24 pl. gr. demi-rel. v. f. dos orné, tr. marb.

2189. CATALOGUE RAISONNÉ DES MONNAIES NATIONALES de France. Essai de Guillaume Conbrouse. *Paris, Fournier et Rollin*, 1839-1843, 8 vol. gr. in-4, dont 2 vol. de texte et 6 vol. de pl. gr. demi-rel. mar. vert à long grain, dos orné, fil. non rog.

Bel exemplaire complet (nº 1) de ce recueil rare, *offert par l'auteur* au général baron de GAZAN, orné de 4 frontispices, dont 2 en couleur et de 693 planches, dont un certain nombre sur Chine. Quelques volumes ont un titre spécial, avec dédicace *imprimée sur vélin*.

C'est à coup sûr un des exemplaires les plus complets de texte et de planches, formés par M. Conbrouse, qui ne laissa subsister que 10 exemplaires de la partie gauloise.

La reliure porte le chiffre du général GAZAN.

2190. Catalogue des Monnaies gauloises de la Bibliothèque Nationale rédigé par Ernest Muret et publié par les soins de M. A. Chabouillet. *Paris, Plon*, 1889-1892, 1 vol. gr. in-4 de texte et 1 atlas in-fol. publié par M. Henri de La Tour, contenant 65 pl. de monnaies gr. demi-rel. chag. vert, dos orné.

2191. Monétaires des Rois Mérovingiens. Recueil de 920 monnaies en 62 planches, avec leur explication (par G. Combrouse). *Paris, Rollin*, 1843, gr. in-4 de 12 pp. de texte et 62 pl. de monnaies, gr. cart.

Taches de rousseur.

2192. Collection de Plombs historiés trouvés dans la Seine et recueillis par Arthur Forgeais. *Paris, Dumoulin et Aubry*, 1858-1866, 6 vol. in-8, nombr. fig. dans le texte, br.

Notice sur les Plombs historiés trouvés dans la Seine. — Corporations de métiers. — Enseignes de pélerinages. — Variétés numismatiques. — Imagerie religieuse. — Numismatique populaire.

2193. Traitté de la politique de France, par M. P. H. marquis de C. (Paul Hay du Chastelet), reveü, corrigé et augmenté d'une seconde partie. *A Utrecht, chez Pierre Elzevier*, 1670, 2 parties en 1 vol. in-12, mar. violet, dos orné, fil. dent. int. tr. dor.

Ce volume, imprimé à Amsterdam, fait partie de la collection elzevirienne. La seconde partie porte l'adresse de Pierre Marteau (Voir : Willems. *Les Elzevier*, nº 1606).

3. Histoire particulière de la France sous divers règnes.

2194. Histoire de Saint Louis, par Jehan, sire de Joinville, les Annales de son règne, par Guillaume de Nangis, sa vie et ses miracles, par le Confesseur de la Reine Marguerite. Le tout publié... et accompagné d'un glossaire (par J.-B. Mellot, Cl. Sallier et J. Capperonnier). *Paris, Impr. Royale,* 1761, in-fol. v. ant. marb. dos orné.

2195. Jean Sire de Joinville. Histoire de Saint Louis, Credo et Lettre à Louis X ; texte original, accompagné d'une traduction, par M. Natalis de Wailly. *Paris, Firmin-Didot,* 1874, fort vol. gr. in-8, nombr. pl. en chromolithog. et en photogravure, fac-similés, cart. en couleur et fig. sur bois, br. couverture.

2196. Histoire des Ducs de Bourgogne de la Maison de Valois, 1364-1477, par M. de Barante. Cinquième édition. *Paris, Dufey,* 1837-1838, 12 vol. in-8 de texte avec nombr. pl. sur Chine et 1 atlas in-4 obl. de 22 pl et cartes gr. demi-rel. v. brun, dos orné.

2197. Histoire de Charles cinquième, Roi de France, par M. l'abbé de Choisy (prieur de St-Lô de Rouen). *Paris, Antoine Dezallier,* 1689, in-4, pl. fleuron et vign. gr. v. ant. marb.

Exemplaire contenant les deux planches qui représentent l'hommage rendu à Charles V par le duc de Bourbon et l'entrevue de la Reine Jeanne de Bourbon avec la duchesse de Bourbon sa mère, gravées d'après d'anciennes tapisseries et qui manquent à la plupart des exemplaires.

On a relié à la suite : Extrait d'un Manuscrit de la Bibliothèque du Roi cotté 8536. *S. l. n. d.* 37 pp.

2198. Histoire de Charles VII, roy de France, par Jean Chartier, Jacques Le Bouvier, Mathieu de Coucy et autres autheurs du temps ; mise en lumière par Denys Godefroy. *Paris, de l'Impr. Royale,* 1661, in-fol. portr. gr. v. ant. marb.

Jean Chartier naquit à Bayeux (Calvados) à la fin du XIVe siècle.

Nom gratté sur le titre.

2199. Histoire de Louys unziesme, Roy de France, et des choses mémorables advenuës de son règne depuis l'an 1460 jusques a 1483. Autrement dicte la Chronique scandaleuse escrite par un greffier de l'Hostel de ville de Paris (Jean de Troyes). *S. l. Imprimée sur le vray orginal,* 1611, in-8, vélin.

Edition très recherchée de la *Chronique scandaleuse*.

2200. Mémoires de Messire Philippe de Comines, seigneur d'Argenton, où l'on trouve l'Histoire des Rois de France Louis XI et Charles VIII. Nouvelle édition, revûe sur plusieurs manuscrits du tems, enrichie de notes et de figures... par Messieurs Godefroy, augmentée par M. l'abbé Lenglet du Fresnoy. *Londres et Paris, Rollin,* 1747, 4 vol. in-4, front. portr. pl. et vign. gr. v. ant. marb.

Bonne édition estimée.

Exemplaire contenant la dédicace de l'abbé Langlet du Fresnoy au Maréchal comte de Saxe (*sans le portrait*), qui fut supprimée.

Ex-libris gravé de M. de Rumare à chaque volume. — Les planches sont détachées des vol.

2201. Histoire du Roy Loys douziesme, père du peuple, par Mess. Claude de Seissel, etc. *Paris, Jacques Du Puys*, 1587, in-8, marque de l'imprimeur sur le titre, vélin.

Mouillure.

2202. Les Mémoires de Mess. Martin du Bellay, seigneur de Langey, contenans le discours de plusieurs choses avenuës au Royaume de France depuis l'an 1513 jusques au trespas du Roy François premier, ausquels l'autheur a inséré trois livres et quelques fragmens des Ogdoades de Mess. Guillaume du Bellay... son frère. Ouvrage mis nouvellement en lumière... par Mess. René du Bellay... baron de La Lande... *Paris, P. l'Huillier*, 1571, fort vol. in-8, v. ant. granit, dos orné.

Bonne édition.
Exemplaire aux armes de la COMTESSE DE VERRUE.

2203. Marguerite d'Angoulême (sœur de François Ier). Son livre de dépenses (1540-1549). Etude sur ses dernières années, par le Cte H. de La Ferrière-Percy. *Paris, Aubry*, 1862, in-8, pap. vergé, portr. vélin blanc à recouvr. dos orné avec titre calligraphié en couleur, fil. marguerite peinte en couleur sur le premier plat et fleur de lis sur le second, tête dor. non rog.

2204. Histoire de France soubs les règnes de François I, Henry II, François II, Charles IX, Henry III, Henry IV, Louys XIII et des choses plus mémorables advenuës aux autres Estats de la Chrestienté depuis cent ans, par feu M. Pierre Mathieu (publiée par son fils J.-B Mathieu). *Paris, Nicolas Buon*, 1631, 2 vol. in-fol. bas. ant. marb.

Exemplaire fatigué aux armes du COLLÈGE ARCHI-ÉPISCOPAL DE ROUEN.

2205. Histoire du Mareschal de Matignon... avec tout ce qui s'est passé de plus mémorable depuis la mort du Roi François I jusqu'à la fin des guerres civiles, par M. de Caillière. *Paris, Augustin Courbé*, 1661, in-fol. portr. planche et arbre généalogique gr. et plié, mar. orange, dos fleurdelisé, dent. armoiries grattées sur les plats, tr. marb.

Cassure à l'arbre généalogique.
Jacques de Caillières, né à Thorigny (Manche), y mourut en 1697.

2206. Les Mémoires de Messire Michel de Castelnau, seigneur de Mauvissière, illustrez et augmentez de plusieurs commentaires et manuscrits .. par J. Le Laboureur. Nouvelle édition... augmentée de plusieurs manuscrits avec près de 400 armoiries gravées en taille-douce. *Bruxelles, Jean Léonard*, 1731, 3 vol. in-fol. portr. et nombr. blasons gr. sur cuivre, v. ant. granit, dos orné

2207. Mémoires de la Ligue, contenant les événemens les plus remarquables depuis 1576, jusqu'à la Paix accordée entre le Roi de France et le Roi d'Espagne en 1598 (par Simon Goulart, sous le nom de

Samuel Du Lys). Nouvelle édition, revue, corrigée et augmentée de notes critiques et historiques (par l'abbé Goujet). *Amsterdam* (*Paris*), 1758, 6 vol. in-4, bas. f. ant. dos orné.

Ouvrage très estimé.
Légère mouillure et tache à la reliure du tome V.

2208. Historia delle Guerre civili di Francia, di Henr. Cater. Davila, nella quale si contengono le operationi di quattro re : Francesco II, Carlo IX, Henrico III & Henrico IV. *Parigi, nella Stamperia reale,* 1644, 2 vol. in-fol. v. ant. dos fleurdelisé, fil.

Belle édition, rare.
Exemplaire sur GRAND PAPIER, portant au centre des plats de la reliure les armes de LOUIS XIV : et dans les angles, les armes de Michel PARTICELLI D'HÉMERY, conseiller au Parlement de Paris.
Piqûres de vers à quelques ff. du tome I.

2209. Histoire des Guerres civiles de France, contenant tout ce qui s'est passé de plus mémorable, soubs le règne de quatre Rois : François II, Charles IX, Henri III et Henri IV surnommé le Grand, jusques à la paix de Vervins inclusivement, escrite en italien par H.-C. Davilla et mise en françois, par J.-A. Baudoin. Seconde édition. *Paris, Rocolet,* 1647, 2 vol. in-fol. front. et portr. gr. v. ant. marb. dos orné, fil.

Annotations manuscrites de l'époque sur les marges. — Les premiers ff. du tome I sont froissés.

2210. Historia de las Guerras civiles de Francia, de Enrico Catherino Davila... que traduxo con singular cuidado, de la lengua toscana en la castellana, el M. R. P. Basilio Varen de Soto... con las adiciones a la Historia, escritas por el dicho M. R. P. Basilio Varen de Soto desde el año de 1598 hasta el año de 1630. *En Amberes, Verdussen,* 1713, in-fol. à 2 col. nombr. portr. et pl. gr. sur cuivre, v. ant. marb. *fatigué.*

2211. Mémoires de l'Estat de France sous Charles IX, contenans les choses plus notables, faites et publiées tant par les catholiques que par ceux de la Religion, depuis le troisiesme édit de pacification fait au mois d'aoust 1570, iusques au règne de Henri troisiesme. (Publiées par Simon Goulart). *Meidelbourg, H. Wolf,* 1578, 3 tomes en 6 vol. — Mémoires de la troisième guerre civile et des derniers troubles de France... Charles IX régnant (par Jean de Serres). *S. l.* 1571. — Ens. 7 vol. in-8, v. f. ant. dos orné, fil.

2212. La Vie de Messire Gaspar de Colligny, seigneur de Chastillon, Admiral de France, à laquelle sont adiousté ses Mémoires sur ce qui se passa au siège de S. Quentin. *Leyde, Bonaventure et Abraham Elzevier,* 1643, 2 tomes en 1 vol. pet. in-12, v f. ant. dos orné, tr. r.

Ouvrage rare, traduit du latin de Jean de Serres; c'est un des plus recherchés de la Collection elzevirienne. (Willems, *Les Elzevier,* n° 564.)

2213. Mémoires pour servir à l'Histoire de France, contenant ce qui s'est passé de plus remarquable dans ce Roiaume depuis 1515 jusqu'en 1611 avec les portraits des Rois, Reines, Princes, Princesses et autres personnes illustres dont il y est fait mention (par Pierre de l'Estoile, publiés par Jean Godefroy). *Cologne, Demen*, 1719, 2 vol. in-8, front. gr. répété à chaque vol. et nombr. portr. par Harrewyn, v. ant. marb.

2214. Journal de Henri III... ou Mémoires pour servir à l'Histoire de France, par M. Pierre de l'Estoile. Nouvelle édition, accompagnée de remarques historiques et des pièces manuscrites les plus curieuses de ce règne (le tout publié sous la direction de Lenglet du Fresnoy). *La Haye et Paris, Gandouin*, 1744, 5 vol. — Journal du règne de Henri IV, par M. Pierre de l'Etoile, avec des remarques historiques et politiques du chevalier C. B. A. (le P. Bouges, ou Lenglet du Fresnoy). *La Haye, Vaillant*, 1741, 4 vol. — Ens. 9 vol. pet. in-8, 2 portr. gr. v. ant. granit et marb. dos orné, tr. r.

Bonne édition de cet ouvrage recherché.

Ex-libris gravé de M. de Rumare sur chaque volume et différent à chaque ouvrage.

2215. Histoire du Connestable de Lesdiguières, contenant toute sa vie, avec plusieurs choses mémorables, servant à l'Histoire générale, par Louis Videl... Troisième édition, reveüe et augmentée. *Grenoble, Jean Nicolas*, 1650, fort vol. in-8, v. brun ant.

2216. Le Secret des Finances de France, descouvert et départi en trois livres, par N. Froumenteau et maintenant publié pour ouvrir les moyens légitimes et nécessaires de payer les dettes du Roy, descharger ses suiets des subides imposez depuis trente un ans et recouvrer tous les deniers prins à Sa Majesté. *S. l.* 1581, 3 parties en 2 vol. in-8, demi-rel. v. r. dos orné, tr. peigne.

Ouvrage curieux et recherché renfermant une foule de détails précieux et de révélations piquantes pour l'Histoire de France du XVIe siècle. Les deux derniers livres contiennent l'état de tous les deniers tirés des archevêchés, bailliages, élections, etc. de la Normandie, de l'Ile de France, Dauphiné, Provence et autres provinces circonvoisines, etc.

2217. Histoire Universelle de Jacques-Auguste de Thou, avec la suite par Nicolas Rigault... Le tout traduit sur la nouvelle édition latine de Londres (par J.-B. Le Mascrier, Ch. Le Beau, l'abbé des Fontaines, etc.) et augmenté de remarques historiques et critiques de Casaubon, de Du Plessis Mornay, G. Laurent, Le Duchat et autres. *La Haye, Scheurleer*, 1740, 11 vol. in-4, portr. gr. v. f. ant. dos orné, fil. tr. r.

2218. Mémoires de Condé, servant d'éclaircissement et de preuves à l'Histoire de M. de Thou... Ouvrage enrichi d'un grand nombre de pièces curieuses, qui n'ont jamais paru et de notes historiques (par Den. F. Secousse), orné de portraits, vignettes et plans de batailles, augmenté d'un Supplément... (par Lenglet du Fresnoy). *Londres et Paris, Rollin,* 1743, 6 vol. in-4, front. nombr. portr. cartes, plans et vign. gr. v. ant. marb. dos orné.

Mémoires très recherchés.

2219. Journal inédit du règne de Henry IV, 1598-1602, par Pierre de l'Estoile, publié d'après le Manuscrit de la Bibliothèque Impériale, par E. Halphen. *Paris, Aubry,* 1862, in-8, pap. vergé, demi-rel. mar. vert, dos orné, fil. tète dor. non rog.

Bel exemplaire.

2220. Histoire du Roy Henry le Grand composée par Messire Hardouin de Perefixe, Evesque de Rodez... *Paris, Edme Martin,* 1661, in-4, 2 grands portr. gr. et pliés, v. ant. marb. dos orné.

Edition originale.

Exemplaire aux armes d'Antoine Ferrand, seigneur de Villemilan, conseiller et avocat du Roi.

Cassure raccommodée au portrait de l'auteur.

2221. Satyre Menippée de la vertu du Catholicon d'Espagne et de la tenue des Etats de Paris, à laquelle est ajoûté un Discours sur l'interprétation du mot de Higuerio del Infierno, & qui en est l'auteur. Dernière édition... augmentée de nouvelles remarques (par Le Duchat), & de plusieurs pièces. *Ratisbonne, chez les héritiers de Mat. Kerner (à la Sphère),* 1752, 3 vol. in-8, portr. et pl. gr. v. ant. marb.

2222. Le Trompette françois (par le comte de Bombaste). *S. l.* 1609, titre-front. gr. et 143 pp. — Le Miroir des Alchimistes, où l'on voit les erreurs qui se font en la recerche (*sic*) de la pierre philosophale... Avec instruction aux Dames, pour doresnavant estre belles et en convalescence, sans plus user de leurs fards venimeux ordinaires. Par le Chevalier Impérial. *S. l.* 1609, front. gr. et 69 pp. — Ens. 2 ouvrages en 1 vol. in-12, 2 front. gr. mar. r. fil. tr. dor. (*Rel. anc.*)

Ouvrages rares et curieux, ayant de nombreux passages imprimés en caractères dits *de civilité*. — Dans le premier l'auteur annonce comme prochaine la mort d'Henri IV, qui survint l'année suivante. — Le second est attribué au président Jean d'Espagnet et à un gentilhomme allemand demeurant à Hambourg.

Petite déchirure au premier frontispice ; deux cassures raccommodées.

2223. Mémoires des sages et royalles œconomies d'Estat domestiques, politiques et militaires de Henry le Grand, l'exemplaire des Roys, le Prince des vertus... et des servitudes utiles, obéissances convenables et administrations loyales de Maximilian de Béthune... (de 1570 à 1610). *A Amsterdam, chez Aletinosgraphe de Clearetimelee et Graphexechon de Pistariste, s. d.* (*Château de Sully,* 1638), 2 tomes en 1 vol. in-fol. v. brun ant.

Edition originale, avec le chiffre de la Maison de Sully sur les titres.

2224. Mémoires des sages et royales œconomies d'estat, domestiques, politiques et militaires de Henry le Grand, l'exemplaire des Roys... et des servitudes utiles, obéissances convenables et administrations loyales de Maximilian de Béthune (duc de Sully)... *A Amstelredam, chez Aletinosgraphe de Clearetimelée et Graphexechon de Pistariste, s. d.* (*Château de Sully*, 1638) *et Paris, Augustin Courbé*, 1662, 4 tomes en 3 vol. in-fol. v. ant. marb. dos orné.

Edition originale.

Les tomes I et II qui contiennent les Mémoires de Sully (de 1570 à 1610) portent sur les titres le chiffre de la Maison de Sully (c'est-à-dire les W) peint en vert. Les tomes III et IV, reliés en 1 vol. forment la suite (de 1610 à 1628), qui fut publiée par Le Laboureur.

2225. Les Avantures du Baron de Fœneste, par Théodore Agrippa d'Aubigné. Nouvelle édition, augmentée de plusieurs remarques historiques, de l'histoire secrète de l'auteur, écrite par lui-même, & de la bibliothèque de Maître Guillaume, enrichie de notes par M*** (Le Duchat). *Amsterdam* (*Paris, Jacq. Guerin*), 1731, 2 vol. in-12, front. gr. v. ant. marb. fil. tr. dor.

Bonne édition de cet ouvrage curieux.

2226. Le Soldat françois (par Pierre l'Hostal). *S. l.* 1604, titre-front. gr. — Le Pacifique, ou l'Anti-Soldat françois (par Du Souhait). *S. l.* 1604. — L'Antipseudo-pacifique ou Censeur françois. Au pseudo-pacifique : réfuté de point en point et augmenté par le sieur de La Barillère. Seconde édition. *Paris, Denys du Val*, 1604. — Response du Roy au Soldat françois, qui demande la guerre, et au Soldat espagnol qui demande la paix. Qu'il ne fera ny la guerre ny la paix. (A la fin :) *A Douay*, 1604, 31 pp. — La Response de Maistre Guillaume au Soldat françois, faicte en la présence du Roy, à Fontainebleau, le huictiesme septembre, 1604. *S. l.* 1605, 63 pp. — Ens. 5 ouvrages, ou pièces, en 1 vol. in-12, vélin.

Recueil de pièces très rares.

2227. Le Roi chez la Reine, ou Histoire secrète du mariage de Louis XIII et d'Anne d'Autriche... par Armand Baschet. *Paris, Aubry*, 1864, in-8, pap. vélin, br.

Edition originale tirée à petit nombre.
Envoi autographe de l'auteur.

2228. Histoire de la Vie du duc d'Espernon, divisée en trois parties (par Guillaume Girard). *Paris, Augustin Courbé*, 1655, in-fol. portr. gr. v. brun ant. dos orné, fil.

Edition originale.

2229. Recueil des pièces les plus curieuses qui ont esté faites pendant le règne du Connestable M. de Luyne. Quatriesme édition, augmentée des pièces les plus rares de ce temps. *S. l.* (*Paris*), 1628, in-8, vélin fatigué.

Sur le premier feuillet de garde, signature De La Bigotière (René de Perchambault), jurisconsulte angevin du XVIIe siècle.

2230. Recueil des Pièces les plus curieuses qui ont esté faites pendant le règne du Connestable M. de Luyne... Quatriesme édition, augmentée des pièces les plus rares de ce temps. *S. l.* (*Paris*), 1632, in-12, v. f. ant. dos orné à petits fers, fil. tr. dor.

Edition plus complète que les précédentes de 1622 et 1625 ; elle contient plusieurs pièces et traits satiriques de la façon du Cardinal de Richelieu alors évêque de Luçon : notamment le *Quatrain contre les Jésuites*, page 528 et le *Mot à l'oreille* page 581.

Exemplaire provenant de la bibliothèque de M. RENARD.

2231. Le Mars françois, ou la Guerre de France, en laquelle sont examinées les raisons de la justice prétendue des armes, et des alliances du Roi de France. Mises au jour par Alexandre Patricius Armacanus (Corn. Jansenius), théologien, et traduites de la troisième édition, par C H. D. P. D. E. T. B (Ch. Hersent). *S. l.* 1637, in-8, mar. r. dos orné, fil. et comp. à la Du Seuil. (*Rel. anc.*)

PREMIÈRE ÉDITION de la traduction francaise de ce célèbre ouvrage qui fut condamné par le pape Urbain VIII.

2232. Le Bouquet de fleur-d'espine. Sur la coppie originalle (par l'Hermite des Fonteines). *S. l.* (*Paris*), 1611, in-8 de 18 pp. et 1 f. non ch. demi-rel. mar. vert.

Curieuse et rare pièce en vers. Le dernier feuillet contient une naïve et agréable imitation en vers du *Sic vos non vobis* de Virgile.

Exemplaire un peu court de marges.

2233. Recueil de diverses pièces pour servir à l'Histoire (par Paul Hay, sieur du Chastelet). *S. l.* 1635, in-fol. bas. f. dos orné, large dent. et riches comp. à petits fers, tr. dor. (*Rel. anc. un peu défraîchie.*)

Exemplaire aux armes d'ADRIEN POERIER, sieur d'Anfreville, de Franqueville Président au Tribunal de Rouen.

2234. La Voix gémissante du peuple chrestien et catholique accablé sous le faix des désastres et misères des guerres de ce temps : Addressée au Roy très chrestien, par un François désintéressé. *Paris*, 1640, in-4 de 8 ff. prél. non ch. et 249 pp. titre-front. gr. vélin moderne à recouvr.

Livre très rare, non cité par Brunet, dirigé contre la politique du cardinal de Richelieu. — Il est orné d'un curieux frontispice représentant les diverses nations de l'Europe se lamentant aux pieds de Louis XIII et d'une grande figure à pleine page, gravée en taille-douce (p. 126), montrant Gustave-Adolphe couché sur son lit de mort.

La dédicace au roi est signée F. D. D. I. T.

2235. Histoire du Mareschal de Toiras, où se voyent les effets de la valeur et de la fidélité avec ceux de l'envie et de la jalousie de la Cour, ennemie de la vertu des grands hommes... par le sieur Michel Baudier. *Paris, Sébastien Cramoisy*, 1644, in-fol. front. portr. plan et fig. gr. v. ant. marb.

Exemplaire aux armes et au chiffre de Nompar DE CAUMONT, DUC DE LA FORCE.

2236. Histoire de la Vie et du règne de Louis XIV... rédigée sur les Mémoires de feu Monsieur le comte de *** (attribuée au P. La Mothe, dit de La Hode), publiée par M. Brunzen de La Martinière. *La Haye, Van Duren*, 1740-1742, 5 vol. in-4, nombr. fig. de médailles gr. sur cuivre, v. f. ant. dos orné, tr. r.

Le P. La Hode et Brunzen de la Martinière sont tous les deux Normands.

2237. Histoire du Roy Louis le Grand par les médailles, emblêmes, devises, jettons, inscriptions, armoiries et autres monumens publics, recueillis et expliquez par le Père Claude-François Menestrier... augmentée de 5 planches. *Paris, Nolin*, 1691, in-fol. titre-front. et 61 pl. gr. v. ant. granit, dos orné et angles fleurdelisés.

Exemplaire aux armes du Cardinal MAZARIN.

La partie centrale de la grande planche : *Vue de la Place des Victoires*, manque. — Piqûres de vers.

2238. Histoire panégyrique de Louis XIV, Roy de France, sous le nom de Héros incomparable (par de La Motte le Noble). *Rouen, Antoine Maurry*, 1673, 7 parties en 1 vol. in-4, pl. gr. mar. r. dos fleurdelisé, fil. tr. dor. (*Rel. anc.*)

Ouvrage peu commun, orné de 7 planches gravées en taille-douce par *J. Toustain*, artiste normand.

Reliure un peu défraîchie.

2239. Siècle de Louis XIV (par Voltaire). Stéréotype d'Herhan. *Paris, Mame*, 1808, 2 vol. in-8, 2 pl. par Moreau, et 16 portr. dessinés et gr. par Aug. St Aubin, v. f. ant. dos orné. fil. dent. tr. dor.

Exemplaire sur PAPIER VÉLIN.

2240. Recherches curieuses sur quelques qualités, actions héroïques de la personne et sur le nom de Monseigneur l'éminentissime Cardinal Jules Mazarin... par D. Thomas Bonnet, prédicateur de l'ordre de S. Benoist. *Paris, Guillaume Sassier*, 1645, pet. in-8, vélin.

2241. Jugement de tout ce qui a esté imprimé contre le Cardinal Mazarin, depuis le sixième janvier, jusques à la déclaration du 1er avril mil six cens quarante-neuf. *S. l. n. d.* (*Paris*, 1649), in-4, v. ant. marb. dos orné, tr. r.

Ouvrage rare et très curieux, connu sous le nom de *Mascurat*. Ce sont des dialogues où Gabriel Naudé (Saint-Ange) et Mascurat (l'imprimeur Camuzat) s'entretiennent des pamphlets publiés contre Mazarin et jugent les ennemis du Ministre.

2242. Recueil de plusieurs pièces curieuses contre le Cardinal Mazarin, imprimées depuis l'enlèvement qu'il fit de la personne du Roy le 6 janvier 1649, jusques à la paix qui fut publiée le 2 jour d'avril de la mesme année et autres choses remarquables arrivées durant les trois mois que ce Ministre estranger a allumé la guerre contre le Parlement et le peuple de Paris et autres bons François. *S. l.* (*Paris*), 1649. — Réunion de 107 pièces en 1 vol. in-4, vélin.

Ces *Mazarinades* sont numérotées et sont précédées d'une table manuscrite.

2243. Histoire du temps, ou le véritable Récit de ce qui s'est passé dans le Parlement depuis le mois d'aoust 1647 jusqu'à la paix, avec les harangues de toutes les Compagnies souveraines et les advis différens qui ont été proposez dans les affaires qu'on y a solennellement traittées. *S. l. n. d.* (1649), in-4 de 6 ff. prél. et 240 pp. v. ant. marb.

Cet ouvrage dont la dédicace est signée L. P. R. est attribué par le P. Le Long à Nicolas Johannes, sieur du Portail et le privilège accordé à David du Petit Val et Jean Viret, imprimeurs du Roy en la ville de Roüen, est daté du 26 mars 1649. Le titre manque il est remplacé par un titre manuscrit.

On a ajouté : Journal contenant tout ce qui s'est faict et passé en la Cour de

Parlement de Paris, toutes les Chambres assemblées, sur le sujet des affaires du temps présent. *Paris*, 1652, 427 pp. — Le Vrai journal des Assemblées du Parlement, contenant ce qui s'y est fait depuis la Saint-Martin 1649, jusques à Pasques 1651. *Paris*, 1651, 2 ff. prél. et 172 pp. — Suitte du journal... depuis la Saint-Martin 1650 jusques à Pasques 1651. *S. l. n. d.* 76 pp. (*sans titre.*) — Le journal ou Histoire du temps présent, contenant toutes les déclarations du Roy... depuis le mois d'avril 1651 jusques en juin 1652. *Paris*, 1652, 2 ff. prél. et 323 pp. — Relation contenant la suitte et conclusion du Journal de tout ce qui s'est passé au Parlement, pour les affaires publiques depuis Pasques 1652 jusques en janvier 1653. *Paris*, 1653, 2 ff. prél. et 263 pp. — Ens. 6 ouvrages en 2 vol. in-4, v. ant. marb.

2244. Histoire de la Fronde, par M. le Comte de Sainte-Aulaire. *Paris*, *Baudouin*, 1827, 3 vol. in-8, demi-rel. v. bleu, dos orné, *non rog.*

2245. Souvenirs de Madame de Caylus. Nouvelle édition, avec une introduction et des notes par M. Charles Asselineau. *Paris*, *Techener*, 1860, in-12, portr. gr. demi-rel. mar. r. tête dor. non rog. couverture. (*Lortic.*)

Exemplaire sur PAPIER DE HOLLANDE, avec le portrait en double état: avec et AVANT LE CADRE.

2246. Les Œuvres de Mr Fouquet. Ministre d'Etat, contenant son accusation, son procès et ses défenses, contre Louis XIV, roy de France. *Paris, veuve de Cramoisy*, 1696, 16 vol. in-12, v. f. ant. dos orné, tr. r.

2247. Mémoires sur la Vie publique et privée de Fouquet, surintendant des finances... par A. Chéruel. *Paris*, *Charpentier*, 1862, 2 vol. in-8, br.

M. Chéruel, né à Rouen le 17 janvier 1809, est mort le 1er mai 1891.

2248. MÉMOIRES DE Mr D'ARTAGNAN, capitaine-lieutenant de la première compagnie des mousquetaires du Roi, contenant quantité de choses particulières et secrettes qui se sont passées sous le règne de Louis le Grand. *Cologne, Pierre Marteau* (*à la Sphère*), 1700, 3 vol. in-12, v. brun ant. dos orné.

Ces mémoires devenus rares sont aujourd'hui très recherchés.

2249. Jeux d'Esprit et de Mémoire, ou Conversations plaisantes avec des personnes les plus distinguées de l'Etat, par leur génie et leur rang, avec quelques particularitez qui se sont passées sous le règne de Loüis le Grand, par M. L. M. D. C. (Jean Brodeau, marquis de Châtres). *Cologne, Frédéric le jeune* (*à la Sphère*), 1697, in-12, v. f. dos orné, fil. dent. int. tr. dor.

Bel *ex-libris* ancien gravé et armorié.

2250. Le Mercure postillon de l'un à l'autre monde, traduit de l'italien en françois, par un amateur de la vérité. *Liège*, *Claude Guibert*, 1667, pet. in-12, v. f. ant.

Exemplaire aux armes de la Comtesse de VERRUE. — Timbre de la bibliothèque de CAYROL sur le titre.

2251. Vrankryks Staat-Zucht, Trouwloosheid en Wreedheid, ten toon gesteld in de onrechtvaardige Pretentien en schikkelijke bedrijven van Lodewyk de XIV. Bygenaamd Alderchristelijkste Koning, en Oudste Zoon van de Kerk... met figuren. *Tot Leuwaarden, Cornelis Teydema*, 1690, in-4, front. gr. et 3 pl. sur cuivre, vélin.

Livre très rare renfermant de violentes attaques contre Louis XIV et contre les troupes françaises que l'auteur accuse des plus abominables méfaits.

Quelques petites taches.

2252. Recueil de diverses pièces curieuses pour servir à l'Histoire (contenant : Response faite aux Mémoires de M. le comte de La Chastre, par M. le comte de Brienne. Conjuration de la Donna Hyppolite d'Aragon, baronne d'Alby, sur la ville de Barcelonne. Relation de la mort du marquis de Monaldeschi, par le R. P. Le Bel. Motif de la France, pour la guerre d'Allemagne... par M. Sarrasin...). *Cologne, Jean du Castel* (*Hollande, à la Sphère*), 1664, in-12, v. f. dos orné, fil. dent. int. tr. dor. (*Petit, succr de Simier*.)

PREMIÈRE ÉDITION sous cette date.

Cet ouvrage qui s'annexe à la Collection elzevirienne est une des plus jolies productions de Foppens. (Willems, *les Elzevier*, n° 2006.)

2253. Journal et Mémoires de Mathieu Marais, avocat au Parlement de Paris, sur la Régence et le règne de Louis XV (1715 1737), publiés pour la première fois, d'après le manuscrit de la Bibliothèque Impériale, avec une introduction et des notes, par M. de Lescure. *Paris, Firmin-Didot*, 1863-68, 4 vol. in-8, br.

2254. Chronique de la Régence et du règne de Louis XV (1718-1763) ou Journal de Barbier. Première édition complète conforme au manuscrit autographe de l'auteur... accompagnée de notes et d'éclaircissements et suivie d'un index. *Paris, Charpentier*, 1866, 8 vol. in-12, br.

2255. Histoire des Campagnes du Roy (Louis XV, représentées par des figures allégoriques avec une explication historique, par A. Gosmond, de Vernon). *Paris, chez l'auteur*, 1751, in-fol. titre, dédicace, 45 pl. et 1 f. pour la table gr. demi-rel. chag. noir.

Ouvrage entièrement gravé.

Exemplaire portant sur le dos les armes du vicomte de CHARNACÉ et son nom sur le f. de garde.

Augustin Gosmond naquit à Vernon (Eure), le 19 juin 1697.

2256. Histoire des Conquêtes de Louis XV, tant en Flandre que sur le Rhin, en Allemagne et en Italie, depuis 1744, jusques à la paix conclue en 1748. Ouvrage enrichi d'estampes, représentant les sièges et batailles, et de plans des principales villes assiégées et conquises, par Mr Dumortous. *A Paris, chez de Lormel*, 1759, in-fol. front. par Boucher, nombr. pl. fleurons, vign. et culs-de-lampe, par Eisen, Boquet, etc. et plans gr. v. ant. marb. dos orné.

Cassure à la p. 11 ; le dernier plan (Bruges) manque.

2257. Les Iniquités découvertes, ou Recueil des pièces curieuses et rares qui ont paru lors du procès de Damiens. *Londres*, 1760, pet. in-8, v. f. ant. fil. dent. int. tr. dor.

PREMIÈRE ÉDITION de ce recueil curieux et rare ; il contient cinq pièces, dont les trois premières qui sont de Grosley, avaient été condamnées au feu par arrêt de la grand'chambre en mars 1760.

2258. Le Gazetier cuirassé, ou Anecdotes scandaleuses de la Cour de France (par Ch. Theveneau de Morande). *S. l. Imprimé à cent lieues de la Bastille, à l'enseigne de la Vérité*, 1771, 3 parties en 1 vol. pet. in-8, front. gr. v. ant. marb.

Mouillure.

2259. Mémoires sur la Vie privée de Marie-Antoinette... suivis de Souvenirs et anecdotes historiques sur les règnes de Louis XIV, de Louis XV et de Louis XVI, par Mme Campan. Deuxième édition. *Paris, Baudouin*, 1823, 3 vol. in-8, demi-rel. v. vert. dos orné, non rog.

De la *Collection des Mémoires relatifs à la Révolution française.*

2260. Roger de Parne et Georges d'Heylli : La Régence, Portefeuille d'un roué. — Gazette anecdotique du règne de Louis XVI. — Le Directoire. — *Paris, Rouveyre*, 1880-1881. — Ens. 3 vol. in-8, pap. vergé front. et pl. gr. à l'eau-forte, vign. culs-de-lampe et lettres ornées, br. couvertures illustrées.

2261. Mémoires pour servir à l'Histoire des évènemens de la fin du dix-huitième siècle, depuis 1760 jusqu'en 1806-1810, par un contemporain impartial, feu M. l'abbé Georgel... publiés par M. Georgel... avec la gravure du fameux collier. Deuxième édition. *Paris, Eymery*, 1820, 6 vol. in-8, gr. planche gr. et pliée, cart. non rog.

2262. Mémoires inédits de Madame la comtesse de Genlis, sur le dix-huitième siècle et la Révolution Française depuis 1756 jusqu'à nos jours. *Paris, Ladvocat*, 1825, 8 vol. in-8, demi-rel. v. f.

De la collection des *Mémoires sur le XVIIIe siècle et la Révolution française.*

2263. Esquisses historiques des principaux événemens de la Révolution Française, depuis la convocation des Etats-Généraux jusqu'au rétablissement de la maison de Bourbon, par Dulaure. *Paris, Baudouin*, 1823-25, 5 vol. in-8, portr. pl. et cartes gr. demi-rel. v. f. dos orné, tr. marb.

2264. Esquisses historiques des principaux événemens de la Révolution Française, depuis la convocation des Etats-Généraux, jusqu'au rétablissement de la maison de Bourbon, par Dulaure. Seconde édition. *Paris, Delongchamps*, 1825-26, 6 vol. in-8, portr. pl. et cartes gr. demi-rel. v. f. avec coins, dos orné, ébarbé.

2265. Histoire de la Révolution Française, par M. A. Thiers. Cinquième édition. *Paris, Furne*, 1836, 10 vol. in-8, portr. et pl. gr. sur Chine d'après Tony Johannot, Raffet et A. Scheffer, demi-rel. v. violet, dos orné, tr. marb. (*Messier*.)

2266. Histoire générale et impartiale des erreurs, des fautes et des crimes commis pendant la Révolution Française, ornée de gravures et de tableaux (par Louis Prudhomme). *Paris*, 1779, 6 vol. in-8, demi-rel. bas. r. dos orné, *non rog.*

2267. Pamphlets sur l'abbé Maury. — Réunion de 27 pièces en 1 vol. in-8, demi-rel. v. f. tête peigne, non rog. (*Petit-Simier.*)

Le Goufre Infernal des Aristocrates, ou l'Antre de Galtey, dans lequel un jeune provincial entraîné comme malgré lui, se trouve initié aux Mystères diaboliques de la Cabale des noirs, par l'abbé Maury, & Barbasure, grand-vicaire de Toulouse, par Séraphin le Cadet. *Au Palais Royal, s. d.* front. gr. et 32 pp. — Lettre de l'abbé Maury au Vicomte de Mirabeau. (*Paris, Garnéry, s. d.*) 8 pp. — Le Père Duchesne en vendange, ou sa rencontre avec l'abbé Maury, à Suresne. *De l'Imprimerie du père Duchesne*, 8 pp. — Les Souliers de l'abbé Maury. *De l'Imprimerie de Jean Bart*, 8 pp. — Lettre du Muphty de Constantinople à Monsieur l'abbé Mauri. *Au Sérail, de l'Imprimerie de la Sultane Favorite*, 1789, 7 pp. — Messe du 14 juillet 1790, célébrée par l'abbé Maury. *Paris*, 1790, 6 pp. — L'abbé Maury frappant sa poitrine, ou la Passion de notre bon et humain clergé. *Paris*, 1790, 8 pp. — Petit Carême de l'abbé Maury, ou Sermons prêchés dans l'Assemblée des Enragés, 11 pièces. — Vie privée de l'abbé Maury, écrite sur des Mémoires (*Paris*), 1790, 28 pp. — Suite de la vie privée de M. l'abbé Maury, *Paris*, 1790, 24 pp. — Testament de J.-F. Maury, 8 pp. — La même pièce. *Paris*, 1790, 14 pp. — Requête du Vicomte de Mirabeau et consorts à l'Assemblée Nationale, en cassation du Testament de l'abbé Maury, mort civilement. *Paris, de l'Impr. des Ex-Calotins*, 1790, 8 pp. — Messe de Minuit, célébrée par le S. abbé Maury, assisté des vicomtes de Mirabeau et d'Esprémesnil, ses desservans. *Paris*, 1790, 32 pp. — Messe au Saint-Esprit à l'occasion du pacte fédératif célébrée par l'Archevêque d'Aix, et chantée par l'abbé Maury. *S. l.* 1790, 32 pp. — Les Délassemens comiques de l'abbé Maury aux enfers, ou sa deuxième lettre au Clergé, 8 pp. — La Mort de l'abbé Coco, 8 pp.

2268. Les Actes des Apôtres. *Paris, novembre* 1789-*octobre* 1791, 311 numéros en 10 vol. in-8, 16 pl. de caricatures gr. bas ant. marb.

Exemplaire bien complet de ce journal, l'une des feuilles royalistes les plus célèbres, et de toutes celles de l'époque la plus spirituelle et la plus piquante. Elle fut fondée par Peltier qui eut pour principaux collaborateurs: Rivarol, Champcenets, Mirabeau le jeune, pour le côté satirique, la gaîeté et l'épigramme en prose et en vers et les publicistes Bergasse, Montlosier et Lauraguais pour les œuvres sérieuses, la polémique sévère.

Exemplaire renfermant, à la suite du n° 311, la collection complète des *Petits paquets.*

Ex-libris étiquette Dubois de Fosseux. — Piqûres de vers au tome VIII.

2269. L'Observateur (par Feydel). *Paris, Garnéry et Voland, 8 août 1789 (origine) au 12 octobre 1790*, 3 vol. in-8, demi-rel. bas. brune.

Collection complète de l'un des plus spirituels journaux du parti populaire.

2270. La Chronique scandaleuse, ou Mémoires pour servir à l'histoire de la génération présente, contenant les anecdotes et les pièces fugitives les plus piquantes... pendant ces dernières années (par Guil. Imbert, ex-bénédictin). Quatrième édition. *Paris, dans un coin où l'on voit tout*, 1791, 5 vol. in-12, demi-rel. v. f. dos orné.

2271. Histoire-Musée de la République Française, depuis l'assemblée des notables jusqu'à l'Empire, par Augustin Challamel, avec les estampes, costumes, médailles, caricatures, portraits historiés et autographes les plus remarquables du temps. *Paris, Challamel*, 1842, 2 vol. gr. in-8, frontispices, nombr. pl. et vign. sur acier et sur bois et fac-similés, br. *couvertures.*

PREMIER TIRAGE.
Mouillure à la fin du tome II.

2272. Dupray de La Mahéric. Le Livre rouge. Histoire de l'échafaud en France, par MM. B. Maurice, A. de Bast, E. Fournier, J. Morel, de Lescure... Ouvrage orné de 50 portraits dessinés et gravés, par MM. C. Boulay, L. Bailly, Y. D'Argent, C. Vernier, Bocourt, etc. *Paris*, 1863, gr. in-4, nombr. portr. gr. br. dos cassé.

2273. Les Chemises rouges, ou Mémoires pour servir à l'Histoire du règne des anarchistes (par A. J. Th. Bonnemain). *Paris, Deroy, an VII* (1799), 2 tomes en 1 vol. in-12, titres et front. gr. demi-rel. bas. brune avec coins de vélin.

Rare.

2274. Histoire de Napoléon, par M. de Norvins. Septième édition. *Paris, Furne*, 1837, 4 vol. in-8, portr. pl. et cartes gr. demi-rel. v. violet, dos orné, *non rog.*

2275. Souvenirs de première jeunesse d'un curieux septuagénaire (Feuillet de Conches). Fin du premier Empire et commencement de la Restauration. *S. l. n. d.* (*Typographie de A. Wallon à Vichy*, 1877), in-8, demi-rel. mar. grenat avec coins, tête dor. non rog. (*Bretault.*)

Ouvrage fort curieux sur la société au commencement du XIXe siècle, suivi d'un index des noms cités. — Tiré à 100 exemplaires *pour distribution privée.*

2276. Mémoires, Souvenirs, œuvres et portraits, par Alissan de Chazet. *Paris, Postel*, 1837, 3 vol. in-8, 2 portr. et planche lithog. et fac-similés, br.

2277. Mémoires de Vidocq, chef de la Police de sûreté jusqu'en 1827, 4 vol. — Réflexions sur les moyens propres à diminuer les crimes et les récidives, par Vidocq. — *Paris, Tenon*, 1828-1844. — Ens. 5 vol. in-8, portr. par Deveria, dont 1 vol. en demi-rel. chag. grenat et 4 br. *couvertures illustrées.*

2278. Souvenirs numismatiques de la Révolution de 1848. Recueil complet des Médailles, monnaies et jetons qui ont paru en France depuis le 22 février jusqu'au 20 décembre 1848 (par de Saulcy). *Paris, Rousseau, s. d.* gr. in-4, 60 pl. lithog. demi-rel. chag. r. dos orné.

2279. Les Murailles révolutionnaires. Collection complète des professions de foi, affiches, décrets, bulletins de la République, fac-similé de signatures (Paris et les Départements) recueillies et publiées par Alfred Delvau). *Paris, Bry*, 1852, 2 vol. in-4, fig. et fac-similés (*sans les portraits*), br. couvertures illustrées.

4. Histoire de Paris et de diverses provinces.

2280. Les Odeurs de Paris, par Louis Veuillot. *Paris, Palmé*, 1867, in-8, demi-rel. mar. vert, tête dor. non rog.

Bel exemplaire auquel on a ajouté une LETTRE AUTOGRAPHE de l'auteur.

2281. Tableau de Paris (par L.-S. Mercier). *Hambourg, Neuchatel et Amsterdam*, 1781-1788, 12 tomes en 9 vol. — Le Nouveau Paris, par le Cit. Mercier. *Paris, s. d.* 2 tomes en 1 vol. — Ens. 14 tomes en 10 vol. in-8, v. ant. f. et marb. dos orné.

Le tome XII est relié avec le tome IX et le tome XI est relié avant le X dans le même volume.

2282. Edouard Fournier. Histoire des Enseignes de Paris, revue et publiée par le Bibliophile Jacob (P. Lacroix), avec un appendice par J. Cousin. *Paris, Dentu*, 1884, in-8, front. plan et nombr. fig. sur bois, br. couverture.

Exemplaire sur GRAND PAPIER DE HOLLANDE, avec le plan sur JAPON.

2283. Notes sur Paris. Vie et opinions de M. Frédéric-Thomas Graindorge, docteur en philosophie de l'Université d'Iéna .. recueillies et publiées par H. Taine son exécuteur testamentaire. *Paris, Hachette*, 1867, pet. in-8, demi-rel. mar. grenat avec coins, dos orné, fil. tête dor. ébarbé.

EDITION ORIGINALE.
Bel exemplaire.

2284. Alfred Delvau. Les Heures parisiennes. 25 eaux-fortes d'Emile Benassit. *Paris, Marpon et Flammarion*, 1882, in-12 carré, pap. vergé, front. et pl. gr. à l'eau-forte, br. *couverture illustrée*.

Dans cette édition la figure de *Minuit* est avec le petit amour.

2285. Labyrinte de Versailles (avec l'explication en prose par Ch. Perrault et trente-neuf fables en vers par Benserade). *A Paris, de l'Impr. Royale*, 1679, in-8, pl. par Séb. Le Clerc, v. brun ant.

Livre très recherché, orné de 41 planches de Sébastien Le Clerc représentant les fontaines et bocages du Labyrinthe de Versailles, dû au célèbre Le Nôtre.
Légère mouillure.

2286. Versailles immortalisé par les merveilles parlantes des bâtimens, jardins, bosquets, parcs, statues, groupes, termes et vases de marbre, de pierre et de métaux, pièces d'eaux, tableaux et peintures qui sont dans les châteaux de Versailles, de Trianon, de la Ménagerie et de Marly, composé en vers libres françois, par le sieur Jean-Baptiste de Monicart, avec une traduction en prose latine, par le sieur Romain Le Testu... *Paris, Ganeau*, 1720, 2 vol. in-4, front. 2 portr. en médaillon, vign. et 96 pl. par Wleughels, Aveline, Duflos, Fonbonne, Flipart, etc. v. ant. granit.

Tomes I et II, *seuls parus*, de cet ouvrage fort curieux qui devait avoir neuf volumes.
Légère mouillure.

2287. Histoire de la ville et des seigneurs de Coucy, avec des notes ou dissertations, et les pièces justificatives, par Dom Toussaints du Plessis, bénédictin de la Congrégation de Saint-Maur. *Paris, Babuty,* 1728, 2 parties en 1 vol. in-4, v. ant. marb.

Ouvrage recherché.
Exemplaire aux armes du *Collège archi-épiscopal de Rouen.*

2288. Apologie pour Messire Henri-Louys Chastaigner de La Rochepozay, Evesque de Poictiers, contre ceux qui disent qu'il est deffendu aux ecclésiastiques d'avoir recours aux armes en cas de nécessité (par Duvergier de Hauranne, abbé de Saint-Cyran). *S. l.* 1615, in-8, vélin.

Ouvrage rare et curieux. Il fut écrit à la suite de l'attaque de la ville de Poitiers en 1614 par le Prince de Condé et qui fut défendue par ses habitants avec l'évêque à leur tête la pique en main et la cuirasse au dos. Les 7 derniers ff. contiennent la liste des cardinaux et evesques qui en temps de nécessité ont pris les armes.

2289. Histoire des Rochelais, racontée à Julien Méneau, par son grand-père L. Delayant. *La Rochelle, Siret,* 1870, 2 vol. gr. in-8, br.

2290. Antiquités de Vésone, cité gauloise, remplacée par la ville actuelle de Périgueux, ou Description des Monumens religieux, civils et militaires de cette cité antique et de son territoire, précédée d'un essai sur les Gaulois, par le comte Wlgrin de Taillefer. *Périgueux, Dupont,* 1821-1826, 2 vol. in-4, 25 pl. gr. demi-rel. chag. vert.

2291. Sigillographie du Périgord, par Ph. de Bosredon. — Supplément. — *Périgueux, Dupont,* 1880-82. — Ens. 2 vol. in-4, 6 pl. en phototypie, br.

Publication de la *Société historique et archéologique du Périgord.*
Exemplaire auquel on a ajouté DEUX LETTRES AUTOGRAPHES de l'auteur relatives à l'ouvrage.

2292. Mémoires de Fléchier sur les Grands-Jours d'Auvergne en 1665, annotés et augmentés d'un appendice par M. Chéruel et précédés d'une notice par M. Sainte-Beuve. *Paris, Hachette,* 1856, in-8, front. gr. br.

Ouvrage très recherché et devenu rare.

2293. Histoire de l'imcomparable administration de Romieu, grand ministre d'Estat en Provence lors quelle estoit en souveraineté, où se voyent les effects d'une grande sagesse et d'une rare fidélité. Ensemble le vray modèle d'un ministre d'Estat et d'un surintendant de finances, par le Sr Michel Baudier, du Languedoc... *Paris, Jean Camusat,* 1635, pet. in-8 de 82 pp. et 1 f. non ch. pour le privilège, titre-front. gr. cart.

Reproduction fac-similée exécutée en 1841 par le procédé litho-typographique Dupont.

2294. Relation du Siège de Metz en 1444, par Charles VII et René d'Anjou, publiée sur les Documens originaux, par MM. de Saulcy et Huguenin aîné. *Metz, Troubat,* 1835, in-8, 10 pl. plans ou carte lithog. br.

2295. Sigillographie de Toul, par Charles Robert. *Paris, Rollin et Feuardent,* 1868, gr. in-4, 41 pl. gr. br.

VI. HISTOIRE DE DIVERS PAYS ÉTRANGERS.

2296. Kabinet van Nederlandsche Outheden, en gezichten ; Vervat in 300 konstplaren, verzamelt, getekent en in'tkoper gebragt, door den Konst-ryken Abraham Rademaker,.. *T'Amsterdam, Schoonenburg,* 1731, 2 tomes en 1 vol. in-4, texte en hollandais, en anglais et en français, 2 front. gr. et 300 pl. par A. Rademaker, v. brun ant. dos orné, fil. comp. et milieu dor.

2297. Le Premier (et le second) volume des Antiquitez de la Gaule Belgicque, Royaulme de France, Austrasie et Lorraine, avec l'origine des Duchez et Comtez de l'ancienne et moderne Brabant... et aultres principaultez, extraictes soubz es vies des evesques de Verdun, anciēne cité d'icelle Gaule, par M. Richard de Wassebourg, archidiacre en l'église de Verdun, avec plusieursepithomeset sommaires, es vies des Papes, Empereurs, Roys... depuis Jules Cæsar jusques à presēt 1549. (A la fin :) *Imprime à Paris, par Françoys Girault,* 1549, 2 tomes en 1 vol. in-fol. titres avec encadrements et figure sur bois répétés à chaque vol. v. f. ant. dos orné, fil.

Exemplaire aux secondes armes et au chiffre de Jacques-Auguste DE THOU.

2298. Commentarii sive Annales rerum Flandricarum libri septemdecim. Autore Jacobo Meyero Baliolano... *Antverpiæ, in ædibus Joannis Steelsii (excudebat Jo. Graphæus),* 1561, in-fol. titre avec un encadrement sur bois, v. ant. marb.

Exemplaire aux armes et au chiffre de Charles de SAINT-ALBIN, évêque de Laon d'abord, puis évêque de Cambrai, portant au bas du titre la SIGNATURE AUTOGRAPHE d'ÉTIENNE BALUZE et le cachet de J. A. J. DELIGNIERES DE BOMMY, *d'Abbev^e*, répété sur plusieurs ff. — Mouillure.

2299. Della Guerra di Fiandra libri VI, di Pompeo Giustiniano... posti in luce da Giuseppe Gamurini gentil' huomo Aretino con le figure delle cose piu notabili. *Anversa, Torgnesio,* 1609, in-4, titre-front et 29 pl. ou plans gr. sur cuivre, vélin.

ÉDITION ORIGINALE.
Mouillure.

2300. Martini Hamconii Frisia, seu de Viris rebusque Frisiæ illustribus libri duo. Opus ab authore recognitum, auctum et imaginibus Regum, Potestatum ac Principum exornatum. Adjecti sunt Pontifices Frisiorum Ethnici, seu præfecti druydam... *Franckaræ, excu-*

debat Joannes Lamrinck, 1620, pet. in-4, nombr. portr. sur cuivre, v. ant. marb. dos orné, tr. dor.

Ouvrage peu commun orné des portraits en pied des comtes et autres souverains de la Frise, accompagnés de leurs armoiries.

Exemplaire aux armes de LEFÈVRE DE CAUMARTIN, marquis de Saint-Ange, ministre d'Etat.

2301. Histoire métallique de la République de Hollande, par M. Bizot. *Paris, Horthemels*, 1687, in-fol. front. gr. pl. et nombr. fig. sur cuivre, v. ant. marb.

2302. Histoire métallique (et Supplément à l') de la République de Hollande, par Mr Bizot. Nouvelle édition. *Amsterdam, Pierre Mortier*, 1688-90, 3 vol. in-8, front. gr. et répété à chaque vol. nombr. pl. et fig. de médailles gr. v. ant marb. dos orné.

2303. Histoire générale de Venise, depuis la fondation de la ville jusques à présent ; extraite de plusieurs Mémoires et divers autheurs... avec les sommaires des matières principales contenues en chasque livre, par Th. de Fougasses, gentilhomme d'Avignon. *Paris, Abel l'Angelier*, 1608, 2 vol. in-4, 2 portr. gr. v. brun ant. fil.

Rare.

2304. Histoire de la Conjuration des Espagnols contre la République de Venise (et Histoire de la Conjuration des Gracques), par Saint-Réal. *Paris, Renouard*, 1795, gr. in-4, pap. fort, cart. *non rog.*

Tiré à très petit nombre.

2305. Joannis Marianæ, Hispani, Historiæ de rebus Hispaniæ libri XXX. *Moguntiæ, Lippii*, 1605-1619, 2 vol. in-4, v. f. ant. dos orné, fil.

Exemplaire aux armes de TALLEMANT DES RÉAUX.

2306. Histoire du Cardinal Ximenès, par Messire Esprit Fléchier, évêque de Nismes. *A Paris, chez Jean Anisson*, 1693, in-4, portr. gr. par G.-Fr. Edelinck, mar. r. dos orné, fil. tr. dor. (*Rel. anc.*)

ÉDITION ORIGINALE.

SIGNATURE AUTOGRAPHE de SAINT-AUBIN sur un f. de garde, accompagnée de la date du 31 juillet 1800. — Grattage dans la marge extérieure du titre.

2307. Henr. Günt. Thülemarii Opuscula de Bullis : Tractatio de Bulla aurea, argentea.plumbea et cerea in genere, nec non in specie de aurea Bulla Caroli IV Imperatoris. Accedunt : I. Textus Aureæ Bullæ Caroli IV Imper. anno 1356... II. Copia Msti Aureæ Bullæ Carolinæ, invenitur, atque anno 1400 jussu Wenceslai Imp... III et IV. Copia duarum Versionum Germanicarum Aureæ istius Bullæ V. Aurea Bulla Androcini Imperatoris Constantinopolitani cum notis et addit. VI. Aurea Bulla Brabantina cum commentar. VII. Capitulatio Maximiliani II. *Francofurti ad Mœnum, sumptibus Joannis Melchioris Bencard*, 1697, 8 parties en 1 vol. in-fol. front. gr. 1 planche gr. et pliée et cuivre, nombr. fig. sur bas. ant.

2308. Sanctio pragmatica Germanorum illustrata: edidit Christoph. Guilielmus Koch. *Argentorati, typis Rollandi et Jacobi*, 1789, in-4, 4 pl. gr. et pliées, br. *non rog.*

2309. Anglica Normannica, Hibernica, Cambrica à veteribus scripta: Ex quibus Asser Menevensis, Anonymus de vita Gulielmi Conquestoris, Thomas Walsingham, Thomas de la More, Gulielmus Gemiticensis, Giraldus Cambrensis: Plerique nunc primùm in lucem editi, ex Bibliotheca Guilielmi Camdeni. *Francofurti, Claudinii Marnii*, 1603, in-fol. v. f. ant dos orné, fil. et milieu de feuillage. *(Rel. fatiguée.)*

2310. The Sports and pastimes of the people of England, including the rural and domestic recreations may games, schows, processions, pageants and pompous spectacles, from the earliest period to the present time, by Joseph Strutt... A new edition, with a copious index, by William Hone. *London, Tegg*, 1833, in-8, nombr. fig. sur bois, cart. dos de perc. rose, non rog.

2311. Histoire d'Angleterre, d'Ecosse et d'Irlande, contenant les choses plus dignes de mémoire avenuës aux Isles et Royaume de la Grande Bretagne, d'Irlande, de Man et autres adjacentes... Seconde édition, reveuë et augmentée jusques à présent, par André du Chesne. *Paris, Guillaume Loyson*, 1634, fort. vol. in-fol. v. brun ant. fil.

2312. Histoire d'Angleterre, d'Ecosse et d'Irlande, avec un abrégé des évènements les plus remarquables arrivez dans les autres Etats, par Monsieur de Larrey. *Roterdam, Leers*, 1707-1713, 4 vol. in-fol. 2 front. et nombr. portr. gr. v. ant. marb. dos orné.

Isaac de Larrey est né à Lintot (Seine-Inférieure), le 25 janvier 1639.

2313. Histoire d'Angleterre, représentée par figures accompagnées de discours. Les figures gravées par Fr.-A. David, le discours par Le Tourneur et Guyot. *Paris, David*, 1784-1800, 3 vol. in-4, 3 front et 111 pl. gr. par David, v. ant. écaille, dos orné, fil. tr. dor.

P.-F. Le Tourneur est né à Valognes, en 1736.

2314. Histoire pittoresque de l'Angleterre et de ses possessions dans les Indes depuis les temps les plus reculés jusqu'à la réforme de 1832, par le Bon de Roujoux, publiée par MM. Alfred Mainguet et Alexandre Mure de Pelanne... *Paris*, 1834-1836, 3 vol. gr. in-8 à 2 col. nombr. portr. fig. sur bois et cartes gr. demi-rel. v. r. dos orné. tr. marb. (*Kleinhans.*)

PREMIER TIRAGE.

2315. Joannis Battely, archidiaconi Cantuariensis, Opera posthuma, viz. antiquitates Rutupinæ et antiquitates S. Edmundi Burgi ad annum 1272 perductæ. *Oxoniæ, e theatro Sheldoniano*, 1745, 2 parties en 1 vol. in-4, 16 pl. et vign. gr. v. ant. rac.

2316. De Vita et rebus gestis Serenissimæ Principis Mariæ Scotorum reginæ Franciæ dotariæ, quæ scriptis tradidere autores sedecim et ad optimæ fidei codices recensita à Samuele Jebb. *Londini, Woodman*, 1725, 2 vol. in-fol. beau portrait de Marie Stuart gr. par G. Vertue, demi-rel. v. brun avec coins.

Cette collection renferme toutes les pièces et ouvrages publiés au XVIe siècle sur Marie Stuart, dont plusieurs sont en français.

2317. Histoire de Marie Stuart, par M. Mignet. Septième édition. *Paris, Didier*, 1885, 2 vol. in-8, demi-rel. mar. r. avec coins, fil. tête dor. non rog.

2318. Historia de Gentibus Septentrionalibus, authore Olao Magno, archiepiscopo Upsalensi... *Antverpiæ, ex officina Christophori Plantini*, 1658, in-8, car. ronds, fig. vélin.

Première édition de cet abrégé de la grande histoire d'Olaüs Magnus, fait par Corneille Grapheus, premier protecteur de Plantin. Le titre porte la célèbre marque du compas, accompagnée de la devise *Labore et Constantia*, que cet imprimeur employait ici pour la seconde fois.

Ce volume est peu commun et très recherché ; il est orné de plus de deux cents figures sur bois.

Mouillure et piqûres de vers.

2319. Mallet : Introduction à l'Histoire de Dannemarc, où l'on traite de la Religion, des loix, des mœurs et des usages des anciens Danois. — Monumens de la Mythologie et des poésies des Celtes et particulièrement des anciens Scandinaves, pour servir de supplément et de preuves à l'introduction à l'Histoire de Dannemarc. — *Copenhague, Philibert*, 1755-1756. — Ens. 2 ouvrages en 1 vol. in 4, portr. et carte gr. v. ant. marb. dos orné, fil.

Ouvrage estimé.

2320. Histoire de Catherine II, impératrice de Russie, par J. Castéra. *Paris, Buisson, an VIII* (1800), 4 vol. in-12, demi-rel. v. brun, dos orné à petits fers, tête peigne, *non rog*.

2321. Mémoires du Baron de Tott, sur les Turcs et les Tartares, *Amsterdam (Paris)*, 1785, 2 vol. in-4, 16 pl. gr. et pliées, v. ant. écaille, dos orné, fil. dent. int. tr. dor.

Exemplaire sur grand papier.

2322. Histoire générale des Roïaumes de Chypre, de Jérusalem, d'Arménie et d'Egypte, comprenant les Croisades avec plus d'exactitude qu'aucun auteur moderne les ait encore rapportés.,. par Mr le chevalier Dominique Jauna... *Leide, Luzac*, 1747, 2 vol. in-4, 2 portr. 6 cartes ou plans et vign. gr. v. ant. marb. dos orné, tr. r.

Edition originale.

Léger raccommodage à 2 cartes.

2323. La Chine d'Athanase Kircher... illustrée de plusieurs Monuments tant sacrés que profanes et quantité de recherches de la nature et de l'art... avec un Dictionnaire chinois et françois, lequel est très rare et qui n'a pas encore paru au jour, traduit par F.-S. Dalquié. *Amsterdam, Jansson et Waesberge*, 1670, in-fol. front. nombr. pl. fig. et carte gr. v. ant. granit.

2324. An Account of the English Colony in New South Wales : with remarks on the dispositions, customs, manners, etc. of the native inhabitants of that country. To which are added, some particulars of New Zealand, compiled, by permission, from the mss. of Lieutenant-governor King, by David Collins... *London, Cadell*, 1798, in-4, carte gr. 19 pl. sur acier et vign. demi-rel. v. f. dos orné.

2325. Histoire de la grande Isle de Madagascar, composée par le sieur de Flacourt, directeur général de la Compagnie françoise de l'Orient... avec une Relation de ce qui s'est passé ès années 1655, 1656 et 1657 non encor veuë par la première impression. *Troyes et Paris, Pierre l'Amy*, 1661, in-4, 14 pl. plans ou cartes gr. v. brun ant. dos orné.

Rare.

2326. Le Miroir de la Tyrannie espagnole perpétrée aux Indes Occidentales. On verra icy la cruauté plus que inhumaine, commise par les Espagnols, aussi la description de ces terres, peuples et leur nature, mise en lumière par... Bartholome de Las Casas... titre-front. et 17 fig. sur cuivre. — Le Miroir de la cruelle et horrible tyrannie espagnole perpétrée au Pays Bas, par le tyran duc d'Albe et aultres cõmandeurs de par le Roy Philippe le deuxiesme (par Jean Everhardts Cloppenburg). On a adjoint la deuxiesme partie de les tyrannies commises aux Indes Occidentales par les Espagnols. Nouvellement exorné avec taille douce en cuyvre ; titre-front. et 20 fig. sur cuivre. — *Amsterdam, Jan Evertss Cloppenburg*, 1620. — Ens. 2 ouvrages en 1 vol. in-4, front. et fig. vélin.

Déchirure enlevant du texte au f. 18 du premier ouvrage, cassures et mouillures.

2327. Histoire et Description générale de la Nouvelle France, avec le journal historique d'un Voyage fait... dans l'Amérique Septentrionale, par le P. de Charlevoix. *Paris, Nyon*, 1744, 6 vol. in-12, 74 pl. plans ou cartes gr. v. ant. marb.

Légères cassures à quelques cartes.

2328. Histoire de l'Isle Espagnole, ou de S. Domingue, écrite particulièrement sur des mémoires manuscrits du P. Jean-Baptiste Le Pers, par le P. Pierre-François-Xavier de Charlevoix. *Paris, Guérin*, 1730-31, 2 vol. in-4, nombr. cartes gr. et pliées, v. brun ant.

Légères piqûres de vers.

2329. Histoire du Paraguay, par le P. Pierre-Xavier de Charlevoix. *Paris, Didot*, 1757, 6 vol. in-12, 6 cartes ou plans gr. v. ant. marb.

VII. NOBLESSE.

2330. Mémoires sur l'ancienne chevalerie, considérée comme un établissement politique & militaire, par M. de La Curne de Sainte-Palaye. Nouvelle édition. *Paris*, *Ve Duchesne*, 1781, 3 vol. in-12, v. ant. marb. dos orné.

2331. Le Vrai Théâtre d'honneur et de chevalerie, ou le Miroir héroïque de la noblesse, contenant les combats ou jeux sacrez des Grecs et des Romains, les triomphes, les tournois, les jouxtes... avec le formulaire d'un Tournoy tel qu'on le pourroit faire à présent avec les armes dont les gentils-hommes se servent à la guerre, par Marc de Vulson, sieur de La Colombiere. *Paris*, *Augustin Courbé*, 1648, 2 vol. in-fol. front. portr. et pl. gr. v. brun ant. fatigué.

Ouvrage très curieux et fort recherché orné de 2 frontispices, 2 portraits, 5 planches et figures par F. Chauveau.

Petite cassure à une planche; légères mouillures et raccommodages.

2332. Catalogue des Chevaliers, commandeurs et officiers de l'Ordre du Saint Esprit, avec leurs noms et qualités, depuis l'institution jusqu'à présent. *Paris*, *Ballard*, 1760, in-fol. front. par Fr. Boucher, vign. et nombr. blasons gr. v. ant. marb. dos orné, fil. tr. dor.

Bel exemplaire sur GRAND PAPIER, avec les insignes de l'ordre au centre et aux angles des plats.

2333. Nouvel Office pour les chevaliers de l'ordre du St Esprit. *S. l.* (*Paris*), *Impr. Royale*, 1768, in-12, pap. vergé fort, titre-front. vign. et culs-de-lampe gr. v. f. ant. dos fleurdelisé, fil. emblèmes de l'Ordre au centre des plats, tr. dor.

2334. Les Diverses espèces de Noblesse et les manières d'en dresser les preuves, par le P. Menestrier. *Paris, pour T. Amaulry, libr. à Lyon*, 1682, in-12, front. 4 pl. gr. et arbres généalogiques, v. brun ant. *fatigué*.

Ex-libris gravé et armorié de John NEWLING.

2335. Traité de la Noblesse et de toutes ses différentes espèces. Nouvelle édition, augmentée des traitez de blason des armoiries de France; de l'origine des noms, sus-noms et du ban et arrière-ban, par Monsieur de La Roque. *Rouen*, *Le Boucher*, 1735, 4 parties en 1 vol. in-4, v. ant. marb. dos orné.

Edition la plus complète de cet ouvrage estimé.

Gilles-André de La Roque, né à Cormelles près de Caen, en 1598, mourut à Paris, en 1686.

2336. La Précédence de la Noblesse, sus un différent en cas de précédence plaidé en audience publique, au Souverain Sénat de Savoye entre les Nobles et Scindics du tiers Estat d'une paroisse. Œuvre contenant des choses fort singulières... concernant les honneur, révérences, séances et précédences de nostre temps... par G. de Oncieu, seigneur de Doures et de Cogna, et sénateur audit Sénat. *Lyon, J. Baptiste Buisson*, 1593, pet. in-8, vélin.

Ouvrage très rare, non cité par Brunet.
Mouillure et griffonnages en marges des ff. de la table.

2337. Alph. Chassant: Les Nobles et les vilains du temps passé, ou Recherches critiques sur la Noblesse et les usurpations nobiliaires. — Nobiliana. Curiosités nobiliaires et héraldiques, suite du livre intitulé : Les Nobles et les vilains. — *Paris, Aubry*, 1857-1858. — Ens. 2 vol. pet. in-8. pap. vergé, frontispices et fig. de blasons, demi-rel. mar. r. avec coins, dos orné, fil. tête dor. ébarbé.

2338. Origine des Ornemens des Armoiries, par le R. P. C. F. Menestrier, de la Compagnie de Jésus. *Paris, Thomas Amaulry*, 1680, in-12, front. et 7 pl. gr. dont 6 de blasons, v. f. ant. fil.

Rare.

2339. La Nouvelle Méthode raisonnée du Blason pour l'apprendre d'une manière aisée, réduite en leçons par demandes et réponses, par le P. C. F. Ménestrier. *Bourdeaux, par la Société*, 1698, in-12, front. pl. gr. et 30 pl. de blasons, v. ant. marb.

2340. La Nouvelle Méthode raisonnée du Blason, pour l'apprendre d'une manière aisée, réduite en leçons par demandes et par réponses, par le P. C. F. Ménestrier. Nouvelle édition, revue, corrigée et augmentée (par Lemoine). *Lyon, Bruys et Ponthus*, 1754, in-12, front. fig. pl. gr. et 30 pl. de blasons, v. ant. marb.

2341. Le Tableau des Armoiries de France, auquel sont représentées les origines et raisons des armoiries, hérauts d'armes et des marques de Noblesse, par Philippe Moreau, Bourdelois. *Paris, Robert Foüet*, 1609, in-8, figure gr. par L. Gaultier, vélin fatigué.

Première édition.
Incomplet des pages 7 à 10.

2342. L'Art héraldique, contenant la manière d'apprendre facilement le blason, enrichi de figures nécessaires pour l'intelligence des termes. Nouvelle édition... augmentée, par A. Playne. *Paris, Osmont*, 1717, in-12, front. et 36 pl. de blasons, v. ant. granit.

2343. La Science du Blason, accompagnée d'un Armorial général des familles nobles de l'Europe, publiée par M. le vicomte de Magny... *Paris, Aubry*, 1858, gr. in-8 à 2 col. titre avec un encadrement en couleur et nombr. fig. de blasons, br. couverture, dos cassé.

2344. Blason ou Art héraldique. — Album de 33 planches extraites de *l'Encyclopédie méthodique* (1789), gr. sur cuivre par Benard et montées sur onglets en 1 vol. in-4, br.

Recueil très intéressant renfermant environ 1500 blasons, casques, couronnes, tenants, supports, décorations, oriflammes, etc. Parmi les blasons, il s'en trouve environ 650 de familles nobles, dont plusieurs ne figurent qu'ici.

2345. Indicateur du grand Armorial général de France. Recueil officiel dressé en vertu de l'édit de 1696, par Charles d'Hozier, ou Table alphabétique de tous les noms des personnes, villes, communautés et corporations dont les armoiries ont été portées, peintes et blasonnées aux registres inédits dont se compose l'armorial général de France... publié sous la direction de M. Louis Paris. *Paris, Bachelin-Deflorenne*, 1865, 2 tomes en 4 vol. in-8 à 2 col. pap. vergé, br.

2346. Histoire généalogique et chronologique de la Maison Royale de France, des grands officiers de la Couronne et de la Maison du Roy, avec les qualitez, l'origine et le progrès de leurs familles... par le P. Anselme, revuë, corrigée et augmentée par l'auteur, et après son décès continuée jusques à présent par un de ses amis (Honoré Caille du Fourny). *Paris, Charpentier*, 1712, 2 vol. in-fol. v. ant. granit.

Grand *ex-libris* du Collège archiépiscopal de Bourbon de Rouen sur chaque volume. — Tache sur le premier plat de la reliure et sur les marges extérieures des 4 premiers ff. du tome I.

2347. Alliances généalogiques des Rois et Princes de Gaule, par Claude Paradin. *Lion, par Jan de Tournes*, 1561, in-fol. titre avec un bel encadrement sur bois et nombr. blasons, bas. ant. marb. dos orné.

Première édition de cet ouvrage recherché, orné d'environ 1.200 blasons gr. sur bois.

2348. André Du Chesne : Histoire généalogique des Ducs de Bourgogne de la Maison de France. — Histoire des Comtes d'Albon et Dauphins de Viennois. — Histoire généalogique des Comtes de Valentinois et de Diois, seigneurs de Saint Valier, de Vadans et de la Ferté de la Maison de Poitiers. — *Paris, Sébastien Cramoisy*, 1628. — Ens. 3 ouvrages en 1 vol. in-4, blason gr. sur chaque titre, vélin.

2349. André Du Chesne : Histoire généalogique de la Maison Royale de Dreux... — Histoire généalogique de la Maison de Bar-le-Duc... — Histoire généalogique des Maisons de Luxembourg et de Limbourg... — Histoire généalogique de la Maison Du Plessis de Richelieu... — Histoire généalogique de la Maison de Broyes et de Chasteauvillain... — *Paris, Sébastien Cramoisy*, 1631. — Ens. 5 ouvrages en 1 vol. in-fol. arbre généalogique et nombr. fig. de blasons gr. sur cuivre, v. f. ant. dos orné, fil.

Ces ouvrages qu'on trouve rarement réunis sont très recherchés. Légères mouillures au commencement et à la fin.

2350. Histoire généalogique de la Maison Royale de Courtenay, justifiée par plusieurs Chartes de diverses Églises, arrests du Parlement... et autres preuves dignes de foy, par Monsieur Du Bouchet. *Paris, Jean Du Puis*, 1661, 2 parties en 1 vol. in-fol. portr. pl. et nombr. blasons gr. v. ant. marb.

2351. Extrait de la généalogie de la Maison de Mailly, suivi de l'Histoire de la branche des comtes de Mailly, marquis d'Haucourt et de celle du marquis du Quesnoy, dressé sur les titres originaux sous les yeux de M. de Clairambault, généalogiste des Ordres du Roy et pour l'Histoire par M*** (Paul Lucas, dit le P. Simplicien). *Paris, Ballard*, 1757, 5 parties en 1 vol. gr. in-4, frontispices et titres gr. arbre généalogique, pl. et fig. de blasons, v. ant. marb. dos orné, tr. r.

Exemplaire sur GRAND PAPIER portant sur le dos les armes de la famille de MAILLY.

Mouillure et légère cassure à l'arbre généalogique.

2352. Les Généalogies et anciennes descentes des Forestiers et Comtes de Flandre, avec briėves descriptions de leurs vies et gestes, le tout recueillij... par Corneille Martī, Zelandoys. Et ornées de portraicts, figures et habitz.. par Pierre Balthasar, et par lui-mesme mises en lumière. *Anvers, Pierre Balthasar, s. d.* (1580), titre-front. gr. 2 fig. à pleine page, portr. gr. et fig. de blasons. — Principes Hollandiæ et Zelandiæ, domini Frisiæ : auctore Michaële Vosmero. *Antverpiæ, excudebat Christophorus Plantinus, Philippo Gallæo*, 1578, front. gr. portr. sur le titre et portr. gr. — Ens. 2 ouvrages en 1 vol. in-fol. front. nombr. portr. et pl. gr. v. brun ant. fil. et comp. à froid, angles et milieu dor. (*Rel. fatig.*)

Ouvrages très recherchés; le premier est orné de 40 portraits gr. par Pierre Balthasar; le second de 36 portraits gr. par Ph. Galle représentant les comtes et comtesses de Hollande, Zélande, Frise, etc.

On a ajouté au second ouvrage 18 jolis portraits gr. par Flipart reproduisant les mêmes comtes ou comtesses, mais en bustes et dans d'autres attitudes.

Cassure dans la marge inférieure de 3 ff.

VIII. ARCHÉOLOGIE.

2353. L'ANTIQUITÉ EXPLIQUÉE (en français et en latin) et représentée en figures par Dom Bernard de Montfaucon; 5 tomes en 10 vol. — Supplément au livre de l'Antiquité expliquée... 5 vol.— *Paris, Delaulne*, 1722-1724. — Ens. 15 vol. in-fol. front. et nombr. pl. gr. v. ant. marb.

Ouvrage très recherché.

2354. La Vie privée des anciens. Texte par René Ménard, dessins d'après les monuments antiques, par Cl. Sauvageot. *Paris, Morel*, 1881-1883, 3 vol. gr. in-8, nombr. fig. dans le texte, demi-rel. chag. r. tête dor. ébarbé.

La Famille dans l'Antiquité. — Le Travail dans l'Antiquité. — Les Institutions de l'Antiquité.

2355. Funerali antichi di diversi popoli et nationi... descritti in dialogo da Thomaso Porcacchi da Castiglione, Arretino, con le figure in rame di Girolamo Porro Padovano. *Venetia, Galignani*, 1591, in-fol. titre-front. 23 fig. gr. sur cuivre et belle marque de l'imprimeur au dernier f. bas. ant. *très fatiguée.*

Ouvrage recherché à cause des figures dont il est orné.

Mouillure et raccommodages.

2356. Laurentii Pignorii Patavini de Servis et eorum apud veteres ministerijs commentarius. In quo familia, tum urbana, tum rustica, ordine producitur et illustratur. Editio secunda. *Patavii, typis Pauli Frambotti*, 1656, in-4, nombr. fig. sur bois, v. f. ant. dos orné, fil.

2357. De l'Origine des Etrennes, par Jacob Spon. *Paris, Didot l'aîné*, 1781, in-18 de 36 pp. demi-rel. mar. r. avec coins, tête dor. ébarbé.

2358. Hieroglyphica, sive Antiqua Schemata, gemmarum anularium quæsita moralia, politica, historica, medica, philosophica et sublimiora... diligenter explicata responsis Fortunii Liceti Genevensis... *Patavii, Sardi*, 1653, in-fol. portr. gr. et 64 fig. gr. sur cuivre, v. brun ant. *fatigué*.

Exemplaire aux armes, un peu effacées sur un des plats, de Pierre Hennequin, président au Parlement de Paris.

2359. Hieronymi Mercurialis de Arte gymnastica libri sex... Quarta editione correctiores et auctiores facti... *Venetiis, apud Juntas*, 1601, in-4, nombr. fig. sur bois, cart.

2360. Jacobi Lydii syntagma sacrum de re militari : nec non de jure jurando dissertatio philologica. Opus postumum et multa eruditione commendatum... notisque illustravit Salomon Van Til. *Dordaci, Cornelium Willegardum*, 1698, in-4, front. gr. et 12 pl. sur cuivre, vélin, dos orné, fil. milieu dor. et angles fleurdelisés.

2361. Jac. Apini dissertatio de loricis linteis veterum et novo loricarum invento variis notis et figuris æneis aucta. *Altorfii, typis J.-G. Kohlesii*, 1719, 32 pp. de texte et 1 pl. gr. — Dissertatio philologica de curribus bellicis in Oriente usitatis...auctore Chrit. Schulaze. *Vitembergæ*, 1722, 54 pp. — J. Frid. Gunzii epistola de vota puerorum coma et juvenum Barba apud veteres. *Lipsiæ, ex off. Langenhemiana*, 1737, 20 pp. — De Caussis Barbæ Deorum, auctore G. Frid, Guhlingius. *Vitembergeæ*, 1725, 16 pp. — Ens. 4 pièces en 1 vol. in-4, demi-rel. mar. bleu avec coins.

Recueil de pièces rares et curieuses.

2362. Joannis Pierii Valeriani, Bellunensis, Hieroglyphica... ejusdem Pierii pro Sacerdotum Barbis declamatio et poëmata varia... accesserunt in hoc postrema editione, Hori Apollinis hieroglyphicorum libri duo : item hieroglyphicorum, emblematumque medicorum, authore Ludovico a Casanova... *Lugduni, Frellon*, 1526, 4 parties en 1 vol. in-fol. titre avec un bel encadrement gr. et nombr. fig. sur bois, v. ant. marb.

Edition la meilleure et la plus complète.

2363. Essai sur les Hiéroglyphes des Egyptiens, où l'on voit l'origine & le progrès du langage et de l'écriture, l'antiquité des sciences en Egypte, & l'origine du culte des animaux ; traduit de l'anglois de M. Warburthon (par Léonard des Malpeines). *Paris, Guérin*, 1744, 2 vol. in-12, pl. gr. v. ant. marb. dos orné.

2364. Hieroglyphica of Merkbeelden der oude volkeren... in LXIII hoofdstukken, en zoo veele Kopere print blaaden, beschreven en verbeeld door Mr Romeyn de Hooghe... overzien en beschaaft door Arn Henr. Westerhovius. *Te Amsteldam, by Joris van der Woude*, 1735, in-4, pl. gr. v. ant. marb.

Belle édition ornée de 1 frontispice et 61 planches gravées à l'eau-forte par Romain de Hooghe, 1 beau portrait gravé par Houbraken, 1 fleuron sur le titre et 2 vignettes par J. Wandelaar.
Exemplaire sur GRAND PAPIER. — Les planches 13 et 23 manquent.

2365. Joannnis Meursii græciæ ludibunda, sive de Ludis græcorum, liber singularis : accedit Danielis Souterii Palamedes, sive de Tabulâ lusoriâ, aleâ et variis ludis libri tres. *Lugd. Bat. ex officina Elzeviriana*, 1625, 2 parties en 1 vol. pet. in-8, v. f. ant. dos orné, fil. dent. et comp. dor. et à froid, tr. dor.

2366. Novus Thesaurus Antiquitatum Romanarum, congestus ab Alberto Henrico de Sallengre. *Hagæ-Comitum, Gosse*, 1716-1719, 3 vol. in-fol. 3 front. dont 2 par B. Picart, pl. gr. et fig. sur cuivre, v. f. ant. dos orné.

2367. Le Thrésor des Antiquitez romaines, où sont contenues et descrittes par ordre toutes les cérémonies des Romains, par M. C.-E. Du Boulay... *Paris, Denys Thierry*, 1650, in-fol. fig. gr. sur cuivre, v. ant. marb.

2368. Johannis Rosini Antiquitatum romanarum corpus absolutissimum, cum notis doctissimis ac locupletissimis Thomæ Dempsteri J.-C... et æneis figuris accuratissimis urbis. Editio novissima. *Amstelædami, Schouten*, 1743, in-4, front gr. plan et 7 pl. sur cuivre, vélin, dos orné, fil. et comp. dor. avec attaches.

Exemplaire aux armes de la VILLE D'AMSTERDAM, de la meilleure édition de cet ouvrage.

2369. Antiquitez sacrées et profanes des Romains (expliquées en latin et en français), ou Discours historiques, mythologiques et philologiques sur divers monumens antiques, comme statues, autels, tombeaux, etc. par M. A. V. N. (A. Van Nideck). *La Haye, Alberts*, 1726, in-fol. front. 2 portr. et 84 pl. gr. v. ant. marb. avec coins de vélin, fil.

Exemplaire aux armes de Emmanuel PINTO DE FONSECA, portugais, grand-maître de l'Ordre de Malte.

2370. Henrici Spoor... Favissæ utriusque antiquitatis tam romanæ quam græcæ. *Ultrajecti, Muntendam*, 1707, in-4, front. et 98 portr. gr. sur cuivre, v. ant. marb. dos orné et fleurdelisé, fil. tr. dor.

Exemplaire aux armes de CHARLOTTE-ELISABETH DE BAVIÈRE, femme de *Monsieur*, duc d'Orléans, frère de Louis XIV.

2371. Germana quædam Antiquitatis eruditæ monumenta quibus Romanorum veterum ritus varii, tam sacri quam profani, tum Græcorum atque Ægyptiorum nonnulli illustrantur, Romæ olim maxima ex parte collecta, ac dissertationibus jam singulis instructa, à Conyers Middleton... *Londini*, 1745, gr. in-4, 23 pl. gr. et fig. dans le texte, v. ant. granit.

2372. Des Journaux chez les Romains, recherches précédées d'un Mémoire sur les Annales des Pontifes, et suivies de fragments des journaux de l'ancienne Rome, par J. Vict. Le Clerc. *Paris, Firmin-Didot*, 1838, in-8, demi-rel. bas. verte, dos orné.

Ouvrage estimé.

2373. Histoire des grands chemins de l'Empire Romain, contenant l'origine, progrès et étenduë quasi incroyable de chemins militaires pavez, depuis la ville de Rome jusques aux extremitez de son Empire... par Nicolas Bergier, advocat au siège présidial de Reims. Nouvelle édition, revue avec soin et enrichie des cartes et des figures. *Bruxelles, Jean Léonard*, 1736, 2 vol. in-4, portr. front. et 12 pl. ou cartes gr. v. ant. marb. dos orné.

Edition estimée.
Exemplaire sur GRAND PAPIER.

2374. Romanorum Triumphus solennissimus, quo Ceremoniæ, vestitus, currus aliaque, quæ ad honorem hunc summum requirebantur, ornamenta et antiquitates illustrantur. Opera et studio Johannis Nicolai. *Francofurti ad Mœnum, apud viduam Herm. a Sande*, 1696, in-18, front. gr. mar. r. dos orné, fil. tr. dor. (*Rel. anc.*)

Bel exemplaire.

2375. Le Maschere sceniche e le figure comiche d'antichi romani descritte brevemente da Francesco de' Ficoroni... *Roma, Rossi*, 1736, in-4, 85 pl. gr. v. ant. marb.

2376. Recueil d'Antiquites égyptiennes, étrusques, grecques et romaines (par le comte de Caylus). *Paris, Desaint et Saillant*, 1752-1767, 4 vol. in-4, front. et nombr. pl. gr. v. ant. marb. dos orné, fil. tr. r.

Ouvrage recherché.
Exemplaire aux armes de LE ROUX D'ESNEVAL, marquis de Grémonville, président à mortier au Parlement de Normandie — Rare avec le tome I de PREMIER TIRAGE.

2377. Museum Cortonense in quo vetera monumenta complectuntur... atque a Fr. Valesio, Ant.-Fr. Gorio et Rod. Venuti notis illustratum. *Romæ*, 1750, in-fol. 85 pl. gr. vélin.

2378. Le Cabinet de la Bibliothèque de Sainte Geneviève... contenant les Antiquitez de la Religion des Chrétiens, Egyptiens et des Romains... par le R. P. Claude du Molinet. *Paris, Dezallier*, 1692, 2 parties en 1 vol. in-fol. 2 front. portr. et 45 pl. gr. v. ant. marb.

2379. Herculanum et Pompéï. Recueil général des peintures, bronzes, mosaïques, etc., découverts jusqu'à ce jour... augmenté de sujets inédits gravés au trait sur cuivre par H. Roux aîné et accompagné d'un texte explicatif par M. L. Barré. *Paris, Firmin-Didot*, 1875-1877, 8 vol. gr. in 8, nombr. pl. gr. cart. non rog.

Le tome VIII contient le *Musée secret.*

2380. Romanum Museum sive thesaurus antiquitatis... Opera et studio Michaelis Angeli Causei de la Chausse. *Romæ, Fausti Amidei*, 1746, 2 vol. in-fol. portr. gr. et 218 pl. gr. sur cuivre, v. ant. marb.

2381. Onuphrii Panvinii, Bartholomæi Marliani, Petri, Victoris, Jani Jacobi Boissardi Topographia Romæ, cum tabulis geographicis, imaginibus antiquæ et novæ urbis, inscriptionibus, marmoribus, ædificiis sepulchris et quicquid est à veneranda antiquitate magna diligentia æri incisis. *Francofurti, apud Mathæum Merianum*, 1597-1602, 6 parties en 2 vol. in-fol. 6 front. portr. nombr. pl. et carte gr. v. f. ant. dos orné, fil.

Seconde édition de cet ouvrage important.

Exemplaire aux armes de la Chartreuse de Bourbon, *dite de Gaillon* (Eure). — Cassure à la carte.

2382. Ritrato di Roma antica, nel quale sono figurati; i principali Tempij, Teatri, Anfiteatri, Colonne, Ordine del Trionfo... Medaglie et altre cose notabili, con le vite et effigie de' primi Re d'essa, e le Dichiarationi di Bartolomeo Marliani Milanese e d'altri autori. *Roma, Fei*, 1627, in-8, front. et nombr. fig. gr. sur bois et sur cuivre, mar. r. dos orné, fil. comp. et milieu dor. tr. dor. *(Rel. anc. fatiguée.)*

2383. Veterum Sepulcra, seu Mausolea Romanorum et Etruscorum, inventa in urbe Roma, aliisque locis celebribus... collecta et delineata à Petro Sancto Bartolio, cum explicationibus J. Petri Bellorii, ex italico in latinum sermonem transtulit Alexander Dukerus. — Veterum Lucernæ sepulcrales collectæ ex cavernis et specubus subterraneis urbis Romæ... (par les mêmes). — *Lugduni Batavorum, Van der Aa*, 1728. — Ens. 2 ouvrages en 1 vol. gr. in-fol. 82 pl. contenant 235 sujets gr. cart. dos de bas. r. *non rog.*

2384. Signa Antiqua e Museo Jacobi de Wilde veterum poetarum carminibus illustrata et per Mariam filiam æri inscripta. *Amstelædami*, 1700, in-4, 2 front. portr. et 60 pl. gr. vélin.

2385. Traité des Pierres gravées, par P.-J. Mariette. *Paris, Impr. de l'auteur*, 1750, 2 vol. pet. in-fol. 3 titres gr. vign. et 197 pl. contenant 259 sujets gr. par le comte de Caylus, v. ant. marb. dos orné.

Légère mouillure au tome II.

2386. Abrahami Gorlæi Antverpiani Dactyliotheca seu Annulorum sigillarium quorum apud priscos tam græcos quam romanos usus. E ferro ære argento et auro promptuarium. Accesserunt variarum gemmarum quibus antiquitas in sigillando uti solita sculpturæ. *S. l. n. d.* (*Delft*, 1601), in-4, titre-front. et 138 pl. gr. sur cuivre, vélin.

Première édition.
Mouillure.

2387. Abrahami Gorlæi, Antverpiani, Dactyliothecæ, seu Annulorum sigillarium quorum apud pricos tam græcos quam romanos usus, ex ferro, ære, argento et aureo promptuarii... cum explicationibus Jacobi Gronovii. *Lugduni Batavorum, Vander Aa*, 1695, 2 vol. in-4, frontispices et nombr. pl. gr. vélin.

2388. Cabinet de pierres antiques gravées, ou Collection choisie de 216 bagues et de 682 pierres égyptiennes, étrusques, grecques, romaines, gauloises, etc. tirées du cabinet de Gorlée et autres célèbres cabinets de l'Europe. *Paris, Lamy*, 1778, 2 vol. in-4, portr. 2 front. et 282 pl. gr. v. ant. marb. dos orné, fil. tr. r.

2389. Recueil de trois cents têtes et sujets de composition gravés par M. le comte de Caylus d'après les pierres gravées antiques du Cabinet du Roi. *Paris, Basan, s. d.* in-4, nombr. pl. gr. v. ant. marb. dos orné, fil.

Ouvrage entièrement gravé.

2390. Description des principales pierres gravées du Cabinet de S. A. S. Monseigneur le duc d'Orléans, premier prince du sang (par les abbés Lachau et Le Blond). *Paris, Pissot*. 1780-1784, 2 tomes en 1 vol. in-fol. fleurons, vign. et culs-de-lampe et 178 pl. dessinées et gr. par Saint-Aubin, demi-rel. v. f

Bel ouvrage, recherché.
Le frontispice de Cochin manque à notre exemplaire.
Gaspard-Michel Le Blond naquit à Caen, le 24 novembre 1738, et mourut à Laigle, le 17 juin 1809.

2391. Gemmæ selectæ antiquæ e Museo Jacobi de Wilde. *Amstelædami*, 1703, in-4, front. gr. portr. et 50 pl. sur cuivre, bas. brune ant. fil.

2392. Le Antiche Lucerne Sepolcrali figurate raccolte dalle cave sotterrance e grotte di Roma... disegnate ed intagliate nelle loro forme da Pietro Santi Bartoli e che ora sono tra le stampe di L. F. de Rossi... con l'osservazioni di Gio. Pietro Bellori. *Roma*, 1729, 3 parties en 1 vol. in-fol. 3 titres et 116 pl. gr. v. ant. marb.

Exemplaire aux armes de P. de Beauvilliers, duc de Saint-Aignan.

2393. Specimen Descadem Sigillorum complexum quibus historiam Italiæ, Galliæ atque Germaniæ, illustrat Adamus Fridericus Glafey. *Lipsiæ, sumptibus Meisneri*, 1749, in-4, fig. et 12 pl. gr. v. marb. dos orné, fil. tr. r. (*Petit, succr de Simier*.)

2394. Discours sur les médalles et graveures antiques principalement romaines, plus une exposition particulière de quelques planches ou tables estans sur la fin de ce livre, esquelles sont montrées diverses médalles et graveures antiques rares et exquises, par M. Antoine Le Pois, conseiller et médecin de Monseigneur le duc de Lorraine. *A Paris, par Mamert Patisson*, 1579, in-4, fig. sur bois dans le texte et 20 pl. de médailles gr. mar. r. fil. dent. int. tr. dor.

Ouvrage curieux et recherché pour les belles figures de P. Woeiriot dont il est orné.

Exemplaire au chiffre du comte Charles GASTALDI, avec la figure du dieu Priapus (folio 146 v°) intacte ; le portrait et la préface manquent.

2395. Discours sur les medalles antiques divisé en quatre parties, esquelles il est traicté si les Medalles antiques estoient monnoyes ; de leur matière, de leur poids, de leur prix, de la valeur qu'elles peuvent avoir aujourd'huy, selon qu'elles sont rares ou communes, antiques ou vrayes, ou bien modernes, contrefaites ou moulées... par M. Louis Savot. *Paris, Sébastien Cramoisy*, 1627, in-4, bas. ant. marb.

Le feuillet de garde contient la mention manuscrite suivante : *Exemplaire de G*[l] PEIGNOT *portant les* SIGNATURES *de* JOLY, *chne de la Chapelle aux Riches, né à Dijon en 1680 et mort en cette ville en 1782, et de* GELYOT, *autre Dijonnais, avocat au parlement de la même ville.*

2396. La Science des Médailles (par le P. Louis Joubert). Nouvelle édition, avec des remarques historiques et critiques (par J. Bimard de La Bastie). *Paris, de Bure*, 1739, 2 vol. in-12, front. et nombr. pl. de médailles gr. et pliées, v. ant. marb. dos orné.

Ex-libris ancien gravé et armorié sur le tome I.

2397. Gazette numismatique française dirigée par Fernand Mazerolle et éditée par Raymond Serrure. *Paris*, 1897 (*origine*) à 1899, 3 tomes en 12 livraisons gr. in-8, pl. en phototypie et fig. br.

Tomes I à III.

2398. Illustriū ymagines. (A la fin :) *Imperatorum et illustrium virorū ac mulierum vultus ex antiquis numismatibus expressis : emendatum correctumqz opus per Andream Fulvium diligentissimum antiquarium... Impressum Lugduni in ædibus Antonii Blanchardi calcographi. Impensis honestorum virorū Johannis Monsnier et Francisci Juste. Anno... M. D. XXIIII, die ii mēsis septēb.* (1524), in-8 de 116 ff. ch. car. ital. nombr. portr. v. brun ant. comp. de fil. à fr. encadrem. et fleurons dorés, tr. dor.

Curieux volume renfermant une série de portraits des principaux personnages de l'antiquité, gravés sur bois, d'après les médailles de la collection de Jean Mazochi. — Tous les feuillets sont ornés d'encadrements ; le titre imprimé en rouge et noir porte la marque de François Juste.

Reliure du XVIe siècle, légèrement fatiguée.

2399. Médailles de grand et moyen bronze du cabinet de la Reine Christine, frappées, tant par ordre du Sénat, que par les colonies romaines et par les villes grecques, gravées... par le célèbre Pietro Santes Bartolo en 63 planches, expliquées par un commentaire traduit du latin de Sigebert Havercamp. *La Haye, Pierre de Hondt*, 1742, in-fol. à 2 col. texte et traduction, 63 pl. de médailles gr. v. f. ant. dos orné.

2400. Description de la collection numismatique de feu M. P.-E. Legras, par C. Van Peteghem. *Paris*, 1882-83, in-8, portr. et 5 pl. gr. demi-rel. mar. vert.

Cet ouvrage contient le catalogue complet de la bibliothèque de M Legras divisé en 5 parties, auquel on a ajouté les *listes des prix d'adjudication* des parties 2 à 5.

2401. Recueil de Médailles de Rois qui n'ont point encore été publiées, ou qui sont peu connues (par Jos. Pellerin). *Paris, Guérin et Delatour*, 1762-1778, 9 vol. in-4, nombr. pl. gr. v. ant. marb. dos orné, fil.

Ouvrage très estimé et complet ainsi composé : Recueil de Médailles des Rois. — Recueil de Médailles de peuples et de villes, 3 vol. — Mélanges de diverses Médailles pour servir de supplément aux Recueils des Médailles des Rois et des villes, 2 vol. — Supplément aux 6 volumes des Recueils des Rois et des villes, 4 parties en 1 vol. — Lettres de l'auteur des Recueils de Médailles, 2 parties en 1 vol. — Additions aux neuf volumes des Recueils de Médailles, avec des remarques sur quelques Médailles déjà publiées.

2402. Ludovici Nonnii commentarius in Numismata Imp. Julii Augusti et Tiberii Huberto Goltzio, sculptore. Accesserunt singulorum Vitæ ex Suetonio. *Antverpiæ, apud Hieronynum Verdussium*, 1620, 4 parties en 1 vol. in-fol. titre-front. et 123 pl. gr. (*sur 140*), v. brun ant. fil. et comp. (*Rel. restaurée.*)

2403. Numismata ære Imperatorum, Augustarum et Cæsarum, in coloniis municipiis et urbibus jure latio donatis, ex omni modulo percussa. Auctore Jo. Foy-Vaillant. *Parisiis, Danielem Horthemels*, 1695, 2 parties en 1 vol. in fol. nombr. fig. de médailles gr. sur cuivre et carte gr. v. ant. granit, dos orné.

2404. Description générale des Monnaies de la République Romaine communément appelées Médailles consulaires, par H. Cohen. *Paris, Rollin*, 1857, in-4, 75 pl. de monnaies gr. demi-rel. chag. violet.

Ex-libris gravé et armorié de M. Bazot, notaire à Amiens.

2405. F. de Saulcy. Numismatique de la Terre Sainte. Description des Monnaies autonomes et impériales de la Palestine et de l'Arabie Pétrée. *Paris, Rothschild*, 1874, in-4, 25 pl. de monnaies gr. par L. Dardel, br.

2406.* Inscriptiones antiquæ totius orbis Romani, in corpus absolutissimum redactæ, ingenio ac cura Jani Gruteri : auspiciis Josephi Scaligeri ac Marci Velseri. *Ex officina Commeliniana*, 1602, fort vol. in-fol. titre-front. gr. et nombr. fig. ais de bois recouverts de v. brun estampé, dos de peau de mouton, ornements et clous en métal aux angles et au milieu des plats, fermoir.

Première édition.
Reliure restaurée datée de 1613. — Un des fermoirs manque.

2407. Inscriptiones antiquæ totius orbis Romani in absolutissimum corpus redactæ, olim auspiciis Josephi Scaligeri et Marci Velseri industria autem et diligentia Jani Gruteri : nunc curis secundis ejusdem Gruteri et notis Marquardi Gudii emendatæ... denuo cura viri summi Joannis Georgii Græviii recensitæ... *Amstelædami, Halmi*, 1707, 4 parties, en 2 forts vol. in-fol. 2 front. nombr. pl. et fig. gr. vélin estampé.

Bonne édition de cet ouvrage important: il fait partie de la *Collection d'Antiquités*.

2408. Abécédaire, ou Rudiment d'archéologie, par M. A. de Caumont. *Caen, Le Blanc-Hardel*, 1868-1870, 3 vol. in-8, portrait et nombr. fig. gr. bois, br.

Architecture religieuse. — Architecture civile et militaire. — Ere Gallo-Romaine, avec un aperçu sur les temps préhistoriques.

Arcis de Caumont, célèbre archéologue, naquit à Bayeux (Calvados), le 28 août 1801, et mourut à Caen, le 31 mai 1848.

2409. ANNALES ARCHÉOLOGIQUES, fondées par Didron aîné, continuées par Edouard Didron, 27 vol. — Table analytique et méthodique, par Mgr. X. Barbier de Montault. *Paris, Didron*, 1844-1881. — Ens. 28 vol. in-4, nombr. pl. gr. fig. demi-rel. mar. vert, non rog.

Le tome VIII renferme la planche du *Grand Encensoir*, qui manque très souvent. — Les tomes I et II sont en seconde édition.

Légères mouillures aux tomes IX et XVII.

IX. HISTOIRE LITTÉRAIRE.

2410. La Vie au temps des Trouvères. Croyances, usages et mœurs intimes des XIe, XIIe et XIIIe siècles... par Antony Méray. *Paris, Claudin*, 1873, in-8, pap. vergé, demi-rel. mar. vert avec coins, dos orné, fil. tête dor. non rog. (*Lanscelin*.)

2411. La Vie au temps des Cours d'amour. Croyances, usages et mœurs intimes des XIe, XIIe et XIIIe siècles... par Antony Méray, *Paris, Claudin*, 1876, in-8, pap. vergé, demi-rel. mar. grenat avec coins, dos orné, fil. tête dor. non rog. (*Lanscelin*.)

2412. Les Libres Prêcheurs devanciers de Luther et de Rabelais. Etude historique, critique et anecdotique sur les XIVe, XVe et XVIe siècles, par Antony Méray. *Paris, Claudin*, 1860, in-12, demi-rel. mar. r. tête dor. non rog.

Tiré à petit nombre.

Un des 12 exemplaires sur PAPIER JONQUILLE.

2413. Histoire des Livres populaires, ou de la Littérature du colportage, depuis le XVe siècle jusqu'à l'établissement de la Commission d'examen des livres du colportage (30 novembre 1852), par M. Charles Nisard. *Paris, Amyot*, 1854, 2 vol. in-8, nombr. fig. sur bois, demi-rel. mar. r. avec coins, tête dor. non rog.

2414. Histoire des Livres populaires, ou de la Littérature du colportage depuis l'origine de l'Imprimerie jusqu'à l'établissement de la Commission d'examen des livres du colportage, 30 novembre 1852, par

Charles Nisard. Deuxième édition, considérablement augmentée. *Paris, Dentu*, 1864, 2 vol. in-12, nombr. fig. sur bois, br. couvertures illustrées, non coupé.

2415. Histoire politique et littéraire de la Presse en France, avec une Introduction historique sur les origines du journal et la bibliographie générale des journaux, depuis leur origine, par Eugène Hatin. *Paris, Poulet-Malassis et de Broise*, 1859-1861, 8 vol. in-8, br.

2416. Histoire de la Littérature d'Italie, tirée de l'italien de M. Tiraboschi et abrégée par Antoine Landi. *Berne*, 1784, 5 vol. in-8, demi-rel. v. brun avec coins, dos orné, non rog.

2417. De Re Diplomatica libri VI... Opera et studio Domini Johannis Mabillon... Editio secunda ab ipso auctore recognita, emendata et aucta. — Librorum de Re Diplomatica supplementum. — *Luteciæ Parisiorum, Robustel*, 1704-1709. — Ens. 2 ouvrages en 1 vol. in-fol. front. nombr. pl. et vign. gr. mar. olive, dos orné, fil. tr. dor. (*Rel. anc.*)

Ouvrage très estimé.
Bel exemplaire recouvert d'une très bonne reliure ancienne; légère déchirure en marge d'un f.

2418. Nouveau Traité de Diplomatique, où l'on examine les fondemens de cet art; on établit des règles sur le discernement des titres, et l'on expose historiquement les caractères des bulles pontificales et des diplômes donnés en chaque siècle... par deux religieux bénédictins de la congrégation de S. Maur (D. Toustain et D. Tassin). *Paris, Guillaume Desprez*, 1750-1765, 6 vol. in-4, nombr. pl. gr. et pliées, fig. et vign. v. ant. granit.

Ouvrage fort estimé.
Dom Ch.-Fr. Toustain est né au Repas (Orne), le 13 octobre 1700. — Dom René-Prosper Tassin est né à Lonlay-l'Abbaye (Orne), le 17 novembre 1777.

2419. Dictionnaire raisonné de Diplomatique, par Dom de Vaines. *Paris, Lacombe*, 1774, 2 vol. in-8, pl. gr. v. ant. marb.

Ouvrage très recherché et devenu peu commun.

2420. Quelques mots sur l'étude de la Paléographie et de la Diplomatique, par Léon Gautier. Troisième édition, revue avec soin et précédée de quelques mots sur l'Ecole des Chartes. *Paris, Aubry*, 1864, pet. in-8, pap. vergé et front. gr. v. f. dos orné, fil. dent. int. tr. dor. (*Petit.*)

M. Léon Gautier est né au Havre, le 8 août 1832.

2421. Recueil des Sceaux du Moyen Age, dits Sceaux gothiques (publié par l'abbé Boullemier, aux frais du marquis de Migieu). *Paris, Boudet,* 1779, in-4, front. et pl. gr. v. ant. dos fleurdelisé, fil. tr. dor.

Ouvrage très rare orné de 30 planches parmi lesquelles on trouve un grand nombre de sceaux des familles nobles de France et de plusieurs villes de Bourgogne.

On a relié à la suite 40 ff. de papier vergé blanc de l'époque.

2422. Collection de Sceaux, par M. Douët d'Arcq. *Paris, Plon,* 1863-1867, 2 vol. in-4, demi-rel. mar. brun avec coins, tête dor. ébarbé.

De la Collection des *Archives de l'Empire*. Inventaires et documents publiés sous la direction de M. le Comte de La Borde.

2423. Isographie des Hommes célèbres, ou Collection de fac-similés, de lettres autographes et de signatures, exécutée et imprimée par Th. Delarue sous les auspices de MM. Bérard, de Chateaugiron, Duchesne, Trémisot et Berthier. *Paris, Treuttel et Wurtz,* 1843, 4 vol. gr. in-4, nombr. pl. de fac-similés, demi-rel. bas. violette.

2424. Lettres autographes composant la Collection de M. Alfred Bovet, décrites par Etienne Charavay. Ouvrage imprimé sous la direction de Fernand Calmettes. *Paris, Charavay,* 1885, fort vol. in-4, nombr. fac-similés, demi-rel. chag. brun, dos orné, tête dor. (*Delarue, à Rouen.*)

2425. Eclaircissements historiques et critiques sur l'invention des cartes à jouer, par M. l'abbé Rive, tirés de sa Notice d'un Ms. de la Bibliothèque de M. le duc de la Vallière, intitulé le Roman d'Artus, comte de Bretaigne ; imprimée à Paris, chez Didot l'aîné en 1779, in-4. *Paris, chez l'auteur,* 1780, in-12 de 48 pp. v. f. fil. dor. et comp. à froid. dent. int. tr. dor. (*Ottmann Duplanil.*)

Exemplaire aux armes de M. Gitton Du Plessis, de Blois.

2426. Bibliothèque Académique, ou Choix fait par une Société de gens de lettres, de différens mémoires des Académies françaises et étrangères, la plupart traduits pour la première fois, du latin, de l'italien, de l'anglais, etc. mis en ordre par A. Sérieys. *Paris, Delacour,* 1810-11, 12 tomes en 6 vol. in-8, demi-rel. v. brun ant.

2427. Les Sociétés badines, bachiques, littéraires et chantantes ; leur histoire et leurs travaux. Ouvrage posthume de M. Arthur Dinaux, revu et classé par M. Gustave Brunet. *Paris, Bachelin-Deflorenne,* 1867, 2 vol. in-8, portr. gr. à l'eau-forte par G. Staal, demi-rel. mar. r. avec coins, dos orné, tête dor. non rog. (*Behrends.*)

2428. Illustrium Hollandiæ et Westfrisiæ ordinum alma Academia Leidensis. *Lugduni Batavorum, apud Jacobum Marci,* 1614, in-4, pl. gr. et pliée, 4 vign. et 54 portr. v. ant. marb. dos orné, dent. comp. et milieu dor.

Ouvrage recherché pour les 54 portraits gravés en taille-douce dont il est orné.

X. BIOGRAPHIE.

2429. Le Grand Dictionnaire historique, ou Mélange curieux de l'Histoire sacrée et profane, qui contient en abrégé l'histoire fabuleuse des dieux et des héros de l'Antiquité païenne, les vies et les actions remarquables des Patriarches, des Empereurs, des Rois, des Princes illustres..., par Mre Louis Moréri. Nouvelle édition, dans laquelle on a refondu les Suppléments de M. l'abbé Goujet ; le tout revu, corrigé et augmenté par M. Drouet. *Paris*, 1759, 10 vol. in-fol. à 2 col. frontispice et portr. gr. v. ant. marb.

Edition la plus complète et la plus recherchée de cet important ouvrage.

2430. Dictionnaire historique et critique, par Mr Pierre Bayle. Troisième édition, revue, corrigée et augmentée par l'auteur. *Rotterdam, Bohm*, 1720, 4 vol. in-fol. à 2 col. v. ant. granit, dos orné.

Edition la plus belle et la plus recherchée.
Exemplaire contenant la dédicace au duc d'Orléans et les cartons du tome II.

2431. Dictionnaire historique et critique, par Mr Pierre Bayle. Cinquième édition. *Amsterdam, par la Compagnie des Libraires*, 1734, 5 vol. — Nouveau dictionnaire historique et critique pour servir de Supplément ou de continuation au Dictionnaire de Mr Pierre Bayle, par Jaques-George de Chaufepié. *Amsterdam*, 1750-56, 4 vol. — Remarques critiques sur le Dictionnaire de Bayle (par l'abbé Ph.-J. Joly), 2 parties en 1 vol. *Paris et Dijon*, 1752. — Ens. 10 vol. in-fol. fleurons, v. ant. non unif.

2432. Dictionnaire historique, ou Mémoires critiques et littéraires, concernant la vie et les ouvrages de divers personnages distingués, particulièrement dans la République des Lettres, par Prosper Marchand (publié par Séb. Allamand). *La Haye, Pierre de Hondt*, 1758, 2 tomes en 1 vol. in-fol. à 2 col. v. ant. marb. dos orné, fil. tr. dor.

2433. Galerie historique des Hommes les plus célèbres de tous les siècles et de toutes les nations, contenant leurs portraits gravés au trait... avec l'abrégé de leurs vies... publiée par C.-P. Landon. *Paris, Landon*, 1805-1811, 13 vol. in-12, nombr. portr. gr. au trait, cart. non rog.

Charles-Paul Landon naquit à Nonant-sur-Queuge (Orne), le 12 octobre 1760.

2434. Nouvelle Biographie universelle depuis les temps les plus reculés jusqu'à nos jours... publiée par MM. Firmin-Didot frères, sous la direction de M. le D[r] Hœfer. *Paris, Firmin-Didot*, 1852-1866, 46 vol. in-8 à 2 col. br.

2435. Promptuarii iconum insigniorum a seculo hominum subjectis eorum vitis, per compendiũ ex probatissimis autoribus desumptis. Editio secunda... *Lugduni, apud Gulielmum Rovillium*, 1581, 2 parties en 1 vol. in-4, titre encadré et environ 950 portr. en médaillon gr. sur bois, v. ant. marb. (*Rel. restaurée.*)

Exemplaire aux armes de la Chartreuse de Bourbon, *dite de Gaillon* (Eure). — Mouillure.

2436. Monumenta illustrium virorum et elogia, cura ac studio Marci Zuerii Boxhornii. *Amstelodami, Joannem Janssonium*, 1638, in-fol. titre-front. et 125 pl. gr. cart. tr. dor.

2437. La Galerie des Femmes fortes, par le P. Pierre Le Moyne, de la Compagnie de Jésus. *Leiden, chez Jean Elsevier et Paris, chez Charles Angot*, 1660, in-12, front. et nombr. portr. gr. vélin.

2438. Cornelii Nepotis excellentium Imperatorum vitæ. *Londini, typis J. Brindley*, 1745, in-18, mar. r. dos orné, fil. tr. dor. (*Rel. anc.*)

2439. Joannis Fabri Bambergensis, medici romani, in imagines illustrium ex Fulvii Ursini bibliotheca, Antverpiæ à Theodoro Gallæo expressas, commentarius. *Antverpiæ, ex officina Plantiniana, apud Joannem Moretum*, 1606, in-4, réglé, front. gr. et pl. mar. r. *doublé de mar. r.* dent. tr. dor. (*Rel. anc.*)

Ouvrage recherché pour les 168 planches gr. par Th. Galle, dont il est orné. Reliure doublée légèrement défraîchie.

2440. Mémoires pour servir à l'histoire des hommes illustres dans la république des lettres avec un catalogue raisonné de leurs ouvrages (par le P. Nicéron, avec quelques notices par le P. Oudin, J.-B. Michault et l'abbé Goujet). *Paris, Briasson*, 1727-1745, 43 tomes en 22 vol. in-12, v. ant. granit, dos orné, tr. r.

Exemplaire bien complet de cet excellent ouvrage.

2441. Le Parnasse françois, dédié au Roi, par M. Titon du Tillet. *Paris, Jean-Baptiste Coignard*, 1732, in-fol. front. 13 portr. et 12 pl. contenant 49 médaillons, v. ant. marb. dos orné, fil.

2442. Recherches sur la Vie et sur les Œuvres du P. Claude-François Menestrier... suivies d'un Recueil de lettres inédites de ce Père à Guichenon... par M. Paul Allut. *Lyon, Scheuring*, 1856, gr. in-8, pap. vergé teinté, portr. gr. cart. non rog.

2443. Vita Joannis Mabillonii presbyteri et monachi ordinis S. Benedicti... a Theodorico Ruinarto ejus socio olim gallice scripta, nunc vero ab alio ejusdem congregationis monacho in latinum sermonem translata... *Patavii, apud Joannem Manfrè*, 1714, in-8, portr. gr. mar. r. dos orné, fil. dent. int. tr. dor. (*Padeloup.*)

Bel exemplaire sur grand papier.

2444. Chronique littéraire des ouvrages imprimés et manuscrits de l'abbé Rive, des secours dans les lettres, que cet abbé a fournis à tant de littérateurs françois ou étrangers. *A Eleutheropolis (Aix), de l'Impr. des Anti-Copet, des Anti-Jean-de-Dieu, des Anti-Pascalis...*

l'an 2ond du nouveau siècle françois.(1791), in 8, v. f. ant. dos orné, fil. dent. int. tr. marb.

Ouvrage singulier, et très rare complet, les notes, l'errata et les additions manquant à beaucoup d'exemplaires. — Le nôtre est bien complet et conforme à la description donnée par le *Manuel* (IV, col. 1321).

2445. Mémoires sur la vie de Mademoiselle de Lenclos, par M. B****. (A. Bret). *Amsterdam et Paris, Rollin et Bauche*, 1751, pet. in-12, portrait gr. v. f. ant. fil.

Exemplaire aux armes du comte Vérjus de Crécy, conseiller d'Etat.

2446. Souvenirs de la marquise de Créquy, de 1710 à 1803. Nouvelle édition. *Paris, Garnier, s. d.* 10 tomes en 5 vol. in-12, demi-rel. v. f. dos orné, tr. peigne.

2447. Reminiscences of a literary life, by the Reverend Thos. Frognall Dibdin. *London, John Major*, 1836, 2 vol. in-8, portr. pl. gr. et fig. cart. *non rog.*

XI. BIBLIOGRAPHIE.

2448. The Bibliomania, or Bookmadness ; containing some account of the history, symptoms and cure of this fatal disease ; in an epistle addressed to Richard Heber, by the Rev. Thomas Frognall Dibdin. *London, Longman*, 1809, in-8 de iv-87 pp. fig. sur bois sur le titre, cart. *non rog.*

Edition originale, rare.

2449. Bibliomania, or Bookmadness : a bibliographical romance, illustrated with cuts, by Thomas Frognall Dibdin. *London, Bohn*, 1842, fort vol gr. in-8, pap. fort, front. portr. et nombr. fig. sur bois, cart. perc. brune, *non rog.*

Dernière édition de cette curieuse publication bibliographique donnée par M. Walmsley, augmentée d'une continuation et d'une clef des noms supposés.

2450. Edmond Werdet : Histoire du Livre en France, depuis les temps les plus reculés jusqu'en 1789, 4 tomes en 5 vol. — De la Librairie française, son passé, son présent, son avenir, avec des notices biographiques sur les libraires-éditeurs les plus distingués depuis 1789 (jusqu'à 1860). — *Paris, Dentu*, 1860-1861. — Ens. 6 vol. in-12, demi-rel. chag. brun, dos orné, tr. peigne.

2451. Le Livre, par Jules Janin. *Paris, Plon*, 1870, gr. in-8, br. couverture.

Un des 200 exemplaires numérotés sur grand papier de Hollande (no 32), auquel on a ajouté : un portrait de J. Janin gr. à l'eau-forte par L. Flameng, le prospectus et l'affiche concernant la publication de l'ouvrage.

2452. Les Amoureux du Livre. Sonnets d'un Bibliophile, fantaisies, commandements du bibliophile, bibliophiliana, notes et anecdotes, par F. Fertiault. Préface du Bibliophile Jacob (P. Lacroix) ; seize eaux-fortes de Jules Chevrier. *Paris, Claudin*, 1876, gr. in-8, front. portr. pl. et vign. gr. à l'eau-forte, br. couverture.

Un des 128 exemplaires numérotés sur GRAND PAPIER VERGÉ TEINTÉ (n° 19) auquel on a ajouté : le prospectus de l'ouvrage, une LETTRE AUTOGRAPHE DE M.-A. CLAUDIN et *Petits Drames et Cancans du livre* (par le même auteur). *Paris, pour les amis de l'auteur*, 1886, brochure in-8 de 12 pp.

2453. L'Art de la Reliure en France aux derniers siècles, par Edouard Fournier. *Paris, Gay*, 1864, in-12, 2 pl. gr. par Benard ajoutées, demi-rel. mar. r. avec coins, tête dor. non couverture.

Tiré à petit nombre.
Exemplaire numéroté sur *papier vergé*.

2454. Gustave Brunet. Etudes sur la Reliure des livres et sur les collections de bibliophiles célèbres. *Bordeaux, Lefebvre*, 1873, in-8, pap. vergé, br.

Tiré à 115 exemplaires numérotés (n° 48) et devenu très rare.

2455. L'Art de former une Bibliothèque, par Jules Richard. *Paris, Rouveyre*, 1883, in-8, demi-rel. mar. r. avec coins, dos orné, fil tête dor. *non rog.*

Un des 24 exemplaires numérotés sur PAPIER DU JAPON.

2456. Recherches sur les Bibliothèques anciennes et modernes, jusqu'à la fondation de la Bibliothèque Mazarine... par L. C. F. Petit-Radel. *Paris, Rey et Gravier*, 1819, in-4, 4 portr. et 2 pl. gr. v. f. dos orné, fil. dor. et dent. à froid, tr. dor. (*Chaumont.*)

2457. Jugemens des Savans sur les principaux ouvrages des auteurs, par Adrien Baillet, revûs, corrigés et augmentés par M. de La Monnoye (avec l'Anti-Baillet, par M. Ménage). *Paris, Moette*, 1722-1730, 8 vol. in-4, v. ant. marb.

2458. An Introduction to the study of Bibliography, to which is prefixed a Memoir on the public libraries of the ancients, by Thomas Hartwell Horne. *London, Cadell & Davies*, 1814, 2 vol. in-8, pl. et fig. demi-rel. v. f. avec coins, ébarbé. (*Simier.*)

Ouvrage curieux.

2459. Bibliothèque curieuse, historique et critique ou Catalogue raisonné des livres difficiles à trouver, par David Clément. *Gottingen, Schmid*, 1750-1760, 9 vol. in-4, v. ant. marb. dos orné, tr. r.

Cet ouvrage, qui n'a pas été continué, contient les lettres de l'alphabet *A-H*.
On y trouve des renseignements curieux sur l'histoire littéraire, que l'on chercherait vainement ailleurs.

2460. Bibliographie instructive, ou Traité de la connoissance des livres rares et singuliers, par Guil.-Fr. de Bure; 7 vol. — Catalogue des livres du cabinet de feu M. Louis Jean Gaïgnat; 2 vol. — Table destinée à faciliter la recherche des livres anonymes qui ont été annoncés par M. de Bure dans sa Bibliographie instructive (par Née de La Rochelle). — *Paris*, 1763-1783. — Ens. 10 vol. in-8, v. ant. marb. dos orné.

2461. Manuel du Libraire et de l'Amateur de livres... par Jacques-Charles Brunet. Quatrième édition originale, entièrement revue par l'auteur... *Paris, Silvestre*, 1842-1844, 5 vol. gr. in-8 à 2 col. demi-rel. chag. vert, dos orné, tête dor. non rog.

2462. The Library companion : or, the Youngman's guide, and the old man's comfort in the choice of a library, by the Rev. T. F. Dibdin. *London, Harding*, 1824, fort vol. in-8, v. brun, fil. et comp. à froid, tr. marb.

2463. Bibliographie gastronomique, par Georges Vicaire, avec une préface de Paul Ginisty. *Paris, Rouquette*, 1890, gr. in-8 à 2 col. pap. vélin et fac-similés, br.

2464. Guide de l'Amateur de livres à vignettes (et à figures) du XVIIIe siècle. Quatrième édition, par Henry Cohen. *Paris, Rouquette*, 1880, gr. in-8 à 2 col. br.

2465. Henry Cohen. Guide de l'Amateur de livres à gravures du XVIIIe siècle. *Cinquième édition*, revue, corrigée et considérablement augmentée, par le Baron Roger Portalis. *Paris, Rouquette*, 1886, gr. in-8 à 2 col. pap. vélin, br.

2466. Premier volume de la Bibliothèque du sieur de La Croix-du-Maine, qui est un catalogue général de toutes sortes d'autheurs, qui ont escrit en françois depuis cinq cents ans et plus, jusques à ce jourd'hui.... *Paris, Abel l'Angelier*, 1584, in-fol. portr. gr. vélin.

PREMIÈRE ÉDITION.
Découpure au titre et mouillure.

2467. Les Bibliothèques françoises de La Croix du Maine et de Du Verdier, sieur de Vauprivas. Nouvelle édition... augmentée... des remarques historiques, critiques et littéraires de MM. de La Monnoye, Bouhier et Falconet, par M. Rigoley de Juvigny. *Paris, Saillant et Nyon*, 1772-1773, 6 vol. in-4, v. ant. écaille, fil. tr. dor.

Exemplaire sur GRAND PAPIER.

2468. Bibliothèque françoise, ou Histoire de la littérature françoise... par M. l'abbé Goujet. *Paris, Mariette*, 1741-1756, 18 vol. in-12, v. ant. jaspé, dos orné.

Ouvrage important et utile à tous ceux qui s'occupent de la littérature française des XVe, XVIe et XVIIe siècles. On y trouve des renseignements biographiques et bibliographiques fort curieux sur les anciens poètes français et les diverses éditions de leurs œuvres.

On a ajouté: Eloge de Monsieur l'abbé Goujet. *S. l. n. d.* in-12 de 32 pp. dérelié.

Ex-libris étiquette de Petri-Ludov. BAUDOT, *in Supremo Senatu Patroni necnon in Divionensi Scient-Bon. Art. et Hum. Litt. Acad.* sur chaque volume.

2469. La France littéraire au XVe siècle, ou Catalogue raisonné des ouvrages en tout genre imprimés en langue française jusqu'à l'an 1500, par Gustave Brunet. *Paris, Franck*, 1865, in-8, pap. vergé, br.

Tiré à petit nombre. — Rare.

2470. Bibliographie des principales Editions originales d'écrivains français du XVe au XVIIIe siècle, par Jules Le Petit. *Paris, Quantin*, 1888, gr. in-8, pap. vergé, nombr. fac-similés, br.

M. Jules Le Petit est né à Beauchamps (Manche), le 15 février 1845.

2471. Causeries d'un Ami des livres. Les Editions originales des romantiques, par L. Derôme. *Paris, Rouveyre*, 1887, 2 vol. in-8, br. couvertures.

Exemplaire numéroté sur PAPIER VERGÉ DE HOLLANDE.

2472. Bibliographie Moliéresque, par Paul Lacroix. Seconde édition... considérablement augmentée. *Paris, Auguste Fontaine*, 1875, in-8, pap. de Hollande, portr. par Lalauze, demi rel. mar. r. avec coins, dos orné, fil. tête dor. *non rog.*

2473. Bibliographie parémiologique. Etudes bibliographiques et littéraires sur les ouvrages, fragmens d'ouvrages et opuscules spécialement consacrés aux proverbes dans toutes les langues... par M. G. Duplessis. *Paris, Potier*, 1847, in-8, demi-rel. mar. noir, tête dor. *non rog.*

2474. Bibliographie historique de la Compagnie de Jésus, ou Catalogue des ouvrages relatifs à l'histoire des Jésuites depuis leur origine jusqu'à nos jours, par le P. Auguste Carayon. *Paris, Durand*, 1864, in-4 à 2 col. demi-rel. v. f. dos orné, non rog.

Exemplaire sur GRAND PAPIER.

2475. BIBLIOTHÈQUE HISTORIQUE DE LA FRANCE, contenant le catalogue des ouvrages imprimés et manuscrits, qui traitent de l'Histoire de ce Royaume, ou qui y ont rapport, avec des notes critiques et historiques par feu Jacques Le Long... Nouvelle édition, revue, corrigée et considérablement augmentée, par M. Fevret de Fontenette. *Paris, Hérissant*, 1768-1778, 5 vol. in-fol. à 2 col. v. ant. marb. dos orné, fil.

Ouvrage des plus importants et des plus utiles, l'un des meilleurs qu'ait produit la science bibliographique.
Bel exemplaire aux armes de Louis XVI.

2476. Xylographie de l'Imprimerie troyenne pendant le XVe, le XVIe, le XVIIe et le XVIIIe siècle, précédée d'une lettre du Bibliophile Jacob (P. Lacroix), sur l'histoire de la gravure en bois publiée par Varusoltis, de Troyes. *Troyes et Paris, Aubry*, 1859, in-4 de 8 pp. de texte, pap. vergé et 72 pl. gr. sur bois, cart. perc. verte, tête dor. non rog.

Tiré à petit nombre.

2477. Les Elzevir de la Bibliothèque Impériale publique de St-Pétersbourg. Catalogue bibliographique et raisonné... rédigé par Ch. Fr. Walther. *St-Pétersbourg*, 1864, in-16 carré, demi-rel. mar. brun avec coins, tête dor. ébarbé. (*Belz-Niedrée.*)

2478. Les Livres à clef. Etude de bibliographie critique et analytique pour servir à l'histoire littéraire, par Fernand Drujon. *Paris, Rouveyre*, 1888, 2 vol. gr. in-8 à 2 col. pap. vergé, br.

Tiré à un petit nombre d'exemplaires tous numérotés

2479. Joannis Guigard. Armorial du Bibliophile, avec illustrations dans le texte. *Paris, Bachelin-Deflorenne*, 1870-1873, 2 tomes en 1 vol. gr. in-8 à 2 col. nombr. blasons, débroché.

Exemplaire sur GRAND PAPIER, auquel on a ajouté 15 planches de reliures la plupart extraites du *Bibliophile français*.

2480. Nouvel Armorial du Bibliophile, guide de l'Amateur des livres armoriés, par Joannis Guigard. *Paris, Rondeau*, 1890, 2 vol. gr. in-8 à 2 col. nombr. blasons, br.

Seconde édition, la plus complète, de cet excellent ouvrage indispensable aux collectionneurs de reliures armoriées et d'ex-libris.

2481. Essai bibliographique sur M. T. Cicéron, par P. Deschamps, avec une préface par J. Janin. *Paris, Potier*, 1863, in-8, pap. vergé, demi-rel. mar. bleu avec coins, dos orné, fil. tête dor. ébarbé, couverture. (*Hubert*.)

Tiré à petit nombre.

2482. Etude biographique et bibliographique sur Symphorien Champier, par M. P. Allut, suivie de divers opuscules françois de Symphorien Champier : Lordre de Chevalerie, le Dialogue de noblesse et les Antiquités de Lyon et de Vienne. *Lyon, Scheuring*, 1859, gr. in-8, pap. vergé teinté, portr. fig. sur bois et planche lithog. cart. non rog.

2483. Recherches sur Louis de Bruges, seigneur de La Gruthuyse, suivies de la notice des manuscrits qui lui ont appartenu et dont la plus grande partie se conserve à la Bibliothèque du Roi (par Van Praet). *Paris, de Bure*, 1831, in-8, 5 pl. gr. au trait, cart. non rog.

2484. L'Abbé Rive : Notices historiques et critiques de deux Manuscrits de la bibliothèque de M. le Duc de La Vallière, dont l'un a pour titre : La Guirlande de Julie et l'autre, Recueil de fleurs et insectes, peints par Daniel Rabel en 1624. *Paris, Didot l'aîné*, 1779, titre et 20 pp. — Notices historiques et critiques de deux manuscrits : le Roman d'Artus Comte de Bretaigne, et le Rommant de Partenay ou de Lusignen. *Paris, Didot l'aîné*, 1779, titre et 36 pp. — Notice d'un Manuscrit contenant les Poésies de Guillaume de Machau. *S. l. n. d.* titre et 27 pp. — Lettre de M. l'abbé Rive à M. de Laborde sur la formule « Nos Dei Gratia ». *S. l. n. d.* titre et 8 pp. — Ens. 4 ouvrages ou opuscules en 1 vol. in-4, v. f. ant. dos orné, fil. dent. int. (*Padeloup*.)

Intéressant recueil formé par M.-J. DE BURE ; toutes les pièces qu'il renferme sont *tirées à petit nombre* sur PAPIER DE HOLLANDE. — Les deux dernières portent des annotations DE LA MAIN DE L'ABBÉ RIVE.

Reliure très fraîche.

2485. Catalogue des Livres imprimés sur vélin de la Bibliothèque du Roi (par Van Praet), 6 tomes en 5 vol. — Catalogue des Livres imprimés sur vélin qui se trouvent dans les Bibliothèques tant publiques que particulières (par le même), 4 vol. — *Paris, de Bure*, 1822-1828. — Ens. 10 tomes en 9 vol. gr. in-8, cart. non rog.

2486. Recherches sur Jean Grolier, sur sa vie et sa bibliothèque, suivies d'un catalogue des livres qui lui ont appartenu, par M Le Roux de Lincy. *Paris, Potier*, 1866, 1 vol. gr. in-8 de texte, pap. vergé, br. et 1 album in-fol. de 6 pl. noires et en couleur, en feuilles, dans un carton.

2487. Catalogue raisonné de la collection de livres de M. Pierre-Antoine Crevenna, négociant à Amsterdam (rédigé par lui-même). *S. l.* (*Amsterdam*), 1776, 6 tomes en 4 vol. in-4, fleuron gr. sur chaque titre, demi-rel. bas. marb. avec coins, dos orné.

2488. 1864-1874. Mes Livres. *Paris, Morgand et Fatout*, 1877, pet. in-8, pap. vergé, br.

Ce catalogue tiré à 100 exemplaires numérotés (n° 50), renferme la description des premiers livres acquis par M. Ernest Quentin-Bauchart, pendant une période de onze ans, les premières de sa si brillante carrière de bibliophile.

2489. Bulletin du Bibliophile, publié par Techener, avec notes de MM. Jacq.-Ch. Brunet, Chalon, Delmotte, Duplessis, Leber, Peignot, etc. et notices bibliographiques par Ch. Nodier. *Paris, Techener*, 1834 (*origine*) *à* 1873, 40 années en 35 vol. in-8 br. et 11 livraisons, pl.

Collection complète jusqu'en 1873. — L'année 1838 est en feuilles.

XII. MÉLANGES ET DICTIONNAIRES ENCYCLOPÉDIQUES. — JOURNAUX.

2490. Johan. Wolfii J.-C. Lectionum memorabilium et reconditarum centenarii XVI... *Lavingæ, Leonhardus Rheinmichel*, 1600, 2 vol. in-fol. titres avec de beaux encadrements et nombr. fig. sur bois, demi-rel. bas. f.

Ouvrage peu commun et recherché. — Le titre du tome I est détaché. *Ex-libris* gravé et armorié de M. le marquis de Fortia sur chaque volume.

2491. Histoires prodigieuses extraictes de plusieurs fameux autheurs grecs et latins, sacrez et profanes: mises en nostre langue par P. Boaistuau, surnõmé Launay, natif de Bretagne, avec les pourtraicts et figures. *Paris, Vincent Norment*, 1566, in-8, nombr. fig. sur bois, vélin.

Très rogné en tête; mouillures et taches.

2492. Miroir universel des arts et sciences, de M. Léonard Fioravanti, bolognois... mis en françois par Gab. Chappuys Tourangeau, reveu et augmenté, en cète (*sic*) seconde édition. — Les Caprices de M. Léonard Fioravanti, bolognois, touchant la médecine : qui sont plusieurs et diverses médecines nouvelles de grande efficace, à toute sorte de maladie, avec la manière de les pratiquer... Traduite d'italien en françois, par M. Claude Rocard, apothécaire de Troyes. — *Paris, Cavellat*, 1586. — Ens. 2 ouvrages en 1 vol. in-8, mar. bleu, dos orné, dent. sur les plats, tr. dor. (*Rel. anc.*)

Ouvrages curieux et recherchés. C'est dans le second que Fioravanti donne une origine singulière à la maladie vénérienne, prétendant que, durant la guerre de 1456, les vivres ayant manqué dans les deux armées, les vivandières préparèrent en secret des mets de chair humaine, ce qui répandit la maladie.

Bel exemplaire de Huzard.

2493. Le Spectacle de la Nature, ou Entretiens sur les particularités de l'Histoire naturelle, qui ont paru les plus propres à rendre les jeunes gens curieux et à leur former l'esprit (par l'abbé Noël Pluche). *Paris, Estienne*, 1742-1756, 9 parties ou tomes en 8 vol. in-12, 9 front. par Boucher, Eisen, Robert et Cazes et nombr. pl. gr. et pliées, v. ant. marb. dos orné, fil. tr. dor.

2494. L'Esprit de l'Encyclopédie, ou Choix des articles les plus agréables, les plus curieux et les plus piquans de ce grand dictionnaire (par Remy Ollivier). *Paris, Fauvelle et Gilbert*, 1798-1808, 13 vol. in-8 (*y compris 1 vol. de supplément*), v. ant. rac. dos orné.

2495. Dictionnaire de la Conversation et de la Lecture... par une Société de savants et de gens de lettres sous la direction de M. W. Duckett. Seconde édition. *Paris, Michel Lévy*, 1853-1858, 16 vol. gr. in-8 à 2 col. demi-rel. bas. f.

2496. Lettres, Sciences, Arts. Encyclopédie universelle. Dictionnaire des Dictionnaires, sous la direction de Paul Guérin. *Paris, Libr.-Imprimeries réunies, s. d.* 6 vol. gr. in-4 à 3 col. demi-rel. chag. vert, plats perc.

2497. Indicateur du Mercure de France, 1672-1789, contenant, par ordre alphabétique, les noms des personnes sur lesquels on trouve, dans cette collection, des notices biographiques et généalogiques, avec renvois aux années, tomes et pages, par Joannis Guigard. *Paris, Bachelin-Deflorenne*, 1869, in-8 à 2 col. pap. vergé, br.

Ouvrage recherché.

2498. Nouvelles de la République des Lettres. Toisième édition, revûë et corrigée par Mr Bayle (et MM. de La Roque, Barrin, J. Bernard et J. Le Clerc). *Amsterdam, David Mortier*, 1715-1718, 73 vol. in-12, v. f. ant. dos orné, tr. r.

Collection complète ainsi composée : de mars 1864 (*origine*) à avril 1689 ; 20 vol. — de janvier 1699 à décembre 1710 ; 48 vol. — de janvier 1716 à juin ; 1718 ; 5 vol.

2499. Bibliothèque Italique, ou Histoire littéraire de l'Italie (depuis 1728 jusqu'en 1738, par MM. Bourguet, Cramer, Calendrini, de Correvon, de Ruchat, de Bochat et du Lignon). *Genève, Bousquet*, 1728-1734, 18 vol. pet. in-8, portr. ajouté et pl. gr. v. f. ant.

2500. Mémoires secrets pour servir à l'Histoire de la République des lettres en France, depuis 1762 jusqu'à nos jours (par Petit de Bachaumont, Pidansat de Mairobert, Moufle d'Angerville et autres). *Londres*, 1783-1789, 36 vol. in-12, br. non rog.

Mémoires très recherchés, connus sous le titre de : *Mémoires de Bachaumont*.

2501. L'Avant-Coureur, feuille hebdomadaire, où sont annoncés les objets particuliers des sciences et des arts, le cours et les nouveautés des spectacles et les livres nouveaux en tout genre (par Meusnier de Querlon, de Jonval, B. de Villemert, La Combe et B. de La Dixmerie). *Paris, Lambert*, 1760-1773, 14 vol. in-8, v. f. ant. dos orné, tr. r.

Collection complète ; le dernier volume contient toutes les tables.
Hatin (*Bibliog. de la presse*) et Barbier (*Dict. des ouvrages anonymes*) n'annoncent par erreur que 13 volumes.

2502. Le Magasin pittoresque, publié sous la direction de MM. Euryale Cazeaux et Edouard Charton. *Paris*, 1833 (*origine*) à 1898, 66 années en 45 vol. gr. in-8 (*y compris la table des années* 1833 à 1872), reliés, nombr. fig. sur bois et le reste (soit 22 années) en livraisons.

Collection complète jusqu'en 1898 moins les dernières tables et les 3 livraisons suivantes : 15 août 1883, 15 mars 1894 et 15 novembre 1898.

2503. Alphonse Karr. Les Guêpes. *Paris, novembre* 1839 (origine) *à octobre* 1842, 36 livraisons in-16, br. *couvertures illustrées*.

Edition originale des 36 premières livraisons.
On a ajouté : Midi à quatorze heures, par Alphonse Karr. *Paris, Lange Lévy*, 1842, in-16 br. couverture. (*Edition originale*).

2504. L'Intermédiaire des Chercheurs et Curieux. Questions et réponses, communications diverses à l'usage de tous ; 34 années en 29 vol. et le reste en livraisons. — Table générale (1864-1891) et (1864-1896 : Tomes I à XXXIV), 2 vol. — *Paris*, 1864 (*origine*) *à* 1899. — Ens. 31 vol. in-8, dont 30 cart. dos de perc. r. 1 vol. br. et 162 livraisons.

Collection complète jusqu'au 28 février 1899 moins cinq livraisons n°s 674, 675, 712, 720 et 819.

TABLE DES DIVISIONS

HISTOIRE

N° 1042.

Tours, imp. Tourangelle, 20-22, rue de la Préfecture.

COLLECTION
DE
DALLES TUMULAIRES
DE LA NORMANDIE

REPRODUITES
PAR LA PHOTOGRAPHIE D'APRÈS LES ESTAMPAGES EXÉCUTÉS

Par M. LE MÉTAYER-MASSELIN

Paris et Caen, 1861.— Beau volume grand in-4, imprimé sur papier vélin fort, orné de 10 grandes lettres à sujets macabres, et 8 planches, dont sept en photographie et une gravée sur bois.
Au lieu de **25** *fr*. . . . . **5** fr.

RECHERCHES
SUR LE
DOMESDAY
OU
Liber Censualis d'Angleterre
PAR

MM. LÉCHAUDÉ-D'ANISY et DE SAINTE-MARIE

Caen, Lesaulnier, 1842.— Beau vol. in-4 de 282 pp. tiré sur pap. vélin fort. 7 fr.

Tome Ier, seul paru et devenu rare, de ce recensement fait par ordre de Guillaume le Conquérant, et terminé en 1086, pour établir le cadastre des terres de son royaume. C'est le plus ancien monument de ce genre que possède l'Angleterre ; on y trouve de curieuses notes historiques et généalogiques sur les familles anglo-françaises.

EM. PAUL ET FILS ET GUILLEMIN
Libraires de la Bibliothèque Nationale
28, RUE DES BONS-ENFANTS, 28

En préparation :

CATALOGUE
DE LA

BIBLIOTHÈQUE

DE

FEU M. CHARLES LORMIER

DE ROUEN

QUATRIÈME PARTIE

MANUSCRITS DANS TOUS LES GENRES. — INCUNABLES ET IMPRESSIONS GOTHIQUES. — RÉUNION TRÈS IMPORTANTE D'OUVRAGES RELATIFS A LA NORMANDIE. — LITHOGRAPHIES. — GRAVURES EX-LIBRIS.

(*La vente aura lieu dans le courant de la saison 1903-1904.*)

En vente :

CATALOGUE
DE LA

BIBLIOTHÈQUE

DE

FEU M. CHARLES LORMIER

DE ROUEN

PREMIÈRE ET DEUXIÈME PARTIES

2 beaux volumes in-8, ornés de nombreux fac-similés de titres et de 23 planches hors texte reproduisant des miniatures et des reliures.
Prix . . . . **25 francs.**

Il ne reste qu'un très petit nombre d'exemplaires de ces deux catalogues.

Tours, imp. Tourangelle, 20-22, rue de la Préfecture.

www.ingramcontent.com/pod-product-compliance
Lightning Source LLC
LaVergne TN
LVHW010609110826
845149LV00003B/828
* 9 7 8 2 0 1 9 2 1 5 5 5 2 *